MERIAN*momente*

STOCKHOLM

CHARLOTTA RÜEGGER
HOLGER WOLANDT

W0001588

Blick von der Skeppsholmsbron auf die Alt-
stadt mit dem Königlichen Schloss (▶ S. 62).

STOCKHOLM
ENTDECKEN

MEIN STOCKHOLM

*Stockholm, die Stadt auf den zehn Inseln, verführt seine Besucher
mit überraschenden Naturerlebnissen, kunstsinnigen Königinnen,
maritimen Errungenschaften und der Weite des Wassers.
Välkommen till denna stad!*

Die Taue knarren, der Dieselmotor tuckert vielversprechend, und gelegentlich weht mich ein Hauch von Teer an. Ich stehe an der Ruderpinne eines alten dänischen Spitzgatters. Gleich werde ich ihn in den Wind drehen, das Großsegel hissen, den Motor ausschalten und die frühmorgendliche Stille in der Stockholmer Hafeneinfahrt genießen. Achtern erwacht soeben die Stockholmer Altstadt, vor mir beginnen die Schären.
In Momenten wie diesem wird mir wieder ganz besonders bewusst, wie viel Lebensqualität das Venedig des Nordens zu bieten hat. Und das nicht nur in dem Archipel, dessen felsengesprenkelte Weite nordöstlich der Freizeitinsel Djurgården beginnt, wo sie noch fußläufig von der Innenstadt aus erreichbar ist.

◀ Segelboote auf dem Riddarfjärden vor der markanten Kulisse des Stadshuset (▶ S. 125).

1252 wurde Stockholm erstmals schriftlich erwähnt, die Ursprünge der Stadt gehen auf eine Befestigungsanlage zurück, die die reiche Region Mälardalen vor Angriffen von der Ostsee her schützen sollte.

Die Gemeinde Stockholm liegt auf zehn Inseln und einem Stück nördlichen Festlandes, hier stoßen das Meer und der Mälarsee aufeinander und werden nur von zwei Schleusen getrennt. Überall ist das Wasser, und dieser Umstand beglückt nicht nur fanatische Seglerinnen wie mich. Dessen zentraler historischer Bedeutung verdankt die Stadt auch, dass sich hier vor 385 Jahren eine maritime Tragödie zutrug, die ihr eine Top-Touristenattraktion bescherte: die Galeone »Vasa«. Ungefähr eine Million Besucher sehen sich jährlich das prachtvolle Kriegsschiff König Gustav II. Adolf an, das die Großmacht Schweden versinnbildlichen sollte, das jedoch schnöderweise während seiner Jungfernfahrt im Stockholmer Hafenbereich vor der Insel Beckholmen sank. Wer nach der Begegnung mit der Vasa das Bedürfnis verspürt, diesen gigantischen Dreimaster zu übertrumpfen, sollte sich einige Schritte vom Museum entfernt ein Kanu mieten, dem idyllischen Kanal folgend stadtauswärts paddeln und sich bei der Mündung in die Ostsee an dem Gefühl erfreuen, es mittels eigener Muskelkraft drei Seemeilen weiter gebracht zu haben als das Regalschiff mit seinen 1275 qm Segelfläche.

KÖNIGLICHE KULTUR

Doch Stockholm ist nicht nur eine Stadt der maritimen Vorzüge, hier schlägt das kulturelle Herz Schwedens, wenn nicht gar Skandinaviens. Den Weg hierzu bereitete die außerordentlich kunstinteressierte Königin Kristina (Tochter des Erbauers der Vasa), die das geistige Leben im hohen Norden ankurbelte, indem sie intellektuelle Größen wie den französischen Philosophen René Descartes an den schwedischen Hof rief und sich mit Leidenschaft als Mäzenin betätigte. Das bekannteste Porträt Königin Kristinas aus der Hand des französischen Malers Sébastien Bourdon hängt im Nationalmuseum. Ihre geistige Nachfolge trat mehr als hundert Jahre später Gustav III. an, der die Stockholmer unter anderem mit der Gründung der Schwedischen Akademie (deren gegenwärtige Hauptaufgabe die Wahl der Nobelpreisträger ist) und des Königlich Dramatischen Theaters sowie mit der englischen Gartenanlage Hagaparken und verschiedenen Schlösschen beglückte. Undank ist der Welt Lohn, wie viele schwedische Staatsoberhäupter vor und auch nach ihm wurde er (während eines Maskenballes in der von ihm gegründeten Oper) hinterrücks ermordet. Sein blutgetränktes Wams ist in der Livrustkammaren (Leibrüstkammer) am Slottsbacken zu bewundern.

STRINDBERG ÜBER SEINE HEIMATSTADT

Genau 250 Jahre nach dem unrühmlichen Untergang der Vasa verhalf einer der berühmtesten Stockholmer Söhne der Moderne zu ihrem Durchbruch. August Strindberg sicherte sich mit seinem Roman »Das rote Zimmer« seinen Platz in der Literaturgeschichte. Sinnigerweise beginnt das Werk mit einer Schilderung seiner geliebt-verhassten Heimatstadt: »Es war eines Abends Anfang Mai. Der kleine Garten auf dem Mosebacke im Süden der Stadt war noch nicht fürs Publikum eröffnet worden, und die Rabatten waren noch nicht umgegraben … Aber die Sonne stand über Liljeholmen und schoss ganze Strahlenbündel gen Osten, sie brachen durch den Rauch von Bergsund, eilten über den Riddarfjärden, kletterten zum Kreuz der Riddarholmskyrkan hinauf, warfen sich über das steile Dach der Tyska kyrkan, spielten mit den Wimpeln der Schiffe an der Skeppsbron, illuminierten die Fenster am großen Seezoll, erleuchteten die Wälder auf Lidingö und verklangen weit, weit in der Ferne in einer rosafarbenen Wolke. Von dort kam der Wind und machte dieselbe Reise zurück, durch Vaxholm, an der Festung vorbei und am Seezoll, an der Sicklaön entlang, hinter dem Hästholmen hindurch, wo er die Sommerhäuser betrachtete, wieder hinaus und weiter in den Danviken, dort verschreckt weiter das südliche Ufer entlang nahm er den Geruch von Kohlen, Teer und Tran wahr, stieß gegen den Stadsgårdskai, und hinauf ging es den Mosebacke, in den Garten hinein und gegen eine Wand.«

Die berühmteste Stockholmschilderung der schwedischen Literatur liegt nun bereits 185 Jahre zurück, und doch hat die Mosebacke-Terrasse nach wie vor eine der schönsten Ausblicke auf die Hauptstadt zu bieten. Wem der so malerisch beschriebene Nordostwind dabei allzu kalt um die Nase weht, die Lust auf Strindberg aber noch nicht vergangen ist, der kann sich auf ein Glas Wein zu Berns Salonger am Nybroplan begeben. Das traditionsreiche Restaurant beherbergt das berühmte rote Zimmer, in dem sich Strindbergs Alter Ego Arvid Falk seinen Gedanken über Welt und Wahrheit hingab.

Von hier ist es nur ein Sprung über einen schmiedeeisernen Zaun zu einem aus zwölf Bronzeplastiken bestehenden Monument (der dänischen

Künstlerin Kirsten Ortwed), das eines wahren Stockholmer Helden gedenken soll. Raoul Wallenberg, Spross einer mächtigen Industriellen- und Bankiersfamilie, gelang es Ende 1944, Tausende jüdischer Einwohner Budapests vor der Deportation nach Auschwitz zu retten. Nach dem Einmarsch russischer Truppen in Budapest wurde er im Januar 1945 in die UdSSR verschleppt. Unter anderem weil die schwedische Regierung und auch der mächtige Wallenberg-Clan nur sehr spät und zaghaft intervenierten, sah Raoul Wallenberg seine Heimatstadt nie wieder. Die zwölf sphinxähnlichen Figuren auf dem Raoul-Wallenberg-Platz (Raoul Wallenbergs Torg) blicken auf die Ostsee hinaus, als würden sie immer noch seiner Rückkehr harren.

Inzwischen bin ich in der leichten Morgenbrise lautlos an dem Leuchtturm Blockhusudden vorbeigeglitten, dessen Anblick mich immer wieder von Neuem bezaubert. Das freundliche Leuchtfeuer, das die Stockholmer Hauptfahrrinne vor einem tückischen Felsengrüppchen abschirmt, ist ein Symbol der Begegnung von Mensch und unbezwingbarer Natur, wie ich sie in dieser Stadt tagtäglich erlebe.

Wenn der erste Schneefall im Winter den Stockholmer Verkehr zum Erliegen bringt und ich mit den Langlaufschiern zur Arbeit fahre.

Wenn sich der kleine graue Fender, den ich von Waldemarsudde aus im Wasser erblicke, als neugierige Robbe entpuppt.

Wenn im Frühling die Reiher auf Djurgården ihren ganz besonderen Lärm veranstalten.

Wenn mich der Ruf der Möwen in den hellen Sommernächten an die Weite der Schären erinnert.

Wenn im Herbst die Nebelhörner der baltischen Fähren die Geräusche der Stadt überlagern.

Wenn im Winter Füchse über das Eis laufen.

Wer kann einer solchen Großstadt widerstehen?

DIE AUTOREN

Charlotta Rüegger, in Brasilien geboren, lebt als Übersetzerin in ihrer Lieblingsstadt Stockholm, die sie tagtäglich von Neuem zu Fuß, auf dem Fahrrad oder mit einem alten Holzboot erkundet.

Holger Wolandt, geboren im fränkischen Würzburg, lebt als Übersetzer (u. a. Helene Tursten, Leif GW Persson, Jan Guillou) und Herausgeber literarischer Anthologien in Stockholm.

★

MERIAN TopTen

Diese Höhepunkte sollten Sie sich bei Ihrem Besuch auf keinen Fall entgehen lassen: Ob Kungliga slottet, Gröna Lund oder Skansen – MERIAN präsentiert Ihnen hier die wichtigsten Sehenswürdigkeiten Stockholms.

1 Hötorgshallen
Tauchen Sie ein ins quirlige Markttreiben mitten im Stadtteil Norrmalm und kosten Sie kulinarische Spezialitäten aus aller Welt (▶ S. 19).

2 Grand Hôtel
In diesem traditionsreichen Hotel, mit schönem Blick auf Schloss und Schärendampfer, wohnen auch die Nobelpreisträger (▶ S. 24)!

3 Kungliga slottet
Atmen Sie in den ehrwürdigen Mauern des Königlichen Schlosses in Stockholms Gamla Stan den Hauch der Geschichte (▶ S. 62)!

4 Gröna Lund
Das Tivoli Stockholms in traumhafter Lage direkt am Wasser mit spektakulärer Achterbahn, Karussells und Geisterbahn (▶ S. 107).

5 Långholmen
Eine der grünen Lungen der Stadt mit Blick auf Kungsholmen und Gamla Stan (▶ S. 112).

6 Guldrummet im Historiska museet
Die Schätze aus den Wikingergräbern sind hier im Historischen Museum in einem Tresorgewölbe unter der Erde zu bewundern (▶ S. 141).

7 Prins Eugens Waldemarsudde

In verträumter Abgeschiedenheit auf der grünen Stadtinsel Djurgården liegt der repräsentative Wohnsitz des Malerprinzen Eugen mit Atelier und Kunstgalerie (▶ S. 144).

8 Skansen

Alles, was für Schweden charakteristisch ist: Bauernhöfe, Werkstätten und sogar ein städtisches Viertel mit Krämerladen und Apotheke sind im ältesten Freilichtmuseum der Welt zu bewundern (▶ S. 144).

9 Vasamuseet

Das stattliche Regalschiff »Vasa«, das im Jahr 1628 auf seiner Jungfernfahrt nach weniger als einer Seemeile kenterte, ist eine der Hauptsehenswürdigkeiten Stockholms (▶ S. 147).

10 Schloss Drottningholm

Das UNESCO-Weltkulturerbe und idyllisch in einem Park gelegene Barockpalais ist Wohnsitz des Königspaars (▶ S. 162).

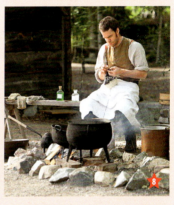

MERIAN Momente
Das kleine Glück auf Reisen

Oft sind es die kleinen Momente einer Reise, die am stärksten in Erinnerung bleiben – Momente, in denen Sie die leisen, feinen Seiten der Stadt kennenlernen. Hier geben wir Ihnen Tipps für kleine Auszeiten und neue Einblicke.

1 Strammgestanden – Wachablösung vor dem Schloss ◢ D 5

Gestaltet sich Ihr Stockholmaufenthalt allzu unbeschwert und unstrukturiert? Dann sichern Sie sich Ihre Dosis täglicher Ernsthaftigkeit, indem Sie der farbenprächtigen Wachablösung (manchmal mit Musik, manchmal zu Pferd) auf dem äußeren Schlosshof an der Südseite des Königlichen Schlosses beiwohnen. Immer erlebnisreich, immer gratis.

Gamla Stan | Kungliga slottet, Yttre Borgården | U-Bahn: Gamla Stan (c 4)

2 Lauschige Oase ◢ E 5

Sollten Sie sich mitten im Stadtgewimmel plötzlich akut nach ein bisschen Ruhe sehnen, dann ist das Gartencafé der deutschen Kirche der ideale Ort dafür. Eine Oase mitten in der trubeligen Altstadt – und die superleckeren Kuchen werden zu ausgesprochen erfreulichen Preisen angeboten. Wenn Sie Glück haben, spielt der Organist dazu auch auf dem in Dresden gefertigten Glockenspiel. Nur im Sommer geöffnet.

Gamla Stan | Tyska kyrkan

3 Theater unter Sternen ⚓ E 4

Stockholm weist angeblich die größte Theaterdichte der Welt auf. Damit die oft freischaffenden Schauspieler während der Sommermonate nicht darben und Theaterbegeisterte sich nicht langweilen müssen, organisiert das renommierte Stadttheater im Juni, Juli und August Gratistheater in fast allen Parks in und um Stockholm. Im Sommer 2013 gab es 185 Vorstellungen auf 47 Freilichtbühnen für insgesamt 180 000 Zuschauer.

Besorgen Sie sich ein nettes Picknick und tun Sie es den erwartungsvollen Stockholmern gleich, lassen Sie sich vom »Parkteatern« in heller Sommernacht bezaubern. Dass Sie vielleicht nicht alles verstehen, wird durch die tolle Stimmung aufgewogen.

www.stadsteatern.stockholm.se/park teatern

4 Sightseeing per Boot zum Lokaltarif ⚓ E 4

Lust auf eine Bootsfahrt mit den Stockholmern? Dann steigen Sie einfach am Nybrokajen in eines der Pendelboote, die Stockholms Innenstadt mit dem südlichen Festland und der Insel Lidingö verbinden. Lassen Sie sich den fri-

schen Fahrtwind um die Nase wehen und schauen Sie den Innenstadtinseln dabei zu, wie sie gemächlich an Ihnen vorbeigleiten. Wer sich sattgesehen hat, kann sich danach ein Stückchen Kuchen im einfachen Bordcafé gönnen.

Östermalm | Nybroplan | www. sjovagen.nu | Keine Tickets an Bord, Tickets beim 7-Eleven Nybroplan

5 Drachen im Wind 👪 ⚓ G 4

Sind die Kinder in den Museumsstreik getreten? Wirbelt der ewige Südwestwind mal wieder ganz besonders heftig durch die Stockholmer Straßen? Dann gibt es nur eine Wahl: Rein in den Spielwarenladen, Drachen gekauft und raus auf die Wiese! Zwischen dem Stadtteil Östermalm und dem Meer erstreckt sich die riesige, baumlose Grünzone Ladugårdsgärdet, kurz Gärdet genannt, die Karl XIV. Johan für seine Kavallerie anlegen ließ und die sich auch heute noch bestens zum Austoben eignet. Jedes Stockholmer Kind hat hier schon mal Höhenflüge geübt. Danach gibt's Kakao und Kuchen im Café des benachbarten Seehistorischen Museums (Eintritt frei).

Ladugårdsgärdet | Bus 69: Sjöhistoriska museet

6 Badespaß ganz ohne Bademeister   G 4

Ein heißer Sommertag: Sie sehnen sich nach einem erfrischenden Kopfsprung, möchten aber das Gedränge auf den offiziellen Badeplätzen meiden? Dann packen Sie doch einfach ein Handtuch ein, steigen in den 69er-Bus und suchen einen der Anlegestege (an denen nie angelegt wird) unterhalb des Sjöhistoriska museet und der Villa Källhagen auf. Badevergnügen mitten im Grünen und doch in der Innenstadt.

Djurgården | Bus 69: Källhagen oder Sjöhistoriska museet

7 Entspannter Spaziergang fernab des Trubels   F–K 4

Wenn sich an einem sonnigen Tag die Touristenströme vom Strandvägen über die Brücke auf die Freizeitinsel Djurgården ergießen, bleiben Sie einfach auf der Festlandseite und folgen dem verwunschenen Kanal ostwärts. Nach einem halbstündigen Spaziergang fernab jeglichen Stadtgetöses können Sie sich im bescheidenen Café des Stockholmer Rudervereins mit einem leckeren Butterbrot belohnen. Die Öffnungszeiten sind wetterabhängig.

(▶ S. 109: Djurgården)

8 Boatspotting   B 6

Im März und April bricht in Stockholm vielerorts in Strandnähe heftigste Betriebsamkeit aus. Ein Duft von Leinöl und Balsamterpentin schwebt über Hütten aus Holz und Plastikplanen, in denen gehämmert, geschmirgelt, imprägniert und gepinselt wird, was das Zeug hält. Jeder siebte Stockholmer besitzt ein Boot, das meist mit größter Sorgfalt und Hingabe gepflegt wird. Wer also im Frühling in Stockholm weilt und etwas maritimes Interesse besitzt, sollte sich ein Sightseeing der ganz besonderen Art nicht entgehen lassen. Spazieren Sie einfach an den oft naturschön gelegenen Bootclubs am Årstaviken und Långholmen oder den Hausbooten auf Skeppsholmen vorbei. Fragen Sie die Eigner über ihr Hobby aus. Insbesondere Holzboot-Enthusiasten kennen kein besseres Thema. Die ideale Gelegenheit also, einmal mit Einheimischen ins Gespräch zu kommen. Wenn Sie Glück haben, wird Ihnen vielleicht ein Kaffee aus der Bordküche offeriert.

Södermalm-Långholmen | U-Bahn: Hornstull (c 4)

9 Hering mit Aussicht   D 6

Nehmen Sie sich vom Mälartorget über der Schleuse ein leckeres Fischbrötchen mit und erklimmen Sie im südlich der Gamla Stan gelegenen Stadtteil Södermalm den Berg zum Monteliusvägen. Dort wählen Sie sich dann die Bank mit der schönsten Aussicht. Weit reicht der Blick über die Dächer der Altstadt, den Mälarsee, das Meer, Skeppsholmen und Djurgården – ein unschlagbares Panoramapicknick.

(▶ S. 114: Södermalm)

10 Trädgården – Sommer in der Stadt
südl. E 6

Wer jung und trendig sein möchte oder es gar ist, begibt sich zum Sommerclub Trädgården (der Garten), der unter der Autobahnbrücke Skanstullsbron angesiedelt ist. Tanz unter freiem Himmel, auch schon nachmittags. Bar, Restaurant, Pingpongtische, Boulebahn verschachtelt auf verschiedenen Niveaus. Samstags gibt's hier auch einen Flohmarkt.

Södermalm | Hammarby Slussväg 2 | U-Bahn: Skanstull (c 4) | www.trad garden.com | Mi–Do 17–1, Fr 17–3, Sa 12–3 Uhr | Eintritt nach Konzertangebot 0–150 SEK

11 Eine maritime Perle
G 5

Nur einen Steinwurf vom Skansen entfernt liegt die Insel Beckholmen. Wie der Name »Pechinsel« schon andeutet, wurde hier in früheren Zeiten Pech und Teer hergestellt. Das Eiland ist über eine kleine Holzbrücke von Djurgården aus zu erreichen. Ein Informationspfad mit Schildern zur Geschichte der Insel (leider nur auf Schwedisch) führt auf den Hügel mit perfektem Ausblick über die gigantischen Trockendocks, die Mitte des 19. Jh. hier in den Fels gesprengt wurden und in denen immer noch rege handwerkliche Betriebsamkeit herrscht. Besser als Kino!

Djurgården | Straßenbahn 7: Skansen

12 Heißer Tee in kalten Gassen
D/E 5

Möchten Sie die Altstadt auch gerne mal in Stille genießen? Sind Sie außerhalb der Saison angereist? Dann machen Sie es wie die Einheimischen. Besuchen Sie die Gamla Stan, wenn die Touristenströme versiegt sind und die Straßenmusiker kalte Füße bekommen haben. In einer frostigen Winternacht mit Thermoskanne unter dem Arm! Nichts ist stimmungsvoller, als ungestört durch die schummrigen Gassen zu streifen und sich vorzustellen, wie es sich im 17. Jh. zwischen ebendiesen ockerfarbenen Wänden lebte.

Gamla Stan | U-Bahn: Gamla Stan (c 4)

NEU ENTDECKT
Darüber spricht ganz Stockholm

Stockholm befindet sich stetig im Wandel: Sehenswürdigkeiten werden eingeweiht, es gibt neue Museen, Galerien und Ausstellungen, Restaurants und Geschäfte eröffnen und ganze Stadtviertel gewinnen an Attraktivität, die Stadt verändert ihr Gesicht. Hier erfahren Sie alles über die jüngsten Entwicklungen – damit Sie keinen dieser aktuell angesagten Orte verpassen.

◀ Ein eigenes Museum (▶ S. 17) ist der legendären Popgruppe ABBA gewidmet.

SEHENSWERTES

Haga slott ◀◀ B 1

Aus Alt mach Neu – das klassizistische Schlösschen, in dem der jetzige König einen Teil seiner frühesten Kindheit verbrachte, wurde seit den 1960er-Jahren von der schwedischen Regierung zur Unterbringung von Staatsgästen genutzt. Vor drei Jahren wurde es aufwendig renoviert und steht heute im Blickpunkt des allgemeinen Interesses, seit es die Kronprinzessin Victoria, den Prinzgemahl Daniel und Prinzesschen Estelle beherbergt. Das Schloss kann nur aus einigem Abstand bewundert werden, doch schon allein die bezaubernde englische Parkanlage ist einen Besuch wert.

Solna | Hagaparken

MUSEEN UND GALERIEN

ABBA The Museum ◀◀ F 5

In bester Lage auf der Freizeitinsel Djurgården, ganz in der Nähe des Freilichtmuseums Skansen, liegt der neue Stockholmer Publikumshit »ABBA The Museum«. Mithilfe eines Audioguides können Sie sich (auf Englisch oder Schwedisch) von Benny, Anni-Frid, Björn und Agnetha durch diesen interaktiven Tummelplatz für alle ABBA-Fans begleiten lassen. Wer Glück hat, kann mit anhören, wie das Klavier, das an Benny Anderssons Übungsflügel in seinem Studio auf Skeppsholmen gekoppelt ist, scheinbar von Geisterhand betätigt, zu spielen beginnt. Oder sich mit einer bzw. einem der vier berühmten Musiker unterhalten, wenn das Telefon klingelt!

Die Gelegenheit, mit ABBA zu singen, zu tanzen und den Sound der Siebziger neu zu erleben, bietet sich allen Besuchern dieses Museums.

Djurgården | Djurgårdsvägen 68 | Straßenbahn 7: Liljevalchs konsthall | www.abbathemuseum.com | Sa–Di 10–17, Mi–Fr 12–20 Uhr | Eintritt 195 SEK, Kinder 145 SEK

Artipelag konsthallen ◀◀ südöstl. K 6

Dieses private Museum gibt es erst seit einem Jahr, und doch hat es sich bereits in der schwedischen Kunstszene etabliert. Das liegt nicht zuletzt an der spannenden architektonischen Ausführung: Die Kunsthalle aus Glas, Holz und Beton fügt sich raffiniert in die umgebende Schärenlandschaft ein. Ausstellungsschwerpunkte sind zeitgenössische Kunst und Design. Im Sommer finden hier auch Theateraufführungen statt.

Trotz oder gerade wegen seiner abgeschiedenen Lage ist Artipelag ein ungemein beliebtes Ausflugsziel. Auf der 1 km langen Strandpromenade und den Naturpfaden des 22 ha umfassenden Grundstücks lässt sich behaglich und stets mit Aussicht auf die Weite des Baggensfjärden spazieren. Die schönste, wenn auch nicht schnellste Anreise geschieht mit den Booten M/S Agantyr und M/S Enköping und führt durch das malerische Skurusund und den verwunschenen Kanal Baggenstäket.

Gustavsberg, Artipelagstigen 1 | Bus 425x von Slussen nur wochentags am Morgen und Spätnachmittag, von der Haltestelle Hålludden 20 Min. zu Fuß | www.artipelag.se | Sommer tgl. 10–19, Winter Di–Fr 11–16, Sa, So 11–17 Uhr | Eintritt 250 SEK, bis 18 Jahre frei

Wallenbergrummet, Armémuseum *E 4

In Erwartung des 100. Geburtstags von Raoul Wallenberg wurde diese kleine, sehr ergreifende Ausstellung im Armeemuseum geschaffen und im Jubiläumsjahr 2012 vervollkommnet. Raoul Wallenberg rettete im Jahr 1944 Tausende von Menschen in Budapest vor der Deportation nach Auschwitz.

Östermalm | Riddargatan 13 | U-Bahn: Östermalmstorg (d 3), Ausgang Sibyllegatan | www.sfhm.se | Di 11–20, Mi–So 11–17 Uhr | Eintritt 80 SEK, Kinder frei

ÜBERNACHTEN

Nobis Hotel *E 4

Stockholms neuestes Luxushotel, in skandinavischem Design und sehr schick, liegt mitten im Herzen der Stadt. Das Gebäude beherbergte einst die »Svenska Kreditbanken«, in der sich 1973 das Norrmalmstorgsdrama abspielte – eine Geiselnahme, bei der sich die Geiseln mit ihren Geiselnehmern solidarisierten. Dieses psychologische Phänomen wird seither als »Stockholm-Syndrom« bezeichnet. Auf jeden Fall sehens- und erlebenswert, zum Teil jedoch recht kleine Zimmer.

Norrmalm | Norrmalmstorg 2–4 | U-Bahn: Östermalmstorg (d 3) | Tel. 6 14 10 00 | www.nobishotel.se | €€€€

ESSEN UND TRINKEN

Grand Café Strömkajen *E 4

Stockholms traditionsreichstes Hotel, das Grand Hôtel, breitet sich neuerdings zur Sommerzeit ganz schön aus. Auf der Kaianlage vor seinen Toren hat es ein Café mit wunderbarer Aussicht auf das rege Treiben um die an- und ab-

legenden Schärendampfer eröffnet. Das Fünf-Sterne-Hotel bürgt für Qualität, und die Preise sind erstaunlich kulant.

Norrmalm | U-Bahn, Bus 69, Straßenbahn 7: Kungsträdgården (d 3) | www.grandhotel.se | nur im Sommer tgl. 8–18 Uhr

Flippin' Burgers *C 3

Stockholms beliebtestes Hamburgerrestaurant befindet sich seit November 2013 in einem geräumigeren Lokal an neuer Topadresse. Das Fleisch kommt vorzugsweise von der Schäreninsel Värmdö und wird täglich frisch zubereitet. Immer gut besucht.

Norrmalm | Upplandsgatan 34 | U-Bahn: Odenplan (c 3) | www.flippinburgers.se | Mo–Fr 16–22, Sa 12–22 Uhr | €€

Oaxen *F 5

Das international erfolgreiche Koch-duo Agneta Green und Magnus Ek eröffnete im Mai 2013 auf dem charmanten Werftgelände (Holzboote!) Nya Djurgårdsvarvet das Edelrestaurant Oaxen, benannt nach der Schäreninsel, auf der sie 17 Jahre lang begeistert Herbeireisende kulinarisch beglückten. Gastrofans greifen tief in ihr Portemonnaie, um sich der »cuisine suedoise« mit internationalem Twist hingeben zu dürfen. Nicht nur eine Gaumen-, sondern auch eine Augenfreude. Etwas preisgünstiger und bodenständiger ist das Angebot im Bistroteil Oaxen Slip.

Djurgården | Djurgårdsvägen 26 | Straßenbahn 7: Skansen | Tel. 55 15 31 05 | www.oaxen.com | Restaurant Di–So 18–21, Bistro Di–So 12–16, Sa–So 12–16 (Brunch), Di–Sa 17–21.30, So, Mo 17–21 Uhr | €€€€

The Flying Elk ⚑ D 5

Starkoch Björn Frantzén, der das gut gehende Restaurant Frantzén betreibt, hat sich den Traum vom Edelpub erfüllt, indem er im Frühling 2013 den »Fliegenden Elch« in der Altstadt eröffnete. Hamburger mit einem Hauch von Luxus in entspannter Atmosphäre.

Gamla Stan | Mälartorget 15 | U-Bahn: Gamla Stan (c 4) | Tel. 20 85 83 | www.theflyingelk.se | Mo–Di 17–24, Mi–Sa 17–1, So 12–24 Uhr | €€

EINKAUFEN

Hötorgshallen ⚑ D 4

Im Herzen des Stadtteils Norrmalm, nur wenige Schritte vom Konzerthaus entfernt, bieten Händler seit 1958 in dieser Markthalle Delikatessen aus aller Welt feil. Cafés und Restaurants von Kebab über Sushi bis hin zu schwedischen Fischspezialitäten runden das Angebot ab. In den Jahren 2012 und 2013 wurde die Hötorgshalle von Grund auf saniert und etwas »aufgeschickt«, hat sich aber ihr ursprünglich bodenständiges Flair bewahrt.

Norrmalm | U-Bahn: Hötorget (c 3) | www.hötorgshallen.se | Mo–Do 10–18, Fr 10–18.30, Sa 10–16 Uhr

Mood ⚑ D 4

Stockholms neuestes Edel-Shoppingcenter im Herzen der City nimmt einen ganzen Häuserblock ein und wird von den Straßen Regeringsgatan, Jakobsbergsgatan, Norrlandsgatan und Mäster Samuelsgatan begrenzt. Hier können Sie schicke dänische Designerkleidung kaufen, delikate Backwaren verzehren oder sich mit Freunden zum Mittagessen verabreden. Gedämpfte Beleuchtung, behagliche Stimmung.

Östermalm | Bus 69: Kungsträdgården | www.moodstockholm.se | Mo–Fr 10–20, Sa 10–18, So 11–18 Uhr

⚑ Weitere Neuentdeckungen sind durch dieses Symbol gekennzeichnet.

Im Stockholmer Edelrestaurant Oaxen (▶ S. 18) kommen nicht nur die Lebensmittel aus der Region, auch die Tische stammen aus der Werft von Djurgården.

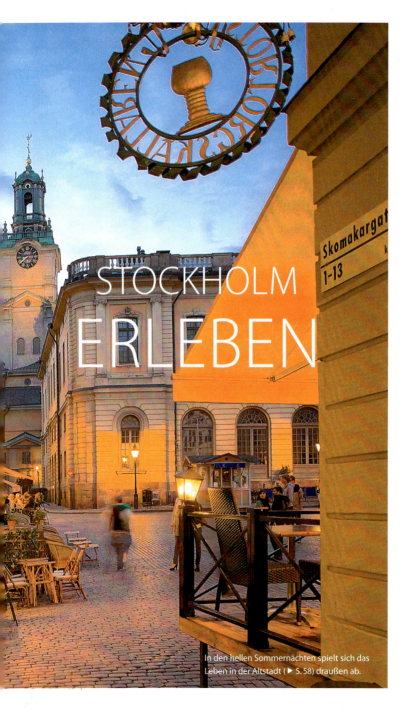

STOCKHOLM
ERLEBEN

Skomakargat
1-13

In den hellen Sommernächten spielt sich das
Leben in der Altstadt (▶ S. 58) draußen ab.

ÜBERNACHTEN

Die Übernachtungsmöglichkeiten in der Stadt sind vielfältig:
Schicke Nobelherbergen, aber auch romantische, in historischen
Gemäuern eingerichtete Hotels bieten sich an. Sogar auf Schiffen
kann man sein müdes Haupt zur Ruhe betten.

Stockholm kann mit etwa 150 Hotels aufwarten, weitere 100 Hotels liegen in den umliegenden Gemeinden. Zu den bislang 17 000 Zimmern sollen in den nächsten Jahren noch einige hinzukommen. Zwei Großhotels in Bahnhofsnähe, das Scandic Grand Central und das Radisson Blu Waterfront, wurden 2011 eröffnet. Hotelpensionen und Hotels mit nur wenigen Zimmern sind rar. Der neue Trend ist, zentral gelegene Altbauten in Hotels umzubauen. Beispiele sind das Hotel Hellsten und das ihm gegenüberliegende Hotel Rex in der Luntmakargatan, einer sehr ruhigen Parallelstraße des zentralen Sveavägen, oder das Hotel Stureparken in der Sturegatan auf Östermalm mit nur neun Zimmern. Wer tiefer in die Tasche greifen möchte, kann sich ein Zimmer mit schönem Ausblick gönnen: Viele Hotels liegen direkt am Wasser, beispielsweise das traditionsreiche Grand Hôtel gegenüber vom Schloss, die Hotels Diplomat und

◄ Das Segelschiff »Af Chapman« (► S. 25)
wird heute als Jugendherberge genutzt.

Esplanad am Strandvägen, der teuersten Adresse der Stadt, das Hotel
Skeppsholmen oder die Villa Källhagen am Djurgårdsbrunnsviken.
Zahlreiche größere Hotels haben sich im Interessenverband Destination
Stockholm (www. destination-stockholm.com) zusammengeschlossen,
der die »Stockholm à la Carte«-Card vertreibt. Von Anfang Juni bis Mitte
August und das restliche Jahr an Wochenenden erhalten Sie, wenn Sie das
Paket buchen, etwa 30 % Rabatt auf Hotelzimmer und zusätzlich die
Stockholm card (► S. 182), die man auch separat erwerben kann.

PREISWERTE WOCHENENDEN

In kleineren Hotels schließt die Rezeption oft schon um 22 Uhr. Aufge-
passt: In Stockholm werden auch fensterlose Zimmer vermietet. Das ist
zwar meist recht preiswert, aber nicht jedermanns Sache. An Wochenenden und im Sommer gewähren viele Hotels Rabatte.
In Schweden heißen die Jugendherbergen »Vandrarhem« (Wandererhei-
me). Sie können auch von Erwachsenen ohne Kinder genutzt werden und
haben einen sehr hohen Standard (www.svenskaturistforeningen.se,
www.hihostels.com). Buchung von Hotelzimmern bei der Stockholmer
Touristeninformation unter: www.stockholmtown.com.

BESONDERE EMPFEHLUNGEN

Birger Jarl D 3

Hauch der neueren Geschichte –
Früher von der Botschaft der DDR
bevorzugt, vor einigen Jahren zum
Designhotel umgebaut. Bei der Reno-
vierung vergaß man ein Zimmer ganz
hinten im Gang (Nr. 247), in diesem
jedoch ebenfalls behutsam renovierten
»Glömda Rummet« (Vergessenen
Zimmer) können Sie heute noch wohnen wie im Jahr 1974, einschließlich
der groß gemusterten grünen Tapete.
Vasastaden | Tulegatan 8 | U-Bahn:
Rådmansgatan (c 3), Bus 2: Tegnérgatan |
Tel. 6 74 18 00 | www.birgerjarl.se |
235 Zimmer | €€€

Columbus Hotell E 6

Im trendigen Södermalm – Lauschi-
ges Hotel mit einem im Sommer herrlich grünen Innenhof. Das denkmalge-
schützte Gebäude diente zeitweilig als
Brauerei, Armenhaus und auch Spital.
Södermalm | Tjärhovsgatan 11 |
U-Bahn: Medborgarplatsen (c 4) | Tel.
50 31 12 00 | www.columbushotell.se |
40 Zimmer | €€

Drottning Victorias Örlogshem
 E 4

**Hotel für Marineangehörige (und an-
dere)** – Falls Sie sich das Grand Hôtel
nicht leisten können, quartieren Sie
sich doch direkt dahinter in einer Sei-

tenstraße (allerdings ohne Aussicht) in einem nett altmodischen Haus ein. Das Hotel im Stiftungsbesitz wurde 1908 auf Initiative von Königin Victoria und Admiral Louis Palander af Vega gegründet und befindet sich seit 1943 in diesem Gebäude. Die Bäder sind modern, ansonsten scheint die Zeit stehen geblieben zu sein. Die Schwester des Königs, Prinzessin Christina, fru Magnuson, ist Schirmherrin der Stiftung.

Blasieholmen | Teatergatan 3 | U-Bahn: Kungsträdgården (d 3) | Tel. 6 11 01 13 | www.orlogshemmet.com | 45 Zimmer (auch Drei- und Vierbettzimmer) | €€

Grand Hôtel ⭐ 🚩 E 4

Bestes Frühstück – In diesem einzigen Fünf-Sterne-Hotel in Schweden, das auf eine über hundertjährige Tradition zurückblicken kann, wohnt man mit Blick aufs Schloss. Es wurde 1874 eröffnet und trägt den Ehrentitel »königlicher Hoflieferant«. Das Frühstück kostet extra (360 SEK), ist aber vermutlich das beste Hotelfrühstück in ganz Schweden, das man auch als Nicht-Hotelgast genießen kann. Das Hotel verfügt über 31 Suiten. Die Prinzessan Lilians Svit hat 330 qm (Preis auf Anfrage) und wartet mit einem Flügel, einem Esstisch für zwölf Personen und einer frei stehenden Badewanne auf. Im Spätsommer 2013 logierte hier US-Präsident Barack Obama. Es gibt eine Bar und zwei Restaurants: Eines davon bringt es auf zwei Michelin-Sterne, geleitet wird es von dem prominenten Koch Mathias Dahlgren.

Blasieholmen | Södra Blasieholmshamnen 8 | U-Bahn: Kungsträdgården (d 3) | Tel. 6 79 35 00 | www.grandhotel.se | 368 Zimmer | ♿ | €€€€

Hotel Hellsten 🚩 D 3

Altbauflair – Das charmante, in einer ruhigen Seitenstraße gelegene Hotel besticht durch seine individuell eingerichteten Zimmer. Im Sommer können Sie im Innenhof frühstücken.

Vasastaden | Luntmakargatan 68 | U-Bahn: Rådmansgatan (c 3) | Tel. 6 61 86 00 | www.hellsten.se | 78 Zimmer | €€€

Hotel Rival 🚩 D 6

Wohnen für Fans – Benny Andersson von ABBA ist der Besitzer dieses recht hochpreisigen Hotels. Die Zimmer haben teilweise Balkon und zum Bad hin eine Wand aus Glasziegeln. Bar, Bistro und erstklassiges Café. Das Hotel verdankt seinen Namen dem 1937 eröffneten Kino Rival (700 Plätze), das im selben Gebäude logiert und in dem heute Konzerte und sonstige Events veranstaltet werden. Am 4. Juli 2008 fand hier im Beisein der Hauptdarsteller die Premiere des Films »Mamma Mia« statt.

Södermalm | Mariatorget 3 | U-Bahn: Mariatorget (c 4) | Tel. 54 57 89 00 | www.rival.se | 99 Zimmer | €€€€

Hotel Tegnérlunden 🚩 C 3

Ruhige und zentrale Lage – Einige Zimmer dieses zentral und gleichzeitig ruhig nahe dem Tegnérlundenpark gelegenen Hotels bieten einen Blick auf das Strindberg-Denkmal. Wenn nicht, entschädigt der Frühstücksraum mit einer tollen Aussicht über die Dächer der Stadt.

Vasastaden | Tegnérlunden 8 | U-Bahn: Rådmansgatan (c 3) | Tel. 54 54 55 50 | www.hoteltegnerlunden.se | 103 Zimmer | €€

Mälardrottningen  D 4

Wohnen wie die Millionäre – Das Hotel befindet sich auf einer Luxusjacht, die zeitweilig der amerikanischen Multimillionärin Barbara Hutton gehörte. Eine Besonderheit sind Stockbetten. Auch ein Restaurant ist mit an Bord.

Riddarholmen | U-Bahn: Gamla Stan (c 4) | Tel. 54 51 87 80 | www.malar drottningen.se | 59 Zimmer | €€

Vandrarhem Af Chapman E 5

Ein Klassiker – Charmante Kajüten auf einem alten Segelschiff bieten ein außergewöhnliches Übernachtungserlebnis. Die schwimmende Jugendherberge ist sehr beliebt. Deshalb unbedingt rechtzeitig reservieren!

Skeppsholmen | U-Bahn: Kungsträdgården (d 3) | Tel. 4 63 22 66 | www. stfchapman.com | 240 Betten | ♿ | €

Villa Källhagen G 4

Im Grünen – Intimes Luxushotel in traumhafter, ruhiger und trotzdem zentraler Lage am Djurgårdsbrunnsviken. Die geschmackvoll eingerichteten Zimmer wirken hell und freundlich, im Erdgeschoss verfügen sie sogar über Terrassen. Im hoteleigenen Restaurant wird immer sonntags ein Brunch angeboten. Zu dem Hotel gehört seit 2013 auch das »Melody Hotel and Restaurant« über dem neu eröffneten ABBA-Museum.

Ladugårdsgärdet | Djurgårdsbrunnsvägen 10 | Bus 69, Haltestelle: Källhagen | Tel. 6 65 03 00 | www.kallhagen. se | 36 Zimmer | €€€€

Preise für ein Doppelzimmer mit Frühstück:

€€€€ 2 500 SEK	€€€ ab 1 800 SEK	
€€ 1 200 SEK	€ bis 1 200 SEK	

Das Hotel Rival (▶ S. 24) auf Södermalm schlägt mit seiner Zimmerdekoration einen Bogen zum alten Kino Rival, das heute für Events aller Art genutzt wird.

ESSEN UND TRINKEN

Frischer oder eingelegter Fisch und allerlei Meeresgetier
stehen ganz oben auf der Hitliste schwedischer Köche und
kommen in unzähligen Zubereitungsarten auf den Tisch.
Aber auch Wild, bevorzugt mit Preiselbeeren, ist sehr beliebt.

Starköche wie Mathias Dahlgren und Björn Frantzén, die sich bei internationalen Wettbewerben profilierten und der schwedischen Hauptstadt diverse Michelin-Sterne und World's Best 50 Restaurants bescherten, haben Stockholm in ein kulinarisches Highlight verwandelt. Die klassische schwedische Küche mit hochwertigen Rohwaren aus unberührter skandinavischer Natur, verfeinert durch internationale Einflüsse vor allem aus dem Mittelmeerraum bürgt für unschlagbare Geschmackserlebnisse.
Einen besonderen Platz nehmen in der schwedischen Küche Fisch und Wild ein. Traditionelle Gerichte sind »Janssons frestelse« (Janssons Versuchung – ein Gratin aus Kartoffeln und Anchovis), die berühmten »köttbullar« (Hackfleischbällchen: je kleiner desto feiner) und vor allem »sill«, in Essig eingelegter Hering in allen erdenklichen Variationen. Rentier wird gerne geschnetzelt (»renskav«) serviert, meist in einer säuerli-

◀ Das Café Vete-Katten (▶ S. 28) bietet auch
gute schwedische Hausmannskost.

chen weißen Sauce und unbedingt mit Preiselbeeren. Im Grand Hôtel
können Sie fast das ganze Jahr über das berühmte schwedische »Smörgåsbord« probieren (reservieren!), das eigentlich mit allen wichtigen
Klassikern aufwartet.

KREBSE UND TRINKLIEDER

Saisonale Delikatessen werden in Schweden gerne im Rahmen eines Festes verspeist: Kulinarischer Höhepunkt des Jahres ist das »Kräftfest« zum
Sommerende, bei dem vorzugsweise selbst gefangene Krebse in Dilllake
serviert werden. Dazu unabdingbar ist der Akvavit, dem unablässig, aber
nie ohne ein Trinklied zugesprochen wird. Berüchtigt ist das »Surströmmingsfest«, ursprünglich ein nordschwedischer Brauch, der nur im Freien begangen werden kann, da das Hauptgericht, vergorener Hering, einen stinkbombenähnlichen Geruch verbreitet, sobald es aus seiner durch
Gase geblähten Dose entlassen wird.

Eine weitere schwedische Tradition ist das »Julbord«, das Weihnachtsbüfett, das von den meisten Restaurants um die Weihnachtszeit angeboten
wird: Hier dürfen verschiedene Sorten »sill«, ofengegrillter Schinken mit
Kruste, der klassische Rote-Bete-Salat, »Janssons frestelse« und »lutfisk«
(Fisch, der in einer Lauge eingelegt wurde) nicht fehlen.

Bessere Restaurants sind normalerweise zwischen 12 und 15 sowie 18 und
23 Uhr geöffnet. Tischreservierung ist anzuraten. Viele Luxusrestaurants
haben im Juli und zwischen Weihnachten und Silvester geschlossen.

BESONDERE EMPFEHLUNGEN

**Den Gyldene Freden (Der goldene
Frieden)**   ⚓ E 5

Hier speiste schon Bellman – Seit fast
300 Jahren verwöhnt dieses einzigartige Restaurant nun schon die Stockholmer und ihre Besucher. 1722 öffnete es
seine Tore und ist somit eines der ältesten Restaurants der Welt. Benannt
wurde es nach dem Frieden von
Nystad, der 1721 den Großen Nordischen Krieg zwischen Schweden und
Russland beendete. Vielfach besungen
von ungemein beliebten Liederdichtern wie Carl Michael Bellman, Evert
Taube und Cornelis Wreeswijk ist diese
Gaststätte jedem Schweden ein Begriff.
Solch Ruhm verpflichtet, und Den Gyldene Freden erfüllt diese Aufgabe mit
Bravour. Dieser Auffassung ist auch
der Guide Michelin, der dem Restaurant mit Verleihung des »Bib Gourmand« jedes Jahr aufs Neue seine Achtung zollt.

Auf der Speisekarte steht Hausmannskost in exquisiter Ausführung. Wenn
Sie also die schwedische Traditionskü-
che kennenlernen wollen, gibt es kaum
eine wohlschmeckendere Alternative.
Das geschichtsträchtige Ambiente unter vielhundertjährigen Gewölben verleiht dem kulinarischen Erlebnis eine
ganz besondere Würze.

Gamla Stan | Österlånggatan 51 |
U-Bahn: Gamla Stan (c 4) | Tel. 24 97 60 |
www.gyldenefreden.se | Mo–Do 11.30–
14.30 und 17–22, Fr 11.30–14.30 und 17–23,
Sa 17–23 Uhr | €€€€

Kajsas Fisk ⚓ D 4

Immer gut besucht – Im Untergeschoss der Hötorgshalle liegt Stockholms beliebtestes Fischrestaurant der
Budgetkategorie. Seit über 30 Jahren
beglückt Kajsas Fisk die Stockholmer
mit seiner berühmten Fischsuppe und
anderen einfachen Fischgerichten. Für
nur 100 Kronen gibt es komplette Gerichte mit Lachs und Dorsch in allen
Variationen, Scholle, Fish 'n' Chips,
Pasta Frutti di Mare und natürlich jeden Tag die Fisksoppa. Wen Markthal-
lenbetriebsamkeit nicht stört, der sollte
es sich hier schmecken lassen.

Norrmalm | Hötorgshallen 3 | U-Bahn:
Hötorget (c 3) | www.kajsasfisk.se |
Mo–Do 11–18, Fr 11–18.30, Sa 11–16 Uhr | €

Konditori Vete-Katten ⚓ D 4

Hausmannskost – In zentraler Lage in
der Kungsgatan liegt seit 1928 das ku-
schelige Café Vete-Katten. Hier finden
Sie eine Konditorei, eine Bäckerei, traditionelle Café-Räumlichkeiten und
einen etwas schickeren Ausbau, in dem
ein Frühstücks- und ein Afternoon-
Tea-Büfett arrangiert werden. Kleine

Mittagsgerichte, das Törtchen nach
dem Shopping oder auch nur eine
Schachtel hausgemachter Pralinen? All
dies gibt es hier und noch vieles mehr.

Norrmalm | Kungsgatan 55 | U-Bahn:
Hötorget (c 3) | www.vetekatten.se |
Mo–Fr 7.30–19.30, Sa 9.30–17, So und feier-
tags 12–17 Uhr | €

Pelikanen ⚓ südl. E 6

Beliebter Treffpunkt – Eine der wenigen Bierkneipen (Ölhallar), die sich
über die schwedische Prohibition hin-
wegretten konnte, ist das charmante
Etablissement Pelikanen. Stora Hallen,
die große Halle, mit ihren riesigen
Fenstern und ihrer behaglichen Einrichtung ganz in Holz lädt zum Verweilen ein. Die einfachen, typisch
schwedischen Gerichte, das Urstock-
holmer Ambiente, die erschwinglichen
Preise und die coolen Kellner sind eine
unschlagbare Kombination. Hier kehren alle Stockholmer ein, die Klientel
ist daher erfreulich heterogen. An Wochenenden ist Reservierung anzuraten.

Södermalm | Blekingegatan 40 |
U-Bahn: Medborgarplatsen | Tel.
55 60 90 90 | www.pelikan.se | Mo–Do
ab 16, Fr–So ab 13 Uhr

Proviant ⚓ E 3

Mit französischem Touch – In einer
ruhigen Seitenstraße im vornehmen
Stadtteil Östermalm liegt dieses ange-
nehme Restaurant, das sich ebenfalls
jedes Jahr von Neuem den »Bib Gourmand« des Guide Michelin erkocht.
Das schlichte, durchdachte Interieur
lässt Rückschlüsse auf das Menü zu.
Frische einheimische Rohwaren werden zu unkomplizierten französisch-
inspirierten Gerichten zubereitet. Die

Speisekarte ist somit von den Jahreszeiten abhängig und lockt im Herbst z. B. mit Wild aus Vara, Beeren und Pilzen aus Norrland und Meereskrebsen aus Fjällbacka. Auf Holzkohle gegrillten, frischen Fisch gibt es das ganze Jahr. Sonntags abends wird die kulinarische Woche stets mit einem französischen Gericht abgerundet. Mittags wartet der Speisezettel immer auch mit einem schwedischen Traditionsgericht auf.

Östermalm | Sturegatan 19 | U-Bahn: Stadion (d 3) | Tel. 22 60 50 | www. proviant.se | Mo–Fr 11.30–15 und 17–24, Sa 18–24, So 17–22 Uhr | €€€

ente. Die einstige Bohème-, Künstler- und Schriftstellerkneipe hat eine lange Reihe schwedischer Kulturpersönlichkeiten wie die Stockholmer Jazzkönigin Monica Zetterlund und den niederländisch-schwedischen Troubadour Cornelis Vreeswijk bewirtet. Berüchtigt ist der Lucialunch, zu dem angeblich eine unter den Stammgästen auserkorene männliche Lucia erscheint.

Vasastan | Dalagatan 50 | U-Bahn: Odenplan (c 3) | Tel. 32 25 18, www. tennstopet.se | Mo–Fr 11.30–1, Sa, So und feiertags 13–1 Uhr | €€€

Tennstopet C 3

Nostalgisches Flair – Das stets gut besuchte Quartierrestaurant serviert seit über 100 Jahren klassische schwedische Hausmannskost in plüschigem Ambi-

Weitere empfehlenswerte Adressen finden Sie im Kapitel **STOCKHOLM ERKUNDEN**.

Preise für ein dreigängiges Menü:

€€€€ ab 800 SEK	€€€ ab 500 SEK
€€ ab 200 SEK	€ bis 200 SEK

Beim traditionellen »Kräftfest« (▶ S. 27) jedes Jahr am 8. August wird in den schwedischen Familien Krebs mit reichlich Dill gegessen, auch Akvavit gehört dazu.

Grüner reisen
Urlaub nachhaltig genießen

Wer zu Hause umweltbewusst lebt, möchte vielleicht auch im Urlaub Menschen unterstützen, denen ein verantwortungsvoller Umgang mit der Natur am Herzen liegt. Empfehlenswerte Projekte, mit denen Sie sich und der Umwelt einen Gefallen tun können, finden Sie hier.

Stockholm ist eine erholsame, umweltfreundliche Stadt mit hoher Lebensqualität. Damit das auch weiterhin so bleibt, haben sich die Politiker einiges einfallen lassen. So wird z. B. bei jedem Überfahren der Stadtgrenze mit dem Auto eine Innenstadtmaut (»trängselskatt«) fällig. Zudem ist das Parken überall in der Innenstadt sehr teuer. Von Anfang April bis Ende Oktober bieten sich die Citybikes als preisgünstige, gesunde und wohlorganisierte Alternative an. Fahrradstationen gibt es auf Schritt und Tritt, Benutzerkarten sind im Internet, in fast jedem Stockholmer Kiosk und in zahlreichen Hotels erhältlich. Fahrradhelme werden sogar gratis verliehen. Nichtradlern (oder im Winter) steht der öffentliche Nahverkehr, in den in den letzten Jahren viel Geld investiert wurde, zur Verfügung. Er funktioniert reibungslos und ist dem privaten Straßenverkehr tempomäßig weit überlegen. Einige Strecken verlaufen zu Wasser, sodass zu günstigen Nahverkehrstarifen ein bisschen Extra-Sightseeing gleich inklusive ist.

Die Stockholmer sind ausgesprochen naturverbunden, sie schätzen und schützen ihre vielen grünen Oasen mit Hingabe. Großenteils ist deren Unversehrtheit jedoch dem Umstand zu verdanken, dass sie sich in königlichem Besitz befinden. Die meisten dieser Grünzonen, wie beispielsweise die Freizeitinsel Djurgården und der Hagapark, sind nunmehr Teil des Nationalstadtparks, was zur Folge hat, dass sie bestimmten Naturschutzrichtlinien unterliegen und nicht bebaut werden dürfen. Und: Allem Umweltbewusstsein und der Naturbegeisterung zum Trotz sind alternative Einkaufsmöglichkeiten wie Bioläden oder Biorestaurants eher sparsam vorhanden, auf Biohotels wartet die Hauptstadt bislang noch.

ESSEN UND TRINKEN

Hermans Vegetariska Restaurang
E 6

Mit einer der schönsten Aussichten in Stockholm vegetarisch essen! Täglich wechselndes vegetarisches Büfett (mittags und abends), beispielsweise mit mexikanischer Enchilada-Lasagne oder indischem Urad-Dahl-Eintopf. Jeden Mittwochmittag veganes Büfett.

Södermalm | Fjällgatan 23 B | U-Bahn: Slussen (c 4) | Tel. 6 43 94 80 | www. hermans.se | tgl. 11–22 Uhr | €€

Matmekka
H 4

Eine Runde im Völkerkundemuseum (▶ Etnografiska museet, S. 140) weckt gerne einmal den Appetit auf kulinarische Reisen. Matmekka, das einladende Museumsrestaurant, bereitet Gerichte aus aller Welt vornehmlich aus biologischen und regional produzierten Lebensmitteln zu.

Zur Mittagszeit an Werktagen, wenn in der City die Lunchrestaurants überfüllt sind, ist es hier wohltuend ruhig.

Djurgården | Djurgårdsbrunnsvägen 34 | Bus 69: Museiparken | www.etnografiskamuseet.se | Mo–Fr 10–17, Sa, So 11–17 Uhr | €€

Mistral
südl. E 6

In dem Ladenlokal eines unscheinbaren 1920er-Jahre-Mietshauses verbirgt sich unter der Lichtreklame des Vormieters Barnvagnsfabriken (Kinderwagenfabrik) ein Biorestaurant der Luxusklasse. Gemüse und Fleisch kommen meist von den Anthroposophen-Höfen in Järna. Meisterkoch Fredrik Andersson hat ein Faible dafür, Gemüse zu trocknen und daraus feine Gerichte zu zaubern.

Enskededalen | Sockenvägen 529 | U-Bahn: Skogskyrkogården (d 5) | Tel. 10 12 24 | www.mistral.nu | Di–Sa 18–24 Uhr | €€€€

Nyagatan
südl. E 6

Biorestaurant im trendigen Södermalm. In dem kleinen, intimen Lokal wechselt das Menü mit den Jahreszeiten, das meiste wurde im Umland produziert. Es gibt Wildschwein, Kalb und wunderbaren gebeizten Lachs, dazu eine interessante Weinkarte.

Södermalm | Skånegatan 84 | U-Bahn: Medborgarplatsen (c 4) | Tel. 6 44 48 84 | www.nyagatan.se | Mo–Do 17–24, Fr 16–1, Sa 15–1, So 17–24 Uhr | €€

Seyhmus vegetariska   🌿 B 6

Erstklassiges vegetarisches Büfett (nur Bioware), auch Gerichte für Veganer, eigene Bäckerei.

Södermalm | Varvsgatan 29 |
U-Bahn: Hornstull (c 4) | Tel. 6 58 55 55 |
www.seyhmus.nu | Mo–Fr 10–19,
Sa 11–18, So 11–18 Uhr | €

EINKAUFEN

Äppelfabriken   🌿 nordwestl. A 1

Der große Nachteil vieler biologischer Erzeuger ist, dass sie eigentlich nur mit dem Auto erreichbar sind. Auch zu diesem biologischen Apfelerzeuger auf einer der großen Inseln im Mälaren kommt man ohne größere Umstände nur mit dem Auto oder dem eigenen Boot. Angebaut werden u. a. die wunderbaren schwedischen Apfelsorten Ribston, Gravensteiner, Åkerö, Kim, Filippa und Cox Pomona, aber auch Himbeeren und Rhabarber. Die Äpfel werden zu Mus, Most, Essig, Marmelade und einem Glögg verarbeitet, der 2008 bei der schwedischen Meisterschaft für handwerklich hergestellte Lebensmittel mit einer Goldmedaille ausgezeichnet wurde.

Neben der romanischen Kirche von Hilleshög sind hier auch Grabhügel aus der Wikingerzeit zu bewundern.

Svartsjölandet (Färingsö), Wiksunds Gård | Bus 318 von Brommaplan bis Haltestelle Hilleshög kyrka, von dort 1 km zu Fuß, oder mit dem eigenen Boot bis Wiksunds Brygga (Gästeliegeplatz) | www.appelfabriken.se | Fr–So 12–16 Uhr

Bondens marknad

Obst und Gemüse aus dem Umland sowie handwerklich hergestellte Lebensmittel werden auf diesen Märkten feilgeboten, beispielsweise Tunnbröd (Fladenbrot) aus Valdemarsvik in Östergötland, Räucherlachs aus Grisslehamn in Uppland oder Honig aus Älvsjö von den Fågelsångens Bigårdar.

www.bondensegen.com | Aug.–Mitte Okt. und 12.–19. Dez. Sa 10–15 Uhr
– Östermalm | Tessinparken |
U-Bahn: Karlaplan (d 3)   🌿 F 2
– Södermalm | Katarina Bangata, Ecke Götgatan | U-Bahn: Medborgarplatsen (c 4)   🌿 südl. E 6

Ekologiska Barnmatsbutiken   🌿 E 3

Biolebensmittelladen mit Produkten für Null- bis Fünfjährige. Zur Auswahl stehen über 100 fertige Mahlzeiten. Nur Lebensmittel ohne Zuckerzusatz, auch spezieller Kaffee und Tee für Schwangere und stillende Mütter ist hier erhältlich.

Östermalm | Nybrogatan 60 | U-Bahn: Stadion (d 3) | www.barnmatsbutiken. se | Mo–Fr 10–17 Uhr

Grön Interiör   🌿 E 6

Zuerst nur im Internet, aber jetzt auch mit einem Ladenlokal vertreten: Hier gibt es giftfreie Möbel und Matratzen oder Büroeinrichtungen ohne schädliche Chemikalien.

Södermalm | Renstiernas gata 19 |
U-Bahn: Medborgarplatsen (c 4) |
www.groninterior.se

Järna   🌿 südwestl. A 6

In Järna haben die schwedischen Anthroposophen ihr Hauptquartier. Schon von fern sind die gerundeten, »organischen« Hauskörper und die Pastellfarben der Siedlung auszumachen. Zentrum ist das Kulturhaus mit Café und Restaurant, das unter der Woche mit-

tags ein biodynamisches Büfett anbie-
tet. Die Anthroposophen unterhalten
in Järna auch eine Gärtnerei, in der sie
biodynamisch angebautes Obst und
Gemüse verkaufen. Die Produkte der
Biomühle »Saltå kvarn« gibt es in allen
größeren Stockholmer Supermärkten.

– Järna | Pendeltåg: Järna (a 6), von dort
Bus 784 | Kulturhaus: www.kulturhuset.
nu | Mo–Fr 9–16 Uhr

– Nibble handelstrådgård: www.antro
posofi.info | Mo–Fr 9–18, Sa 10–15 Uhr

Saltå Kvarns Butik   E 6

Die biodynamischen Lebensmittel von
»Saltå Kvarn«, die in (fast) jedem Su-
permarkt zu kaufen sind, werden im
trendigen Stadtteil Södermalm seit
2010 auch in einem eigenen Laden angeboten. Das Brot wird hier täglich
frisch gebacken.

Södermalm | Renstiernas Gata 27 |
U-Bahn: Medborgarplatsen (c 4) |
www.saltakvarn.se | Mo–Fr 8–19, Sa, So
8–16 Uhr

AKTIVITÄTEN

Tyresta Nationalpark   südöstl. E 6

Im Unterschied zum sogenannten Na-
tionalstadtpark Djurgården ist das im
Jahr 1993 eingerichtete, 19,7 qkm große
Waldgebiet rund 20 km südöstlich von
Stockholm ein echter Nationalpark mit
Wald, Urwald und klaren Waldseen.
Der Park wird vom Tyresta by (by =
Dorf) aus auf über 55 km ausgeschil-
derten Wanderwegen erschlossen. Zwei
Fernwanderwege, der Sörmlandsleden
und der Kustleden, führen durch den
Park. In Tyresta by informiert das Nati-
onalparkhaus »Naturum« (National-
parkernas hus) über Geschichte, Geo-
logie, Pflanzen, Vögel und Säugetiere
sowie über sämtliche Nationalparks in
Schweden.

Haninge | U-Bahn: Gullmarsplan (d 4),
weiter mit Bus 807 nach Svartbäcken,
von dort Bus 834 nach Tyresta by (Fahr-
zeit 45 Min.) | www.tyresta.se | Natu-
rum: März–Okt. Di–Fr 9–16, Sa, So 11–17,
Nov.–Feb. Di–Fr 9–16, Sa, So 10–16 Uhr

Die Äppelfabriken (▶ S. 32) verkaufen nicht nur schwedische Äpfel und Apfelprodukte, man
kann auch im hochgelobten Café mit eigener Bäckerei einkehren.

EINKAUFEN

In Stockholms unterschiedlichen Einkaufsgegenden ist alles zu haben, was das Herz begehrt: schicke Modeboutiquen für Fashionistas, skandinavisches Design für den kleinen und großen Geldbeutel sowie edle Antiquitäten und kultige Secondhand-Schnäppchen.

Wer auf Reisen gerne auch ein wenig shoppt, findet in Stockholm beste Bedingungen vor. Die Ladenöffnungszeiten sind großzügig, fast alle Geschäfte in der Innenstadt sind sieben Tage in der Woche geöffnet, was zur Folge hat, dass dort auch sonntags emsiges Treiben herrscht. Überdies schließen die großen Warenhäuser wochentags erst um 20 bzw. 21 Uhr. Die beliebtesten Läden liegen in Fußgängerzonen oder in sogenannten Gallerias, schicken Einkaufszentren, die in der Stockholmer City wie Pilze aus dem Boden schießen und von denen es nie genug zu geben scheint. Eine elegante Shoppingrunde beginnt am Norrmalmstorg und führt die den Fußgängern vorbehaltene Biblioteksgatan entlang Richtung Stureplan. Neben den international gängigen Kleiderläden findet man hier das schwedische Erfolgslabel Filippa K und das jung-trendige Urban Outfitters, besuchenswert vor allem deswegen, weil es im denkmalgeschützten

◀ Östermalms Saluhall (▶ S. 36) ist eine
gute Adresse für feine Delikatessen aller Art.

ehemaligen Premierenkino Röda Kvarn liegt. Am Stureplan, wo sich
nachts die High Society vergnügt, sind auch tagsüber Austern und Champagner zu haben, dann geht es mit neuen Kräften in die Sturegallerian,
die neben teuren Kleider- und Designläden (Marimekko, finnisch) auch
mit Stockholms bester Buchhandlung (Hedengrens), einer ausgezeichne-
ten Bäckerei (Gateaux) und einem Luxusspa (Sturebadet) aufwartet.

Der südlichste Abschnitt der Birger Jarlsgatan verläuft vom Stureplan
Richtung Wasser, und je mehr Sie sich der Stockholmer Paradestraße
Strandvägen nähern, desto luxuriöser werden die Läden. Hier können Sie
sich rasch bei Ermenegildo Zegna und Prada Ihrer gesamten Reisekasse
entledigen.

Wer gerne etwas preisgünstiger, unvorhersehbarer und jugendlicher ein-
kauft, begibt sich in den szenigen Stadtteil Södermalm. Der vom Slussen
steil ansteigende Teil der Götgatan (Götgatsbacken) wird von einer Vielzahl kleinerer Boutiquen und der hinter wohlbewahrten historischen
Fassaden versteckten Brunogalleria gesäumt. Einige Blocks weiter südlich
liegt das absolut trendigste Viertel Södermalms, scherzhaft gerne auch als
Sofo (South of Folkungagatan) bezeichnet, dem Großstadtkenner ein ge-
wisses »Berlin-Feeling« zuschreiben. Hier gibt es unendlich viele Second-
handläden, witzige Einrichtungsboutiquen, junge Mode und Straßencafés für die Verschnaufpause zwischendurch.

BESONDERE EMPFEHLUNGEN

ANTIQUARIATE

Rönnells Antikvariat 🔖 D 3

Größtes Antiquariat in Stockholm,
auch für wissenschaftliche Literatur.
Das Antiquariat wurde 1929 von Gösta
Rönnell gegründet. Den Schriftzug der
Leuchtreklame entwarf Karl-Erik Fors-
berg, der Buchgestalter des Norstedts
Förlag und Schöpfer der Schrift Berling
Antiqua. Im Jahr 1980 übernahm Gös-
tas Sohn Per den Laden und vererbte
ihn 1998 seinen Angestellten. Das Antiquariat unterhält auch einen Verlag
und publiziert Bücher mit pataphysi-

schem und modernistischem Inhalt.
Abends finden hier häufig Lesungen
mit prominenten Autoren statt. Die
deutschen Bücher stehen im Keller. Mit
etwas Glück finden Sie hier einen Band
Selma Lagerlöf in deutscher Überset-
zung oder eine Erstausgabe von Max
Frisch oder Peter Weiss.

Östermalm | Birger Jarlsgatan 32 |
U-Bahn: Östermalmstorg (d 3) | www.
ronnells.se

ANTIQUITÄTEN

Hinter der schwedischen Bezeichnung
»Antikaffär« verbergen sich häufig An-

tiquitätengeschäfte und Trödelläden in einem. Viele solcher Geschäfte säumen die Odengatan zwischen dem Odenplan und dem St. Eriksplan, einige liegen an der Roslagsgatan. Hochkarätigere Antiquitätenläden, u. a. für nautische Antiquitäten (Österlånggatan), finden sich über ganz Gamla Stan verstreut. Kenner schätzen vor allem die wunderschönen und verhältnismäßig preisgünstigen Kronleuchter aus Kristall.

BÜCHER
Hedengrens Bokhandel ⚓ E 4
Eine der wenigen Stockholmer Buchhandlungen, die noch nicht zu einer Kette gehören. Sehr gut sortiert in neun Sprachen, aber teuer (es gibt in Schweden keine Buchpreisbindung). Größtes Angebot deutschsprachiger Bücher!
Östermalm | Stureplan 4 | U-Bahn: Östermalmstorg (d 3) | www.hedengrens.se

DELIKATESSEN
Östermalms Saluhall ⚓ E 4
In dieser fantasievoll gestalteten Markthalle, die 1888 im Beisein von König Oscar II. eingeweiht wurde, trifft sich die Crème de la crème Stockholms, um Delikatessen zu kaufen. Geflügel und Wild aus schwedischen Wäldern, Fisch, Obst und Gemüse, Fleisch und Wurstwaren (Willy Ohlssons Eftr., Gerichte auch fertig zubereitet, nur noch aufwärmen!) sowie libanesische Delikatessen und klassisches dänisches Smørrebrød.
Östermalm | Nybrogatan 29–33 | U-Bahn: Östermalmstorg (d 3) | www.ostermalmshallen.se | So geschl.

DESIGN
DesignTorget
Von schwedischen und skandinavischen Designern hergestellte Gegenstände, die einfach schön sind. Hier können Sie Stücke etablierter Designer kaufen, aber auch von Leuten, die erst am Anfang ihrer Karriere stehen. Schmuck, Geschirr, Einrichtungsgegenstände, Lampen, einen Kronleuchter, in den Sie 40 Weingläser einhängen können, und Spielzeug wie das Schaukelkaninchen von Björn Dahlström, das mit dem Preis »Utmärkt Svensk Form« (Ausgezeichnete schwedische Form) prämiert wurde.
www.designtorget.se
– Norrmalm | Kulturhuset, Sergels torg 3 sowie im Hauptbahnhof, Haupthalle | U-Bahn: T-Centralen (c 3) ⚓ D 4
– Norrmalm | Kungsgatan 52, Ecke Drottninggatan | U-Bahn: Hötorget (c 3) ⚓ D 4
– Södermalm | Götgatan 31 | U-Bahn: Slussen (c 4) ⚓ E 6
– Östermalm | Nybrogatan 16 | U-Bahn: Östermalmstorg (d 3) ⚓ E 4
– Kungsholmen | Västermalmsgallerian, St. Eriksgatan 45 | U-Bahn: Fridhelmsplan (c 3) ⚓ B 4

EINRICHTUNG
IKEA ⚓ südwestl. B 6
In Kungens Kurva liegt das größte IKEA-Warenhaus der Welt. Das runde Hauptgebäude von 1965 war dem Guggenheim Museum in New York nachempfunden. Viele Stockholmer unternehmen den Ausflug in den südlichen Stockholmer Vorort nur (der Flughafenbus Richtung Skavsta fährt an dem Möbelhaus vorbei), um das preiswerte Restaurant aufzusuchen. IKEA wurde

1943 von Ingvar Kamprad in Småland gegründet. Die Abkürzung steht für Ingvar Kamprad Elmtaryd Agunnaryd. Auf dem Hof Älmtaryd in der Gemeinde Agunnaryd wuchs Kamprad auf.

Kungens Kurva | U-Bahn: Skärholmen (b 4), von dort Bus 173, Gratisbus ab Vasagatan 18/Fremdenverkehrsamt, Mo–Fr stdl. 10–19 Uhr | www.ikea.de | tgl. 10–20, feiertags 10–18 Uhr

KAUFHÄUSER
Kaufhaus Nordiska Kompaniet (NK)
D 4

Traditionsreich und nicht gerade preiswert, aber bei NK findet man alles, auch schwedisches Kunsthandwerk (»Hemslöjd«). Wer den Verlockungen im Innern widerstehen möchte, sollte zumindest einen Blick auf die herrliche Jugendstilfassade werfen.

Norrmalm | Hamngatan | U-Bahn: T-Centralen (c 3) | www.nk.se | Mo–Fr 10–20, Sa 10–18, So 12–17 Uhr

SPIRITUOSEN
Systembolaget

Der schwedische Staat hält das Monopol auf den Verkauf von Bier, Wein und Spirituosen. Das bedeutet, dass Sie nach 18 Uhr, Samstag ab 15 Uhr und sonntags auf dem Trockenen sitzen (und wenn Sie unter 20 Jahre sind sowieso). Die berüchtigt langen Wartezeiten sind jedoch Vergangenheit, da die meisten Geschäfte auf Selbstbedienung umgestellt haben, Schlangen gibt es nur noch am Freitagnachmittag.

www.systembolaget.se

Weitere empfehlenswerte Adressen finden Sie im Kapitel **STOCKHOLM ERKUNDEN**.

Das im Jahr 1915 eröffnete Kaufhaus Nordiska Kompaniet (▶ S. 37) ist heute noch die erste Adresse in Stockholm, wenn es um gepflegtes Shopping geht.

KULTUR UND UNTERHALTUNG

*Wer ins Kulturleben der Hauptstadt eintauchen möchte,
dem bieten Theater, Oper, Musicalbühnen und Musikclubs vielfältige
Unterhaltung. In den hellen Sommernächten locken Konzerte in
den Parks und auf den Straßen, in den Kneipen und Bars ist viel los.*

In Stockholm schlägt das kulturelle Herz des Landes: Es gibt über 100
Theater, zwei Opernhäuser und mehrere Musical-Spielstätten. Die bedeutendste Bühne Stockholms ist das Kungliga Dramatiska Teatern, kurz
Dramaten genannt. Seit 1908 befindet es sich in einem Jugendstilpalast
am Nybroplan. Eingeweiht wurde das königliche Theater mit einem
Stück des in Stockholm geborenen Dramatikers und Schriftstellers August Strindberg (Mäster Olof). Ingmar Bergman feierte an diesem führenden Schauspielhaus als Regisseur von Shakespeares »König Lear« und
anderen Bühnenwerken Triumphe. Heute stehen schwedische und erfolgreiche amerikanische Theaterstücke auf dem Spielplan sowie Dramatisierungen bekannter Romane wie »Jane Eyre« oder »Anna Karenina«.
Die immer noch gespielte Bühnenfassung des Ingmar-Bergman-Films
»Fanny und Alexander« von 1982 war bisher über 100-mal ausverkauft.

◄ Tänzer und Fechter der Königlichen Oper
(► S. 41) proben für den großen Auftritt.

Stockholm ist aber auch eine ausgesprochene Kinostadt. Kino hat in Schweden Tradition: In Stockholm wurden die ersten abendfüllenden Stummfilme gedreht, u. a. eine Verfilmung des Selma-Lagerlöf-Romans »Gösta Berling«. Außerdem leisten sich die Stockholmer gleich zwei Filmfestivals: im November das zehn Tage währende »Stockholm Filmfestival« und im März das sechstägige »Tempo Dokumentarfilmfestival«. Kinos, in denen nicht nur die gängigen Hollywoodstreifen gezeigt werden, sind das Programmkino Zita in der Birger Jarlsgatan, das in derselben Straße ansässige Sture, in dem auch die französischen, italienischen und deutschen Filmtage stattfinden, sowie das Bio Rio (Hornstulls strand).

Das für eine Hauptstadt eher bescheidene Nachtleben konzentriert sich vor allem auf zwei Stadtviertel. Im Nobelstadtteil Östermalm gruppieren sich die teureren Clubs um den Stureplan. Hier tummeln sich die königlichen Nachkommen und andere schicke Leute. Etwas zwangloser geht es im Hipster-Stadtteil Södermalm in der Region um die Skånegatan und den Nytorget zu, wo sich vor allem im Sommer ein reges Club- und Barleben abspielt.

BESONDERE EMPFEHLUNGEN

BOOTSAUSFLÜGE

Warum nicht die Abendstunden für eine romantische Fahrt in die Schären nutzen? Sogenannte »Räkkryssningar« (Krabbenkreuzfahrten) finden auch in den Wintermonaten statt. Im Sommer, wenn es nachts nicht mehr dunkel wird, ist das Angebot natürlich am größten. Das ganze Jahr über im Einsatz sind die **MS Vindhem** (ab Slussen, Tel. 7 76 01 20, www.vindhem.com), die **Cinderella II** (ab Strandvägen, Tel. 58 71 40 50) und Schiffe des **Strömma Kanalbolag** (ab Nybroplan, Tel. 58 71 40 00, www.stromma.se). Die Schiffe legen alle bereits um 19 Uhr ab, also relativ zeitig.

CLUBS

Café Opera   ⚓ D 4

Berühmtester Szenetreff. Hier trifft sich alles, was Rang und Namen hat. An den Wochenenden bilden sich lange Schlangen vor der Tür. Coole Musik und schickes Ambiente.

Norrmalm | Operahuset, Kungsträdgården | U-Bahn: Kungsträdgården (d 3) | www.cafeopera.se

DISKOTHEKEN

Die meisten Diskotheken haben eine Altersgrenze: Häufig wird nur Gästen über 23 Jahren (gelegentlich auch 25) Einlass gewährt. Einige Diskotheken finden sich in der Gegend Stureplan, Birger Jarlsgatan.

KASINO

Casino Cosmopol 🚩 C 4

Das größte Spielkasino Schwedens ist im ehemaligen Premierenkino Palladium von 1917 untergebracht. Mit zwei Restaurants und drei Bars. Falls Sie sich an den gefährlich aussehenden Türstehern vorbeitrauen und bereit sind, sich fotografieren zu lassen. An 31 Tischen werden hier Roulette, Black Jack, Caribbean Stud, Punto Banco Big Wheel, Sic Bo und Poker gespielt.

Norrmalm | Kungsgatan 65 | U-Bahn: T-Centralen (c 3) | www.casinocosmo pol.se | tgl. 13–5 Uhr | Eintritt 30 SEK | Mindestalter 20 Jahre

KINO

Da im Kino lebende Bilder gezeigt werden, heißen in Schweden Kinos »Biografer«, kurz: »Bio«. Kinocenter gibt es in der Kungsgatan (Rigoletto, Royal), am Hötorget und am Medborgarplatsen. Die Filme laufen, abgesehen von Kinder- und Zeichentrickfilmen, im Original mit schwedischen Untertiteln.

Sture 🚩 D 3

Das Kino für den europäischen Film. Besonders beliebt sind die hier veranstalteten französischen Filmtage.

Östermalm | Birger Jarlsgatan 41 | U-Bahn: Östermalmstorg (d 3) | www. biosture.se

KONZERTE UND VERANSTALTUNGEN

Das Musikangebot ist vor allem im Sommer sehr umfangreich. Im Drottningholmer Schlosstheater spielt man Barockmusik, und es kommen Barockopern zur Aufführung. Sommerkonzerte finden auch im Ulriksdals slott und im königlichen Schloss statt. In der Schlosskirche und der Riddarholmskyrka gibt es Orgelkonzerte.

Konserthuset 🚩 D 4

Hier treten die Stockholmer Philharmoniker und illustre Solisten auf. Seit 2008 wird das Orchester von dem Finnen Sakari Oramo geleitet. Bereits seit 1986 findet jedes Jahr im November ein Tonsättarfestival (Komponistenfestival) statt. Die Philharmoniker spielen auch bei der Nobelpreisverleihung.

Norrmalm | Hötorget 8 | U-Bahn: Hötorget (c 3) | Tel. 22 18 02 | www. konserthuset.se

MUSIKCLUBS

Fasching 🚩 C 4

Stockholms Jazzclub Nummer eins mit etwa 250 Konzerten im Jahr. Hier treten seit 1977 auch internationale Stars der Szene auf. In Skandinavien spielt der Jazz überhaupt eine große Rolle. Viele Leute spielen Trompete und Posaune. Im Oktober findet im Fasching ein Jazzfestival statt.

Norrmalm | Kungsgatan 63 | U-Bahn: T-Centralen (c 3) | Tel. 53 48 29 64 | www.fasching.se

Nalen 🚩 D 3

Umfangreiches Musikprogramm von Jazz über Unterhaltungsmusik bis zur Klassik. Im Nalen trat in den 1950er-Jahren der legendäre schwedische Jazztrompeter Lars Gullin mit seinem Quintett auf. Heute hören Sie hier internationale Künstler wie Ed Harcourt, Mavis Staples, Beth Hart und Mayra Andrade. Edles Restaurant.

Östermalm | Regeringsgatan 74 | U-Bahn: Hötorget (c 3) | Tel. 6 15 03 67 | www.nalen.com

OPER UND THEATER

Dramaten (Kungliga Dramatiska Teatern) 🍂 E 4

Am Königlichen Theater, an dem der 2007 verstorbene Regisseur Ingmar Bergman inszenierte, tritt die erste Garde der schwedischen Schauspieler-Szene auf. Zu den großen Namen der Vergangenheit gehören außerdem Greta Garbo, Max von Sydow und Bibi Andersson. Heute treten hier u. a. Jonas Karlsson, der sich auch als Autor von Kurzgeschichten einen Namen gemacht hat, und Angela Kovács auf, die dem deutschen Fernsehpublikum als Kriminalkommissarin Irene Huss bekannt ist.

Östermalm | Nybroplan | U-Bahn: Kungsträdgården (d 3) | Tel. 6 67 06 80 | www.dramaten.se | moderate Preise, junge Leute (unter 26) zahlen nur 100 SEK

Operan (Kungliga Operan) 🍂 D 4

Die Opern- und Ballettaufführungen erregen auch international Aufmerksamkeit. Das Orchester der Oper geht auf Gustav Vasas Hoforchester von 1526 zurück. Das alte Opernhaus, in dem Gustav III. 1792 bei einem Ball ermordet wurde, ersetzte man Ende des 19. Jh. durch ein neues Gebäude, das die Pariser Oper zum Vorbild hatte. Seit Jahren ist ein Neubau im Gespräch – Kopenhagen und Oslo haben sich schon einen geleistet –, und Stockholm muss seinem Werbeslogan »Capital of Scandinavia« doch gerecht werden.

Norrmalm | Gustav Adolfs torg | U-Bahn: Kungsträdgården (d 3) | Tel. 24 82 40 | www.operan.se

Weitere empfehlenswerte Adressen finden Sie im Kapitel STOCKHOLM ERKUNDEN.

Das Café Opera (▶ S. 39), eher ein Restaurant und Nachtclub als ein Café, hat schon Prominenz von Mick Jagger bis Madonna und Kronprinzessin Victoria gesehen.

FESTE FEIERN

Eine Vielzahl von traditionellen Feiern, kulturellen Ereignissen und sportlichen Events bestimmt den festlichen Jahresablauf der Stockholmer. Lassen Sie sich darauf ein und erleben Sie zum Beispiel ein rauschendes »Midsommar«-Fest!

Die Schweden feiern gerne, vorzugsweise im Familienkreis. Wichtigstes Fest des Jahres neben den beiden ebenfalls bedeutenden kirchlichen Feiertagen Ostern und Weihnachten (wer die Möglichkeit hat, feiert mit der Verwandtschaft) ist »Midsommar«. Teile des Mittsommerfestes sind öffentlich, und alle sind eingeladen, mitzufeiern. Zu beachten ist, dass Mittsommer in Schweden wie in Dänemark und Norwegen nicht auf den längsten Tag des Jahres, den 21. Juni fällt, sondern auf den Freitag nach dem 21., das ist der Midsommarafton (ist der 21. ein Freitag, wird an diesem Tag gefeiert), an dem sich das gesamte Geschehen abspielt. Dann haben alle zwei Tage Zeit (den Midsommardagen und den darauf folgenden Sonntag), um sich von exzessivem Feiern zu erholen. Mittsommer wird der mit Blumen und Birkenreisig geschmückte »Maibaum« aufgerichtet, das können Sie sich im Freilichtmuseum Skansen oder beispiels-

◀ In Schweden verkleiden sich Kinder zu
Ostern (▶ S. 43) als Osterhexen.

weise in Vaxholm in Regie der Hembygdsförening (des Heimatvereins)
ansehen. Wer hat, trägt Tracht. In Schweden sind diese Trachten allerdings eine Erfindung der Nationalromantik des 19. Jh. Anschließend tanzen die Kinder zu Akkordeonmusik um den Maibaum. Abends findet das
traditionelle Mittsommeressen statt, das aus jungen Kartoffeln, eingeleg-
tem Hering, viel Schnaps, Trinkliedern und aus Erdbeeren mit Schlagsahne zum Dessert besteht. Falls Sie keine private Einladung ergattern
konnten, was schwierig sein kann, denn die Schweden bleiben gern unter
sich, können Sie das traditionelle Essen auch in einem Restaurant genießen, beispielsweise auf der großen Glasveranda des Waxholms Hotell, vor
der die an diesem Tag ebenfalls mit Birkengrün geschmückten Schärendampfer vorbeiziehen. Überhaupt, an diesem Tag befindet sich ganz
Schweden irgendwo auf dem Land, die Stockholmer Innenstadt ist ausge-
storben, und abends wird in einer Scheune oder auf einem Bootssteg
(Bryggdans) zum Tanz aufgespielt. Wie es richtig geht, können Sie in dem
Astrid-Lindgren-Klassiker »Ferien auf Saltkrokan« nachlesen.

FEBRUAR

Vikingarännet

Das 1999 zum ersten Mal ausgetragene
Schlittschuhrennen (Wikingerrennen)
führt 80 km von Uppsala nach Stockholm auf der Schifffahrtsroute der Wi-
kinger, vorbei u. a. an Skokloster, Sigtuna, Kairobadet und Drottningholm.
Die Ziellinie befindet sich nördlich von
Långholmen.
Je nach Eisverhältnissen an einem von
zwei Sonntagen Mitte Februar | www.
vikingarannet.com

APRIL

Påsk

Ostern ist in Schweden ein Fest, das im
Familienkreis gefeiert wird. Etliche
Restaurants sind deshalb auch ge-
schlossen. Stimmungsvoll sind die

Gottesdienste in der Osternacht, beispielsweise in der Engelbrektskyrkan
auf Östermalm.
Am Gründonnerstag verkleiden sich
die kleinen Mädchen mit Kopftuch
und Besen als »Påskhäxor« (Osterhexen) und sammeln bei den Nachbarn im Austausch gegen handgemalte
Osterkarten Süßigkeiten ein.
Gründonnerstag, Karfreitag bis Ostermontag, am Gründonnerstag haben
Påskhäxor freien Eintritt im Skansen

Oddset Hockey Games

Eishockeyturnier, an dem Finnland,
Russland, Schweden und Tschechien
teilnehmen und das fast immer Schweden gewinnt. Austragungsort ist die
Stockholmer Globen Arena.
Globen Arena | www.swehockey.se

Valborgsmässoafton

An mehreren Orten in Stockholm, meist in Ufernähe, aber auch im Skansen, werden in der Walpurgisnacht große Feuer entzündet. Chöre singen fröhliche Frühlingslieder, und eine Rede auf den Frühling wird gehalten. Warme Kleidung wird unbedingt empfohlen: Ende April kann es nachts immer noch Frost geben.

30. April | www.skansen.se

MAI/JUNI
Verleihung des ALMA

Der Astrid Lindgren Memorial Award, der höchstdotierte Kinder- und Jugendliteraturpreis der Welt, wird in Stockholms Konserthus verliehen. Zu den bisherigen Preisträgern gehören Christine Nöstlinger, Philip Pullman, Katherine Paterson, Sonya Hartnett und Shaun Tan. Zugang nunmehr leider nur noch auf Einladung, der Festvortrag des Preisträgers im Kulturhaus einige Tage zuvor ist jedoch öffentlich und gratis.

Ende Mai | www.alma.se

Stockholm Marathon

Die Läufer drehen zwei Runden durch das Herz der Stadt, bei der ersten geht es um den Kaknästornet auf Gärdet, bei der zweiten über Djurgården. Start und Ziel ist das Olympiastadion von 1912.

Letzter Sa im Mai oder 1. Sa im Juni | www.stockholmmarathon.se

JUNI
Nationaldagen

Der König, zu diesem Anlass in Volkstracht gekleidet, verteilt am schwedischen Nationalfeiertag im Skansen schwedische Fähnchen. Der Nationalfeiertag, auch Tag der schwedischen Flagge (Svenska Flaggans Dag) genannt, ist eine Erfindung des Skansen-Gründers Artur Hazelius. An diesem Tag wurde Gustav Vasa im Jahr 1523 zum König ausgerufen – was aber kaum ein Schwede weiß.

6. Juni | www.skansen.se

Smaka på Stockholm

An fünf Tagen kann man mitten in der Stadt an verschiedenen Ständen probieren, was die Stockholmer Restaurants an Leckereien zu bieten haben. Auch Kultur und Unterhaltung kommen dabei nicht zu kurz.

Anfang Juni | Kungsträdgården | www.smakapastockholm.se

Skansen Allsång

Hier treten beliebte schwedische Schlagersänger wie Tomas Ledin, Johan Palm und Caroline af Ugglas auf, aber auch der Eurovision-Song-Contest-Sieger, der Norweger Alexander Rybak. Alle dürfen mitsingen! Conferencier ist im Augenblick der Schlagerstar Måns Zelmerlöv.

Ende Juni–Anfang August jeden Di um 20 Uhr | Freilichtbühne Sollidenscenen | www.skansen.se

JULI
Stockholm Pride

Stockholms großes Gay-Festival dauert eine ganze Woche, Höhepunkt ist die fröhlich-bunte Parade am Samstag. Neu ist seit 2010 das Veranstaltungszentrum im Park des Sjöhistoriska museet.

Ende Juli/Anfang August | Ladugårdsgärdet | www.stockholmpride.org

AUGUST

Stockholms Kulturfestival

Straßentheater, Tanzveranstaltungen und Konzerte werden beim sommerlichen Kulturfestival geboten, das meiste davon gratis.

Anfang August, in der letzten Woche der schwedischen Schulferien | www.kulturfestivalen.stockholm.se

Midnattsloppet

Die Route des 10 km langen Mitternachtslaufs geht durch den Stadtteil Södermalm.

Mitte August | Start 22 Uhr | www.midnattsloppet.com

Riddarfjärdssimningen

Eine Meile (1609 m) ist vom Stadshusparken zum Rålambshovsparken durch den Riddarfjärden zu schwimmen. Der Wettkampf fand zum ersten Mal im Jahr 1920 statt, musste dann aber wegen der schlechten Wasserqualität nach wenigen Jahren schon abgeblasen werden. Seit 1976 findet er wieder statt.

Mitte August | www.riddarfjärds simningen.se

Östersjöfestivalen

Dieses Festival für klassische Musik, an dem Orchester, Chöre und Musiker aus dem Ostseeraum teilnehmen, ist eines der bedeutendsten in ganz Skandinavien. Es wird von P 2, dem schwedischen Klassiksender, live übertragen.

Ende August | Berwaldhallen | www.balticseafestival.com

Tjejmilen

In Schweden werden Entfernungen in »mil« (»en mil« = 10 km) gerechnet.

Die beliebte »Tjejmil« (Mädelmeile) laufen jedes Jahr bis zu 30 000 Teilnehmerinnen auf der Freizeitinsel Djurgården.

Ende August/Anfang September | www.tjejmilen.se

OKTOBER

Stockholm Open

Das neuntägige traditionsreiche Tennisspektakel wird in den Kungliga Tennishallen im Stadtteil Östermalm ausgetragen.

Mitte/Ende Oktober | www.stockholm open.se

NOVEMBER

Stockholm Filmfestival

Das zehntägige internationale Filmfestival steht jedes Jahr unter einem anderen Motto.

www.stockholmfilmfestival.se

DEZEMBER

Weihnachtsmarkt

Besonders stimmungsvoll ist der Weihnachtsmarkt im Freilichtmuseum Skansen (Sa, So 11–16 Uhr) und der auf dem Stortorget in Gamla Stan.

Luciadagen

Prozession der Lichterkönigin Lucia durch die Stadt zum Freilichtmuseum Skansen.

13. Dezember

Nyårsafton

Das Neujahrsfest und das prächtige Feuerwerk des Skansen werden im schwedischen Fernsehen immer live übertragen.

31. Dezember | Skansen | www.skansen.se

Im Fokus
Die Kinderbuchhauptstadt

Viele bekannte schwedische Kinder- und Jugendbuchautoren waren und sind in Stockholm zu Hause, Straßen und Parks geben Schauplätze viel gelesener Bücher ab, und der hochdotierte Kinder- und Jugendbuchpreis ALMA wird jedes Jahr im Mai hier vergeben.

Der wichtigste Kinderbuchverlag ist Rabén & Sjögren, der heute als Teil des zweitgrößten schwedischen Verlags Norstedts auf der Insel Riddarholmen seinen Sitz hat. Daneben gibt es Carlsen, wie der Hamburger Carlsen Verlag zum Verlagsimperium der Familie Bonnier gehörend, sowie die kleineren Berghs Förlag in Vasastan und den Opal Förlag im Vorort Bromma. Bei Opal erscheint u. a. Mats Wahl. Bromma ist einer der Schauplätze seines bekanntesten Romans »Winterbucht« (Vinterviken), der 1993 mit der Jugendbuchklasse des Augustpriset, des renommiertesten schwedischen Literaturpreises, ausgezeichnet wurde (und später mit dem deutschen Jugendliteraturpreis). John-John verliebt sich in Elisabeth, die auf der dem Vinterviken gegenüberliegenden Seite des Mälaren in Bromma in einem schmucken Einfamilienhaus wohnt. John-Johns Freund Fighter hält es für eine prima Idee, dort einen Einbruch zu begehen… Wahl schrieb auch einige lesenswerte historische Jugendbücher, u. a. »Dävarns Reise«. Wahls Jugendsachbuch »Die Wasa. Geschichte und

◄ Astrid Lindgren (► S. 48) besucht die
Dreharbeiten zu »Karlsson vom Dach«.

Geschichten« wurde von Sven Nordqvist, dem Schöpfer von Pettersson und Findus, illustriert. Über seine Anfänge als Schriftsteller schreibt er: »Meine erste Schreibmaschine kaufte ich mit sechzehn in einer Pfandleihe in Zinkensdamm (Södermalm). Es war eine Reiseschreibmaschine, die in einem Sperrholzkasten verwahrt wurde. Dieser war mit einem rissigen schwarzen Baumwollstoff bezogen. Wenn man schrieb, bekam das Farbband Löcher. Die Maschine kostete fünfzig Kronen.«

STOCKHOLMER KULTAUTOREN

Der aus Deutschland bekannte Trend, dass sich große Verlage ein Kinderbuchlabel zulegen, hat auch Schweden erreicht: Der Piratförlaget leistet sich seit 2011 einen Lilla Piratförlaget. Dessen Chef Erik Titusson hatte 2007 die Feiern zu Astrid Lindgrens 100. Geburtstag organisiert. In seinem Verlag erscheinen mittlerweile die Bücher von Sara Kadefors, die mit »Einen Klick entfernt von dir« und »Sandor slash Ida« bekannt wurde. Letzteres ist eines der meistverkauften Jugendbücher Schwedens, eine Liebesgeschichte, die sich teilweise im Internet abspielt.

Die größten Erfolge feiert zurzeit der Autor Martin Widmark, der aus der schwedischen Kleinstadt Linköping stammt und heute im südlichen Vorort Bandhagen lebt. Seine Serie für Erstleser »Detektivbüro Lasse Maja« (bislang 22 Titel) ist in Schweden wie Deutschland Kult und wurde vom schwedischen Fernsehen SVT verfilmt. Bei Widmark bildet jedoch die fiktive Kleinstadt Valleby den Schauplatz, weil Stockholm vermutlich für die kleinen Ermittler Lasse und Maja zu unüberschaubar gewesen wäre.

Ein weiterer internationaler Trend, dass nämlich zwischen Jugend- und Erwachsenenbüchern nicht getrennt wird, ist inzwischen ebenfalls in Schweden zu beobachten. Die Bücher der Engelsfors-Trilogie, die die Stockholmerin Sara Bergman Elfgren und der aus Fagersta stammende, in Stockholm aufgewachsene Mats Strandberg (Glossenschreiber bei der größten schwedischen Abendzeitung »Aftonbladet«) verfassten, werden sowohl von Erwachsenen als auch Jugendlichen gelesen. Schauplatz dieser Bestseller ist jedoch nicht die Landeskapitale, sondern eine fiktive Kleinstadt in der westlich von Stockholm gelegenen ehemaligen Bergbauprovinz, aus der Strandberg stammt. Der Musiker Benny Andersson hat gemeinsam mit seinem Sohn Ludvig eine Firma gegründet, um die Romane zu verfilmen.

Erstaunliche Leistungen vollbringen jedoch nicht nur schwedische Autoren, sondern auch Illustratoren. Viele von ihnen waren und sind keine Stockholmer: Die vielleicht berühmteste, Ingrid Vang Nyman, die die Pippi- und Bullerbü-Bücher illustrierte, war Dänin. Ilon Wikland, die ihre Nachfolge antrat, kam während des Zweiten Weltkriegs aus Tartu (Dorpat) in Estland nach Schweden, und Björn Berg, Illustrator der Michel-Bücher und langjähriger Zeichner der schwedischen Tageszeitung »Daghens Nyheter«, war in Unterwössen im Chiemgau zur Welt gekommen. Die Bilderbuchillustratorin mit den größten Auflagen ist vermutlich Gunilla Bergström, die ihren Helden Willi Wiberg (im Original Alfons Åberg), der allein bei seinem Pfeife rauchenden Vater lebt, in einer namenlosen Stockholmer Vorstadt unzählige Abenteuer erleben lässt.

ASTRID LINDGREN UND DIE KINDERBUCHNATION

In Stockholm verbrachte die aus Småland stammende Kinderbuchautorin Astrid Lindgren (1907–2002) 76 Jahre ihres Lebens. Für etliche ihrer Romane wie »Karlsson vom Dach« und »Mio, mein Mio« wählte sie einen Stockholmer Schauplatz. Karlsson treibt im Atlasviertel sein Unwesen, in dem Astrid Lindgren mit ihrem Mann Sture in den 1930er-Jahren wohnte. Bengt Vilhelm Olsson, der Held von »Mio, mein Mio«, sitzt im Tegnérlunden, einem kleinen Park zwischen der späteren Wohnung Astrid Lindgrens in der Dalagatan und ihrem Arbeitsplatz, dem Verlag Rabén & Sjögren in der Tegnérgatan 28. Die Dächer des Atlasviertels aus der Vogelperspektive erlebt, wer mit dem Bähnchen des Astrid-Lindgren-Museums, der Spielewelt Junibacken, fährt.

Astrid Lindgren gelang es durch ihre eigenen Werke sowie durch ihre jahrzehntelange Tätigkeit als Lektorin (halbtags) bei Rabén & Sjögren, Schweden als die führende Kinderbuchnation auf der literarischen Landkarte zu verankern. In der Festschrift zum 50-jährigen Jubiläum des Verlags schreibt sie 1992: »Wenn ich an mein Leben bei Rabén & Sjögren zurückdenke, dann frage ich mich: Was in aller Welt habe ich dort eigentlich getan? Auf meiner kläglichen halben Stelle. Soweit ich mich erinnern kann nichts anderes als Manuskripte gelesen und beurteilt. Viele, viele unmögliche, einige die mit gewissen Änderungen denkbar waren, und schließlich die, die ich fast nur zum Vergnügen las, weil der Autor selbst genauso gut wie ich oder noch besser als ich wusste, wie das Buch aussehen musste.« Ebenfalls 1992 erinnerte sie sich daran, wie sie auf Empfehlung der Bibliothekarin Elsa Olenius angestellt wurde: »Eines Tages sagte sie zu Hans Rabén: ›Warum stellst du nicht Astrid ein? Sie kann auch

Schreibmaschine schreiben!‹ Da sieht man, wie nützlich es ist, Schreibmaschine schreiben zu können! Vermutlich Dank dieser Fähigkeit wurde mir im Herbst 1946 das Kinderbuchlektorat von Rabén & Sjögren anvertraut. Mit Verlagen kannte ich mich überhaupt nicht aus. Doch, eines wusste ich, etwas, was gar nicht so dumm war! Ich erkannte ein gutes Kinderbuch, wenn ich es sah, oder genauer gesagt, wenn ich es las.«

Gunnar Ardelius, der jugendliche Vorsitzende des schwedischen Schriftstellerverbands, erzählt in seinem Jugendbuch »Ich brauche dich mehr als ich dich liebe und ich brauche dich so sehr« die Liebesgeschichte von Morris und Betty, die sich im Stockholmer Vorort Bergshamra am Brunnsviken abspielt. Ardelius ist hier aufgewachsen.

In Schweden gehört es fast zum guten Ton, dass auch die Autoren ernsthafter Erwachsenenliteratur Kinder- und Jugendbücher schreiben, beispielsweise Per Olof Enquist (»Großvater und die Wölfe«) und Henning Mankell (u. a. »Der Hund, der unterwegs zu einem Stern war«). Joel, Mankells Held, ist wie die Pippi Langstrumpf Astrid Lindgrens ein einsames Kind. Henning Mankell war zuerst mit seinen Kinderbüchern erfolgreich, ehe ihm der Durchbruch als Krimiautor gelang.

DIE SCHWEDISCHE KINDERBUCHAKADEMIE

Die Stiftung Svenska barnboksinstitutet betreibt seit 1965 eine öffentliche Forschungsbibliothek, um die wissenschaftliche Beschäftigung mit der Kinder- und Jugendliteratur zu fördern. Im Jahr 1989 wurde als Pendant zur Schwedischen Akademie, die den Literaturnobelpreisträger auswählt, in der Stadtbücherei des Vororts Skärholmen eine Schwedische Kinderbuchakademie gegründet, die ebenfalls aus 18 Mitgliedern besteht. Zu ihnen zählen prominente Autoren und Illustratoren wie Mårten Sandén, Stina Wirsén, Martin Widmark, Jujja Wieslander, Ulf Nilsson und Åsa Lind. Diese Akademie vergibt einen mit 10 000 Kronen dotierten Preis an einen Enthusiasten, schwedisch »eldsjäl«, der sich um Kinder- und Jugendbücher verdient gemacht hat. Den bedeutendsten schwedischen Kinder- und Jugendbuchpreis, den Astrid Lindgren Memorial Award (ALMA), dessen Preissumme der eines Nobelpreises entspricht, vergibt jedoch eine eigens zu diesem Zweck gebildete Jury.

Svenska barnboksinstitutet (Sbi)

C 3

Odengatan 61 | U-Bahn: Odenplan
(c 3) | www.sbi.kb.se | Mo–Do 12–

17 Uhr, im Sommer gibt es eingeschränkte Öffnungszeiten, Spielewelt Junibacken in Djurgården, siehe S. 107 | www.barnboksakademin.com, www.alma.se

MIT ALLEN SINNEN
Stockholm spüren & erleben

*Reisen – das bedeutet aufregende Gerüche und neue Geschmacks-
erlebnisse, intensive Farben, unbekannte Klänge und unerwartete
Einsichten; denn unterwegs ist Ihr Geist auf besondere Art und
Weise geschärft. Also, lassen Sie sich mit unseren Empfehlungen
auf das Leben vor Ort ein, fordern Sie Ihre Sinne heraus und erleben
Sie Inspiration. Es wird Ihnen unter die Haut gehen!*

◀ Bei einer Ballonfahrt (▶ S. 52) erlebt man die Stadt aus der Vogelperspektive.

AKTIVITÄTEN

Paddelvergnügen in der Stadt

Eine der schönsten Arten, Stockholm zu erforschen, ist mit dem Paddel in der Hand. Die schwedische Hauptstadt besteht aus zehn Inseln und viel, viel Wasser. Was liegt also näher, als den Menschenmassen und dem Verkehr einen Tag lang den Rücken zu kehren und nahezu lautlos unter den vielen Brücken und in spannenden Kanälen dahinzugleiten. Die Zahl der möglichen Ausflugsziele ist schier unendlich: über das Süßwasser des Riddarfjärden durch das beschauliche Pålsund um den Westzipfel Södermalms zur Insel Årsta holmar, die nur per Boot erreichbar ist. Oder auf dem Ostseeausläufer Saltsjön durch den schönen Djurgårdsbrunnskanal zum östlichsten Punkt Stockholms, Blockhusudden, oder gar noch ein Stück weiter zu den Fjäderholmsinseln mit Badefelsen, Cafés, Glasbläserei und kleinem Museum.
– Kajakvermietung: Kanotcenter Svima Sport: Solna | Ekelundsvägen 26 | U-Bahn: Stadshagen (c 3) | www.svima.se | Sommer: Mo–Do 10–20, Fr–So 10–18 Uhr ⚓ westl. A 3
– Kafé Kajak (Café mit Kajakvermietung): Kungsholmen | Smedsuddsvägen 23 | Bus 1, 4, 40, 62: Västerbroplan, Sommer: Mo–Fr 11–17, Sa, So 12–17 Uhr | www.kafekajak.se ⚓ A 5
– Brunnsvikens kanotklubb (Norrmalm, nördlicher Stadtrand, wenn Sie zu Victorias Hagaschlösschen paddeln möchten): Frescati hagväg 5 | U-Bahn: Universitetet (d 3), Bus 40: Universitetet | www.bkk.se ⚓ nördl. C 1

Angelfreuden für alle ⚓ D 5

Vielleicht sehnen Sie sich als Angelfan jetzt gerade an einen småländischen See? Nicht verzagen: Gehen Sie einfach in der Altstadt zu Lundgrens Fiskredskap und kaufen Sie sich eine Angel. Sobald es Ihnen gelungen ist, sich von all den schönen Fischereibedarfsartikeln loszureißen, sind es nur wenige Schritte zum Wasser. Westlich des Reichstagsgebäudes fischen Sie in Süßwasser, östlich davon in Salzwasser. In diesen strömungsreichen Gewässern fühlen sich beispielsweise Lachse sehr wohl. Es ist jedem gestattet, im Mälaren und in der Ostsee zu angeln, über Angelscheine u. Ä. müssen Sie sich also keine Gedanken machen.
Gamla Stan | Storkyrkobrinken 12 | www.lundgrensfiske.com, www.visit stockholm.com

Stadtlauf als Volksfest

Eine gesunde, zügige, aber nicht ganz unanstrengende Möglichkeit, Stockholm zu Fuß zu erkunden, ist auf einer Joggingrunde. Sehnen Sie sich danach, dies in Gesellschaft Tausender Gleichgesinnter zu tun, so gibt es dazu in Stockholm unendlich viel Gelegenheit. Für die Stockholmer hat Laufen Volksfestcharakter, alle nehmen teil: wenn nicht im Läufertrikot, dann als anfeuernde Zuschauer. Eine kleine Auswahl sei hier nun aufgelistet:
März: Icebug Winter Run, von Hammarby Sjöstad um den Sicklasee, 10 km
Juni: Stockholm Marathon, 42,2 km durch die ganze Stadt; Blodomloppet (Blutkreislauf), 10 km auf Djurgården
August: Midnattsloppet (Mitternachtslauf), 10 km auf der Insel Södermalm, ca. 20 000 Teilnehmer, ein Volksfest

September: Tjejmilen (Mädelmeile), 10 km, nur Frauen, über 30 000 Teilnehmerinnen, Volksfest, Innenstadt und Djurgården; Prins Daniels Lopp, 1,6 km, nur für Kinder, im Hagapark.
www.loppen.se/lopp

Abgetaucht in den Schären

Ein Vergnügen ganz besonderer Art erwartet die glücklichen Besitzer eines Tauchscheins. Die Vasa ist zwar bereits gehoben, aber in den Schären und selbst in den Stockholmer Stadtgewässern schlummern unendlich viele Wracks, die besichtigen darf, wer tauchen kann. Das Unternehmen Tessi Dykcharter organisiert Tauchausflüge in Stockholm und Umgebung. Angeboten werden Tauchtouren von 5–80 m Tiefe. Auch Wochenendausflüge mit Übernachtung.
Tel. 6 54 00 77 | www.dykcharter.se

Höhenflüge im Heißluftballon ⚑ D 4

Fühlen Sie sich zu Höherem berufen? Schauen Sie sich doch die schwedische Hauptstadt aus der Vogelperspektive an. Jedes Jahr von Mai bis September schweben bei schönem Wetter und günstigen Windverhältnissen gigantische Heißluftballons über den Dächern Stockholms. Wer sich für eine Ballonfahrt angemeldet hat, darf auch mit anpacken, wenn die riesigen Bahnen ausgebreitet werden und der Ballon mit Luft gefüllt und aufgerichtet wird. Möchten Sie an einem erhebenden Erlebnis teilhaben, dann wenden Sie sich an die Eventfirma Upp och Ner (rauf und runter).
Norrmalm | Regeringsgatan 25 | U-Bahn: T-Centralen (c 3) | www.uppner.se

Thematische Stadtwanderungen

Für Besucher mit Schwedischkenntnissen gibt es eine ganz besonders nette, informative Art der Stadterkundung: die beliebten Stockholmspaziergänge mit Führung. Die »Stadsvandringar« werden stets unter einem bestimmten Motto angeboten. Es gibt Krimi- und historische Wanderungen, Kinder-, Stadtteil-, Architektur-, Fahrrad- und literarische Wanderungen. Von den vielen Anbietern sind die Stadsvandringar des Stadtmuseums, des Kulturaktivisten Peter Frisk und jene, die von der offiziellen Tourismusagentur gelistet werden, zu empfehlen.
www.stadsmuseum.stockholm.se, www.stadsvandringar.com, www.visit stockholm.com

KULTUR UND UNTERHALTUNG
Erlebniswelt in 3D ⚑ nördl. C 1

Selbst in Stockholm gibt es ab und an einen Regentag. Für solche Gelegenheiten empfiehlt sich ein Besuch des Imax-Kinos Cosmonova im Naturhistoriska riksmuseet. Lehnen Sie sich in Ihrem Sessel zurück und blicken Sie hinauf in die Kuppel mit ihrem 23-Meter-Durchmesser. Tauchen Sie ein in die Welt monströser Flugechsen und süßer Eisbärenbabys oder lassen Sie sich von wundersamen Ereignissen im All überwältigen. In 2D oder 3D.
Frescati | Frescativägen 40 | U-Bahn: Universitetet (d 3) | www.nrm.se | Di–Fr 10–18, Sa, So 11–18 Uhr

Japanische Teezeremonie ⚑ H 4

Im lauschigen Garten des Ethnografischen Museums steht das japanische Teehaus Zui-Ki-Tei. In Zusammenarbeit mit der Japanischen Teegesellschaft finden hier an einigen Wochenenden von Mai bis Oktober japanische Teezeremonien statt. Wer Exotisches liebt und gerne in Stille eine Tasse Tee genießt, der sollte sich zu einer Vorführung dieses traditionsreichen Rituals anmelden. Kurse zum Erlernen der Zeremonie gibt es leider nur zweimal im Jahr. Im Sommer kann das Teehaus mittwochs besichtigt werden.

Djurgården | Djurgårdsbrunnsvägen 34 | Bus 69: Museiparken | www.varldskulturmuseerna.se

Ångbåtsmusik – Dampfschiff mit Musik   ⚓ D 5

Ein unvergleichlicher Genuss, den sich kein Liebhaber von Jazz, Soul, Rock oder Pop entgehen lassen sollte, sind die Musikfahrten mit dem Klassik-Dampfer Blidösund. Von Mitte Mai bis Ende Oktober sticht er fast jeden Abend in See. Während die karg-schöne Schärenlandschaft in lichter Sommernacht an Ihnen vorbeizieht, können Sie sich bei einem Ångbåtsbiff (»biff = Steak«) und einem Glas Wein den Darbietungen einer Liveband hingeben. Im Herbst, wenn die Dunkelheit früh hereinbricht, geht es statt in die Schären durch die Schleuse in den Mälarsee.

Gamla Stan | Abfahrt vom Kai vor dem Schloss | U-Bahn: Kungsträdgården (d 3) | www.blidosundsbolaget.se

WELLNESS

Spa Yasuragi   ⚓ südöstl. E 6

Verwöhnen Sie Seele und Körper in dem einzigartigen japanischen Spa Yasuragi auf der Halbinsel Hasseludden. Angeboten werden Relaxpakete mit und ohne Übernachtung, Yoga, Zenmeditation, verschiedene Arten der Massage und der Körperpflege. Hier sucht und findet die Stockholmer Prominenz Abgeschiedenheit. Wunderschöne Schärenlage mit Ostseeblick.

Nacka | Hamndalsvägen 6, Saltsjö-Boo | Waxholmsbolaget: Hasseludden brygga (30 Min.) | www.yasuragi.se

Ein Erlebnis der besonderen Art ist die Teilnahme an einer japanischen Teezeremonie im Teehaus des Ethnografischen Museums (▶ S. 52) auf Djurgården.

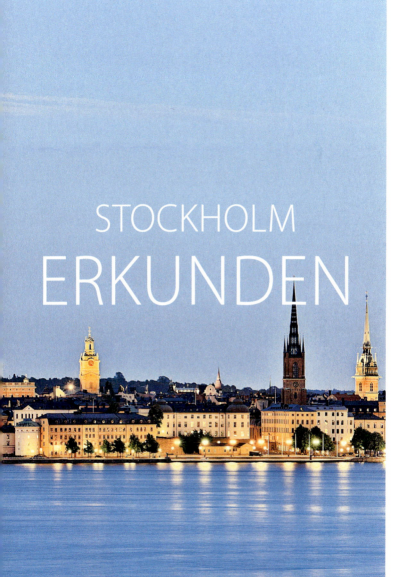

STOCKHOLM
ERKUNDEN

Panoramablick über das Stadshuset (▶ S. 125) und Gamla Stan (▶ S. 58).

EINHEIMISCHE EMPFEHLEN

*Die schönsten Seiten Stockholms kennen am besten diejenigen,
die diese Stadt seit Langem oder schon immer ihr Zuhause nennen.
Drei dieser Bewohner lassen wir hier zu Wort kommen – Menschen,
die eines gemeinsam haben: die Liebe zu Ihrer Stadt.*

Dr. Katarina Elevant, 43

Die Meteorologin über ihr Lieblingslokal und eine idyllische Schäreninsel:
»Im Sommer sitze ich gerne auf dem Balkon des **Pauli-Cafés** (im Volksmund Dramatenterrassen) (▶ S. 99), aber auch die stimmungsvollen Räumlichkeiten im Gebäudeinneren gefallen mir sehr. Gutes Essen und einzigartige Aussicht auf die Schärenboote.

Die Insel **Finnhamn** ist eine Perle in den Schären, die jedem Besucher etwas zu bieten hat: gutes Essen im Restaurant mit tollem Schärenblick, Spaziergänge, ein Biobauernhof, Badestrände, Kajakfahrten, Übernachtung in kleinen Holzhäuschen und Segelboote, die in der ›Paradiesbucht‹ ankern.«

Die Insel Finnhamn (▶ S. 56) ist von Stockholm aus mit einem der netten Schärendampfer in zwei bis drei Stunden zu erreichen oder – etwas sportlicher – mit einem Paddelboot.

Claes Hemberg, 45

Pressesprecher der Stockholmer Bank Avanza: »Im Winter fahre ich gerne Schlittschuh auf dem Brunnsviken. Unterhalb des Stallmästaregården am Norrtull begebe ich mich auf die geräumte Eisbahn und folge dieser dann bis zum **Botanischen Garten Bergianska** (▶ S. 129). Dort geht es auf einen wohlverdienten Kaffee ins Gewächshaus Edvard Anderssons.

Manchmal gehe ich in der Mittagspause oder morgens früh joggen, eine meiner Lieblingsrouten verläuft vom Nybroplan am Kai entlang zur Djurgårdsbron und über diese auf die Insel **Djurgården** (▶ S. 102).

Ein Ort, den ich geflissentlich meide, ist die **Drottninggatan** (▶ S. 72), eine seelenlose Shoppingmeile voller Touristenfallen.«

Gunde Brandin, 45

Der Aktuar (Versicherungsmathematiker) erzählt: »Meine Lieblingsinsel in den Schären heisst **Utö**, auf der es unter anderem ein allseits geschätztes Restaurant gibt. Meist miete ich mir dort ein Fahrrad und radle zu einem abgeschiedenen Sandstrand oder einsamen Felsen, um zu baden. Vor der Heim-

> »Um Mountainbike zu fahren, im Wald zu spazieren oder zu schwimmen, fahre ich oft ins Nackareservat.«

Gunde Brandin

fahrt hole ich mir in der Bäckerei die berühmte Utölimpa, ein Roggenbrot mit Anis und Fenchel.

Ich bin gerne im Kajak unterwegs, weil man dabei der Natur so nahe kommt. Der äußere Schärengürtel ist karg und sehr schön, die **Möjaschären** beispielsweise sind fantastisch. Ansonsten ist auch eine **Paddeltour** (▶ S. 51) unter den vielen Brücken der Innenstadt sehr nett. Kajaks, mit oder auch ohne Führung, kann man vielerorts mieten, sowohl in der Innenstadt als auch in den Schären.

Um Mountainbike zu fahren, im Wald zu spazieren oder zu schwimmen, fahre ich oft ins Nackareservat. Ich starte beim **Hellasgården** (▶ S. 130), wo es unter anderem einen See, ein Restaurant und eine Sauna gibt.«

GAMLA STAN
UND RIDDARHOLMEN

*Hier schlägt das historische Herz der Stadt: Schmale Gassen
mit Kaufmanns- und Gildehäusern tragen zum nostalgischen Flair
der Altstadt bei, das Königliche Schloss und die Storkyrkan,
die Krönungskirche, sind hier beheimatet.*

Auf der kleinen Insel Stadsholmen, im Herzen der schwedischen Hauptstadt, wurde Stockholm vor ungefähr 750 Jahren gegründet. Im 13. Jh.
stand in der jetzigen Gamla Stan (dt. alte Stadt), genau an der Stelle, wo
heute das Schloss König Carl Gustafs aufragt, eine wehrhafte Burg mit
einem hohen Turm. Diese überwachte die einzige damals existierende
Verbindung zwischen der Ostsee und dem See Mälaren, die sowohl für
den Handel als auch für die Verteidigung der wichtigen Mälarregion (mit
Schwedens ältester Stadt Sigtuna) von unschätzbarer Bedeutung war.
Aus diesem Grunde ließen sich hier auch die deutschen Hansekaufleute
nieder, die ganz wesentlich zum Wachstum und Wohlstand der Stadt
Stockholm beitrugen. Von ihrem großen Einfluss zeugt heute noch die

◀ Mit Blick aufs Wasser sitzt man in den Straßencafés der Gamla Stan.

deutsche Kirche, in der nach wie vor jeden Sonntag um 11 Uhr auf Deutsch gepredigt wird. Die engste Gasse Gamla Stans und somit auch Stockholms, Mårten Trotzigs Gränd, ist nach einem deutschen Kaufmann benannt, der sich hier im Jahre 1581 niederließ.

Viele Mauerreste, Gassennamen, Portale, schmiedeeiserne Maueranker und Gräber erinnern noch an die Gamla Stan des Mittelalters. Bestens dokumentiert wird diese Zeit auch im Mittelaltermuseum (▶ S. 142) auf dem der Altstadt zugehörigen Inselchen Helgeandsholmen.

Die heute sichtbare Bebauung der Altstadt stammt vornehmlich aus dem 17. und 18. Jh., denn Regierungsmacht und Verwaltung konzentrierten sich damals auf dieses Viertel. Der 1653 errichtete Palast des Adeligen Axel Oxenstierna und das am Stortorget gelegene Börsenhaus von 1778, in dem heute die von Gustav III. 1786 gegründete Schwedische Akademie residiert, sind repräsentative Beispiele.

Die kleine Insel Riddarholmen mit der imposanten Riddarholmskyrka liegt westlich der Gamla Stan und beherbergt heute vor allem Einrichtungen der schwedischen Justiz.

SEHENSWERTES

❶ Börsen 🚶 D 5

Die klassizistische Börse an der Nordseite des Stortorget aus dem späten 18. Jh. lässt noch gewisse Einflüsse des Rokoko erkennen. Im Untergeschoss liegt das **Nobelmuseet** (▶ S. 143), im Obergeschoss hat die Schwedische Akademie ihren Sitz, die 1786 von Gustav III. gegründet wurde. Sie wacht über die Reinheit der schwedischen Sprache und bestimmt jedes Jahr im Oktober den Nobelpreisträger für Literatur. Kerstin Ekman, die bekannteste schwedische Gegenwartsautorin, trat aus dem Gremium aus, da sie sich mit der Haltung des Komitees in der Rushdie-Affäre nicht identifizieren konnte.

Wollen Sie's wagen?

Man weiß nie so recht, welche Überraschungen im Dunkel der Altstadt lauern, wenn man sich für eine »Spökvandring« (Geisterwanderung) angemeldet hat. Die Führung hat Eventcharakter und wird auch auf Englisch angeboten. Seien Sie auf der Hut!

www.stockholmghostwalk.com

Tegel-backen

Miljödep.

Rosenbad

Strömgatan

Riksbron

Norrström

Gångbron

Vasabron

Centralbron

Järnvägsbron

Strömsborg

Bankkajen

Riksgatan

5

Kanslikajen

Rådhusgränd

Riksdagens ledamotshus

Riddarhuskajen

Riddarhusgränd

Högsta dom-stolen

Myntg.

holmshamnen

Arkivgatan

Schering

Rosenhanes Gr.

Riddar-huset

4

Riksda förval

Birger Jarls Torn

N. Riddar-

Svea Hovrätt

Tryckerig.

Riddarholms-

Riddarhuskajen

Storkyrko-

Kammar-kollegiet

Regeringsrätten/ Palatset

Riddar-hus-torget

Riddarholmen

Svea Hovrätt

2

B. Jarls Torg

Svea Hovrätt

Riddarh-bron

Munkbron

Arbets-domstolen

Evert Taubes Terrass

Wrangelska Backen

kanalen

Forum för levande historia

Gåsgränd

Kammar-rätten

Riddarholms-kyrkan

3

Hebbes Tr.

Kommers-kollegium

Yxsme

Pos mus

Mälardrottningen

S. Riddarholms-

hamnen

Munkbrohamnen

Munkbroleden

Munkbroga

Gamla Stan

T

Centralbron

R i d d a r f j ä r d e n

N

0   225 m

© MERIAN-Kartographie

Strömparterren

10 Medeltidsmuseet

Stadsholmen

Norrbro

Riksplan

Helgeandsholmen

et

Stallkanalen

Slottskajen

Logårds-
trappan

P

Gustav III.
Antikmus.

Leijonbacken

Logården

Skeppsbron

Kungliga slottet

Mus. Tre
Kronor

Högvaktstr.

1

Inre Borggården

Livrust-
kammaren

Gustav III

Yttre
Borggården

Slotskyrkan

Högvaktsterrassen

Skatt-
kammaren

Slottsbacken

Svenska
Institutet

P

Obelisken

Kungliga
Myntkabinettet

Telegrafgr.

brinken

7

Storkyrkan
St. Nikolai

Tessinska
Palatset

Bredgränd

P

Prästgatan

Finska
kyrkan

Trångsund

Köpmanbr.

13

Kråkgränd

Ankargr.

Börsen

11

Trädgårdsgatan

Bothusgränd

Nygränd

Spectens-
gränd

Källargränd

Brunnsgränd

Solgränd

1

Nobelmus.

Köpmangatan

Köpm.-
torget

Stortorget

16

Skottgränd

Stads-
missionen

Brända
Tomten

Stora Hoparegr.

Tullhus

gränd

Svartmangatan

Skomakargatan

Kindstugatan

Själagårdsgatan

Österlånggatan

Baggensgatan

Drakens Gränd

6

Stora Nygatan

Käkbrinken

19

Ferkens Gränd

Skeppsbron

Tyska kyrkan

2

9

Tyska
Brunnsplan

Tullhus

Brinken

Prästgatan

Johannesgränd

feldts Gr.

Storkyrko-
badet

8

Juno-
täppan

Västerlånggatan

Södra Benickebrinken

Packhusgränd

Tyska
Gr.

14

Leijonstedts

20

T. Stall gr.

18

Von
der Linde
Haus

Torgdr. gr.

12

General-
tullstyrelsen

P

Tullgränd

Tullhus

Kornhamns-
torget

17

Järn-
torget

N. Bankogr.

Munkbroleden

S. Bankogr.

Strömmen

Järntorgsgatan

N. Dryckesgr.

15

S. Dryckesgr.

Slussplan

Räntmästar-
trappan

Pontonbryggan

Djurgår...

Die **Bibliothek** sammelt die Werke aller Literaturnobelpreisträger und kauft Bücher vielversprechender Autoren an. Gamla Stan | Stortorget, die Bibliothek ist über einen Eingang seitlich am Gebäude (Källargränd 4) zu erreichen | U-Bahn: Gamla Stan (c 4) | www.svens-kaakademien.se, www.nobelbiblioteket.se | Sept.–Mai Mo–Fr 10–12, Do 17–19, Juni–Aug. Di, Do 12–15 Uhr

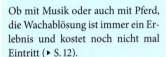

Strammgestanden – Wachablösung vor dem Schloss

Ob mit Musik oder auch mit Pferd, die Wachablösung ist immer ein Erlebnis und kostet noch nicht mal Eintritt (▸ S. 12).

 Kungliga slottet E 5

Das imposante eckige Schloss beherrscht das Norrmalm zugewandte Nordostende von Gamla Stan. Es ist relativ gut zugänglich, da das Königspaar auf Drottningholm residiert. Um 1180 entstand auf dem höchsten Punkt von Stadsholmen ein Kastell, aus dem später das Schloss »Tre Kronor« (benannt nach den drei Kronen im schwedischen Reichswappen) hervorging. Über das Leben im alten Schloss informiert das **Museum Tre Kronor**. Erst mit Gustav Vasa wurde das Schloss im 16. Jh. ständige Residenz des Königs und Stockholm Hauptstadt von Schweden. Ende des 17. Jh. wurde von Nicodemus Tessin d. Ä., einem Festungsarchitekten aus Stralsund im damals schwedischen Vorpommern, der nördliche Flügel des Schlosses errichtet. Einige Jahre später, am 7. Mai 1697, legte ein Feuer das übrige mittelalterliche Schloss in Schutt und Asche. Es wurde nach Plänen von Nicodemus Tessin d. J. wieder aufgebaut, jedoch erst 1754 fertiggestellt. Der Nordflügel ist im französischen Barock des späten 17. Jh. eingerichtet, das übrige Schloss im Rokokostil. Die Westfassade zum Slottsbacken (Schlosshügel) hin ist mit den Statuen berühmter Schweden wie dem Schlossarchitekten Nicodemus Tessin d. J. geschmückt. Auf der Südseite liegt der halbkreisförmige äußere Schlosshof, auf dem die **Wachablösung** stattfindet. Der Wachdienst wird u. a. von den Dragonern der Königlichen Leibgarde (hellblaue Uniformen, glänzende Pickelhauben) und von der Svea Livgarde (dunkelblaue Uniformen, gelbe Kragen, Helme mit Federbusch) von 1521 versehen.

Die **Repräsentationsräume** sind über den Slottsbacken zu erreichen. Zu sehen sind u. a. die Galerie Karl XI. im Nordflügel, in dem das Königspaar seine Galadiners gibt, die Bernadotte-Räume, in denen zuletzt König Oskar II. (Regierungszeit 1872–1907) und Königin Sofia wohnten, diverse Gästezimmer und Paradeschlafgemächer sowie der Ballsaal »Vita Havet« (Weißes Meer) – allerdings nur ein Bruchteil der 608 Räume des Schlosses. Ebenfalls besichtigt werden kann der 1755 eingeweihte **Reichssaal**, in dem die Reichsstände tagten. Der silberne Thronsessel, eine Augsburger Arbeit von 1650, war ein Geschenk an Königin Christina. Die **Schlosskirche**, die häufig für Konzerte genutzt wird und in der jeden Sonntag um 11 Uhr ein Gottesdienst stattfindet, wurde im Jahr 1754 geweiht. Sie wurde weitgehend von französischen Künstlern gestaltet. Die Gemeindemitglieder sind die Königsfamilie und die Angestellten des Hofes sowie deren Angehörige. In der Schlosskirche wurden die drei Kinder des Königspaares sowie Estelle, die Tochter von Kronprinzessin Victoria, getauft. Im **Antikmuseum Gustav III.** wird eine Sammlung teilweise antiker Skulpturen gezeigt. In den Kellergewölben befindet sich die **Schatzkammer** (»Skattkammaren«) mit den schwedischen Reichsinsignien und anderen Kostbarkeiten mehr. In der **Leibrüstkammer** (»Livrustkammaren«) werden Karossen, Schlitten, Sättel und Uniformen ausgestellt. Da das königliche Schloss häufig für offizielle Empfänge genutzt wird, kommt es vor, dass einzelne Museen oder Repräsentationsräume zeitweilig geschlossen sind.

Gamla Stan | Slottsbacken 1 | U-Bahn: Gamla Stan (c 4) | www.kungahuset.se
– Repräsentationsräume, Schatzkammer und Museum Tre Kronor: Mitte–Ende Mai, Sept. tgl. 10–16, Juni–Aug. tgl. 10–17, Okt.–Dez., Feb.–Mitte März Di–So 12–15, Jan. tgl. 12–15 Uhr | Kombiticket 150 SEK, Kinder 75 SEK (Mitte Mai–Mitte Sept. auch gültig für Antikmuseum)
– Antikmuseum: Mitte–Ende Mai, Anfang–Mitte Sept. tgl. 10–16, Juni–Aug. tgl. 10–17 Uhr | Eintritt 150 SEK, Kinder 75 SEK
– Livrustkammaren (Leibrüstkammer): www.livrustkammaren.se | Juni–Aug. tgl. 10–17, Sept.–Mai Di–So 11–17, Do bis 20 Uhr | Eintritt 90 SEK, Kinder frei
– Schlosskirche: Juni–Aug. Mi, Fr 12–15, Gottesdienst So 11 Uhr
– Wachablösung: Mitte April–Aug. Mo–Sa 11.45, So 12.45, Sept., Okt. Mi, Sa 11.45, So 12.45, Nov.–Mitte April Mi, Sa 12, So 13 Uhr

Die königliche Leibgarde ist eines der ältesten Regimenter der Welt. Die farbenprächtige Wachablösung im Schlosshof (▶ S. 62) zieht immer viele Schaulustige an.

2 Riddarholmen 🏛 D 5

Riddarholmen, eine Insel westlich der Gamla Stan, ist über die Riddarholmsbron oder die Unterführung an der U-Bahn Gamla Stan zu erreichen. Auf dem **Birger Jarls torg** steht eine Statue von Stockholms Gründer Birger Jarl. Sie wurde 1852 zum 600. Stadtjubiläum von der Stockholmer Bürgerschaft bei dem Bildhauer Bengt Erland Fogelberg bestellt, in Deutschland gegossen und zwei Jahre später aufgestellt. Im Roman »Die Krone von Götaland« erzählt der prominente Stockholmer Journalist Jan Guillou von Birger Jarls Jugend und von den Ereignissen, die zur Gründung Stockholms führten. Im **Wrangelska palatset** am Westende des Platzes wohnte die königliche Familie nach dem Schlossbrand 1697. Zum Wasser hin ist in den Palast ein Befestigungsturm aus der Zeit Gustav Vasas integriert. Hier befindet sich auch eine große Aussichtsterrasse. Ein weiterer Befestigungsturm aus der Zeit Gustav Vasas erhebt sich am Nordende von Riddarholmen, der **Birger Jarls Torn**.
U-Bahn: Gamla Stan (c 4)

Wollen Sie's wagen?

Citysightseeing für Unerschrockene: Wer sich nach neuen Perspektiven sehnt, kann sich einem dieser beliebten Spaziergänge über die Dächer Riddarholmens anschließen. Mittels Klettergurten und Stahlseilen sind Sie dabei stets gesichert. Kundige Führungen auch auf Deutsch.
Tel. 0 60/15 03 40, www.upplevmer. se, Ticket 595 SEK

---

3 Riddarholmskyrkan 🏛 D 5

Die gotische Kirche, deren Anfänge ins 13. Jh. zurückreichen, ist das älteste Bauwerk auf Riddarholmen. Ursprünglich als Klosterkirche für die Franziskanermönche gebaut, wurde sie seit Gustav II. Adolf als königliche Grabkirche genutzt. Er selbst ruht hier in einem italienischen Marmorsarkophag in der Gustavianischen Grabkapelle rechts vom Altar. Schlossbaumeister Nicodemus Tessin d. Ä. entwarf den Plan für die barocke Grabkapelle Karl X. links vom Altar. Heute dient die Kirche nur noch als Museum. Im Sommer finden sonntags um 15 Uhr Konzerte statt.
Riddarholmen | U-Bahn: Gamla Stan (c 4) | Mitte Mai–Mitte Sept. 10–17 Uhr | Eintritt 40 SEK, Kinder 20 SEK

4 Riddarhuset 🏛 D 5

Der barocke Prachtbau aus dem 17. Jh. gilt als eines der schönsten Bauwerke Skandinaviens. Baumeister war der Franzose Simon de la Vallée. Als dieser 1642 bei einem Duell auf dem Stortorget erstochen wurde, setzten sein Sohn Jean und weitere Architekten das Werk fort. Vor dem Gebäude steht das erste öffentliche Denkmal Schwedens: Die Statue Gustav Vasas von Pierre L'Archevêque wurde 1773 enthüllt. Der Ritterstand trat zuletzt 1865 zusammen, aber auch heute noch dient das Ritterhaus dem schwedischen Adel.
Gamla Stan | Riddarhustorget 10 | U-Bahn: Gamla Stan (c 4) | www.riddar huset.se | Mo–Fr 11.30–12.30 Uhr | Eintritt 50 SEK, Kinder 10 SEK

5 Riksdagen 🏛 D 5

Der schwedische Reichstag residiert in einem auf Helgeandsholmen gelegenen

Gebäudekomplex, der im historisierenden Baustil um die Wende zum 20. Jh. errichtet wurde. Der westliche Bauteil beherbergte ursprünglich die Reichsbank. An der skulpturengeschmückten Ostfassade des Reichstags symbolisieren vier stehende Monumentalfiguren die vier Stände: Adel, Geistlichkeit, Bürger und Bauern. Die beiden Medaillons weiter unten zeigen Gustav Vasa und Gustav II. Adolf. Zu besichtigen sind das bombastische Treppenhaus und die prächtigen Sitzungssäle. Der Reichstag unterhält in der Storkyrkobrinken 7 ein Infozentrum (Mo–Do 10–17, Fr 10–15 Uhr).

Helgeandsholmen | U-Bahn: T-Centralen (c 3) | www.riksdagen.se | kostenlose Führungen Sept.–Anfang Juni Sa, So 13.30, Mitte Juni–Aug. Mo–Fr 12, 13, 14 und 15 Uhr (englisch)

6 Skeppsbron 🔖 E 5

König Gustav II. Adolf befahl, dass am Hafen der Stadt »große und schöne Häuser« gebaut werden. Später wohnten hier die reichsten Kaufleute, der Skeppsbro-Adel. Bis ins 19. Jh. war die Skeppsbron der größte Hafen in Schweden. Heute legen hier nur noch die Djurgården-Fähren ab.

An der Skeppsbron stehen, von Süden von Slussen kommend, relativ schmale, hohe Häuser, nach vorne zum Hafen hatten die Kaufleute und Reeder ihre Wohnungen und Büros, dahinter waren die riesigen Lager. Ausnahme ist das **Tullhuset**, das ehemalige Zollhaus (Nr. 38), das wesentlich breiter ist als die übrigen Gebäude und 1783 bis 1790 von Erik Palmstedt erbaut wurde. Das Haus mit der Nummer 18 wird von einer Erdkugel gekrönt, hier hat das von

Jan Stenbeck (1942–2002) gegründete Medienunternehmen (u. a. TV 3 und Tele 2), heute Investment AB Kinnevik, seinen Sitz. Dieser Gesellschaft gehört auch das ehemalige **Tullhus 2** (heute Restaurants), neben dem sie im Dezember eine 32 m hohe, bunt beleuchtete Tanne aufstellen lässt. Das Hotell Reisen (Skeppsbron 12–14) von 1930 ist das einzige Hotel an dieser Adresse. Im **Hobelinska Huset**, Skeppsbron 22, das von Schlossbaumeister Nicodemus Tessin d. Ä. für den Kaufmann Johan Paul Hobelin 1670 erbaut wurde, ist heute ein Hostel zu finden. Das benachbarte **Dångerska Huset** von 1630 ist das älteste Haus an der Skeppsbron.

Gamla Stan | Skeppsbron | U-Bahn: Gamla Stan (c 4)

7 Storkyrkan St. Nikolai 🔖 D 5

Die »große Kirche«, die auf das 14. Jh. zurückgeht, hat mehrfache Umbauten mitgemacht. Um 1740 erhielt das gotische Bauwerk eine Barockfassade, um besser mit dem neu erbauten Schloss zu harmonieren. Im nördlichen Seitenschiff steht die Holzskulptur des hl. Georg mit dem Drachen (1489), die von Reichsverweser Sten Sture d. Ä. und seiner Frau Ingeborg Åkesdotter Tott bei dem Lübecker Bildschnitzer Bernt Notke in Auftrag gegeben wurde, um an die Niederlage des dänischen Königs Christian 1471 am Brunkebergås (heute etwa Kungsgatan) zu erinnern. Vom 66 m hohen Turm haben Sie eine einzigartige Aussicht über Altstadt, Riddarfjärden und Schloss.

Gamla Stan | Slottsbacken | U-Bahn: Gamla Stan (c 4) | tgl. 9–16, im Sommer bis 18 Uhr, Führungen Juni–Aug. tgl. 10, 11, 12, 13, 15 und 16, Sept.–Mai tgl. 10 und

12 Uhr (englisch) | Ticket 70 SEK, Kinder 40 SEK | Turmbesteigung Juni–Aug. tgl. 9–17, Sept. tgl. 9–16, April Sa, So 10–16, Mai tgl. 9–16 Uhr | Eintritt 30 SEK, Kinder frei

8 Storkyrkobadet   🌿 E 5

Der Besuch in diesem Bad im Keller unter der estnischen Schule gleicht einer Zeitreise. Hier können noch wie in früheren Zeiten Wannenbäder genommen werden. Auch Bassin und Sauna.

Gamla Stan | Svartmangatan 20–22 | U-Bahn: Gamla Stan (c 4) | www.storkyrkobadet.se | tgl. 17–20.30 Uhr (während der Schulferien geschl.), Herren Di, Fr und So, Damen Mo und Do | Eintritt 40 SEK

Lauschige Oase   2

Das nette Gartencafé bei der deutschen Kirche lädt seine Gäste mit superleckerem Kuchen zur kleinen Rast inmitten des Altstadttrubels ein (▸ S. 12).

9 Tyska kyrkan   🌿 D 5/E 5

Die spätgotische Hallenkirche der deutschen Gemeinde wurde 1638 bis 1642 von dem Straßburger Baumeister Hans Jakob Kristler errichtet. Nicodemus Tessin d. Ä. entwarf 1672 die verglaste Loge für Hedvig Eleonora, die Witwe des Königs Karl X. Gustav. Hedvig war die Tochter von Herzog Friedrich III. von Schleswig-Holstein-Gottorf und Maria Elisabeth von Sachsen.

🕐 Mittwochs um 15.30 Uhr gibt es ein kleines Konzert auf dem Glockenspiel. Gamla Stan | Svartmangatan/Ecke Tyska Brinken | U-Bahn: Gamla Stan (c 4) |

www.svenskakyrkan.se/deutschegemeinde | Mitte Mai–Mitte Sept. tgl. 12–16, Mitte Sept.–Mitte Mai Sa, So 12–16 Uhr

MUSEEN UND GALERIEN

10 **Medeltidsmuseet** ▸ S. 142
11 **Nobelmuseet** ▸ S. 143

ESSEN UND TRINKEN

RESTAURANTS

12 **Den Gyldene Freden** ▸ S. 27

13 Reisen   🌿 E 5

Traumhafte Aussicht – Ein hervorragender Blick über den Skeppsbrokaj entschädigt für die hohen Preise. Empfehlenswert sind der Rentierbraten und das Tatar vom gebeizten Lachs.

Gamla Stan | Skeppsbron 12–14 | U-Bahn: Gamla Stan (c 4) | Tel. 22 32 60 | www.firsthotels.com | Mo–Di 17–23, Mi 17–24, Do–Fr 16–24, So 17–23 Uhr | €€€

14 The Flying Elk 🚩   🌿 D 5

Pubküche vom Feinsten – Starkoch Björn Frantzén erfüllte sich den Traum vom Edelpub und eröffnete 2013 den »Fliegenden Elch« in der Altstadt. Hamburger mit einem Hauch von Luxus.

Gamla Stan | Mälartorget 15 | U-Bahn: Gamla Stan (c 4) | Tel. 20 85 83 | www.theflyingelk.se | Mo–Di 17–24, Mi–Sa 17–1, So 12–24 Uhr | €€

15 Zum Franziskaner   🌿 E 5

Bodenständig – Das Franziskaner ist neben dem Löwenbräu auf Kungsholmen das einzige Lokal mit einer deutschen Speisekarte.

Gamla Stan | Skeppsbron 44 | U-Bahn: Gamla Stan (c 4) | Tel. 4 11 83 30 | www.zumfranziskaner.se | Mo–Fr 11–1, Sa 12–1 Uhr | €€€

CAFÉS

16 Stadsmissionens Café · E 5

Atmosphärisch – Café mit eigener Bäckerei, an Wochentagen großes Salatbüfett. Terrasse im Innenhof.
Gamla Stan | Stortorget 3 | U-Bahn: Gamla Stan (c 4) | www.stadsmissionen. se | Mo–Sa 10–18, So 11–18 Uhr

17 Sundbergs Konditori · E 5

Seit über 200 Jahren – Das Café wurde 1785 von Konditor Gustav-Adolf Sundberg eröffnet. An diese Adresse zog es 1793 um.
Gamla Stan | Järntorget 83 | U-Bahn: Gamla Stan (c 4) | tgl. 9–20 Uhr

KNEIPEN/BARS

18 Ardbeg Embassy · E 5

Riesige Whiskyauswahl – Im Angebot sind etwa 300 Whiskys und Single Malts. Die Küche ist schwedisch, auch vegetarische Gerichte sind zu haben.
Gamla Stan | Västerlånggatan 68 | U-Bahn: Gamla Stan (c 4) | www.ardbeg embassy.se | So geschl.

EINKAUFEN

MODE

19 Kerstin Adolphson · D 5

Typische skandinavische Mitbringsel: die Norwegerpullover.
Gamla Stan | Västerlånggatan 44 | U-Bahn: Gamla Stan (c 4)

20 Gudrun Sjödén · D 5

Für alle, die sich wie die Skandinavier auch noch im gesetzteren Alter farbenfroh kleiden möchten.
Gamla Stan | Stora Nygatan 33 | U-Bahn: Gamla Stan (c 4) | www.gudrun sjoden.com

Der fast 100 m hohe Turm der spätgotischen Tyska kyrkan (▶ S. 66) überragt die Häuser der Altstadtgassen, in früheren Zeiten diente er den Seefahrern als Orientierung.

Im Fokus
Die schwedische Königsfamilie

Trotz häufiger negativer Schlagzeilen lieben die Schweden ihr Königshaus. Thronjubiläen, Taufen und Hochzeiten werden mit wohlwollendem Interesse verfolgt. Schlösser und Denkmäler von Monarchen begegnen Ihnen in Stockholm auf Schritt und Tritt.

Eine erbliche Monarchie existiert in Schweden erst seit der Regierungszeit Gustav Vasas (1496–1560), der 1523 zum König gewählt wurde. Dieser namhafteste König der schwedischen Geschichte einte das schwedische Reich und stärkte durch die Entmachtung und Enteignung der katholischen Kirche die Macht und den Einfluss des Königshauses. Der Protestantismus wurde damals zur Staatsreligion, alle anderen Religionen wurden verboten. Gustav Vasa, auch als Gustav I. bezeichnet, ist in Stockholm allgegenwärtig, nicht nur das Knäckebrot – Wasa ist die im Deutschen gebräuchliche Schreibweise des Namens – ist nach ihm benannt, sondern auch ein ganzer Stadtteil, Vasastan. Mit der von Gustav Vasa geplanten Erbfolge lief es jedoch nicht immer glatt. In den frühen Zeiten der Vasamonarchie kam es schon einmal vor, dass ein König vergiftet wurde (was bei den Wikingern noch an der Tagesordnung gewesen war), um einem Konkurrenten den Weg freizumachen. Erik XIV., der Nachfolger Gustav Vasas, fiel 1577 einer mit Arsen gewürzten Erbsensuppe zum Opfer,

◄ Gekrönte Häupter – Schwedenkönig
Carl XVI. Gustaf und Königin Silvia (► S. 70).

was sich nach einer Graböffnung und anschließender Skelettuntersuchung 1958 (im Dom von Västerås) herausstellte. Die Füße der Leiche hatte man vorsorglich abgetrennt, damit der Tote seine Mörder nicht als Gespenst heimsuchen konnte.

GUSTAV II. ADOLF UND KRISTINA

Bedeutendste Mitglieder der Vasadynastie waren der in Lützen gefallene Gustav II. Adolf sowie seine zweite Tochter, die kunstsinnige Kristina. Gustav II. Adolf zog für Schweden in den Dreißigjährigen Krieg und machte das Land vorübergehend zur Großmacht. Er wird noch heute als ein Verfechter des evangelischen Glaubens gefeiert, dabei paktierte er durchaus mit Katholiken, wenn das seinen strategischen Zielen nützte. Auf dem Schlachtfeld von Lützen 1632 wurde ihm seine Kurzsichtigkeit zum Verhängnis: Er ritt in die feindlichen Linien. Seine blutigen Kleider und sein Pferd (ausgestopft) sind in der Livrustkammaren (Leibrüstkammer) im Schloss ausgestellt. Königin Kristina holte den französischen Philosophen René Descartes nach Stockholm. Bei den morgens um 5 Uhr stattfindenden Audienzen zog er sich im Januar im schlecht geheizten Schloss eine Lungenentzündung zu und starb im Februar 1650 im Haus seines Gastgebers, des französischen Botschafters.

Königin Kristina konvertierte schließlich zum Katholizismus und musste deswegen abdanken. Welche Sprengkraft dies hatte, schreibt der Historiker Peter Englund, der Ständige Sekretär der Schwedischen Akademie, in seiner bislang nicht ins Deutsche übersetzten Kristina-Biografie: Dieser Schritt wäre mit einem Übertritt einer Tochter des ehemaligen amerikanischen Präsidenten George W. Bush zum Islam und ihrem Umzug nach Teheran vergleichbar.

Im späten 18. Jh. befand sich die schwedische Monarchie in einer schweren Krise. Der Musenkönig Gustav III., der sich durch seinen extravaganten Lebensstil und Niederlagen im Krieg gegen Russland viele Feinde geschaffen hatte, wurde 1792 während eines Maskenballs in der Oper von einer Pistolenkugel verletzt und starb einige Wochen später, sein Sohn Gustav VI. Adolf wurde 1809 im Schloss festgenommen und abgesetzt. Im Jahr 1837 starb er vereinsamt und alkoholisiert im Wirtshaus Zum Rössli in Sankt Gallen. Ihm folgte Karl XIII. auf den Thron, der schließlich in geistiger Umnachtung endete.

Die Suche nach einem Nachfolger gestaltete sich schwierig. Erst war ein dänischer Prinz im Gespräch, aber die jahrhundertelangen Konflikte zwischen Schweden und Dänemark sprachen dagegen. Schließlich entschied man sich für einen französischen Offizier aus Pau: Jean Baptiste Bernadotte. Er wurde als Karl XIV. Johan König von Schweden.

EUROPÄISCHER ADEL AUF DEM SCHWEDENTHRON

Seit 1811 regieren in Stockholm somit die Bernadottes. Im 19. Jh. wurde das Offiziersblut durch Heiraten mit deutschen Fürstenhäusern »veredelt«: Königin Josefina von Leuchtenberg, die Frau Oscar I. (Sohn von Karl XIV. Johan), war die Tochter von Prinzessin Augusta von Bayern und somit Enkelin von König Maximilian I. von Bayern. Ihre Nachfolgerin Königin Lovisa, die Frau von Karl XV., war die Tochter von Luise von Preußen. Auch der Bruder Karl XV., Oscar II., der die Nachfolge des kinderlosen Karl XV. antrat, heiratete eine Deutsche: Sofia von Nassau. Sofia war in ihrer Ehe unglücklich, da ihr Mann Oscar II. etliche Mätressen hatte. Sie widmete ihr Leben der Reformierung der schwedischen Krankenpflege. Um mit Florence Nightingale zu sprechen, unternahm sie eigens eine Reise nach London. Später gründete und finanzierte sie das Sofiahemmet (Valhallavägen), die auch heute noch führende Privatklinik der schwedischen Hauptstadt. Die Nachfolge von Sofia trat die 1862 in Karlsruhe geborene Viktoria (in Schweden: Victoria) von Baden an, die Frau Gustav V. Die ebenfalls deutschstämmige Louise Mountbatten, die Gemahlin von Gustavs Nachfolger Gustav VI. Adolf, kam als Louise Alexandra Marie Irene von Battenberg 1889 auf Schloss Heiligenberg bei Darmstadt zur Welt, wuchs jedoch in England auf. Gustav V. werden im Übrigen Affären mit Männern nachgesagt, u. a. mit dem Besitzer eines Restaurants in der Kungsgatan, Kurt Haijby, der ihn später erpresste. Dem Hof gelang es durch größere Geldzahlungen, die Sache aus den Schlagzeilen zu halten. Im Unterschied zu heute existierte damals noch nicht das »mediedrev«, die Hetzjagd der Medien, mit der sich Königin Silvia fast tagtäglich herumschlagen muss. Auf Königin Louise folgte die Deutsch-Brasilianerin Silvia von Schweden, deren Regierungszeit 1976 mit der Eheschließung mit König Carl XVI. Gustaf beginnt.

Auf die Welt der gekrönten Häupter kann man überall in Stockholm einen Blick werfen: Die Nachtclubs am Stureplan werden gerne von den königlichen Nachkommen frequentiert. Im Stadtteil Östermalm befinden sich die Kungliga biblioteket, die Königliche Bibliothek, und das Dramaten, das Königliche Theater. Der königliche Garten, Kungsträdgården, mit Standbildern Karl XII. und Karl XIII. grenzt an die Kungliga Operan, die Königliche Oper. Standbilder und Reiterstandbilder der Monarchen begegnen einem auf Schritt und Tritt: Gustav II. Adolf, der Feldherr des Dreißigjährigen Krieges wurde vor der Oper zu Pferde verewigt. Derselbe Bildhauer, der Franzose Pierre L'Archevêque, gestaltete auch das Standbild Gustav Vasas vor dem Riddarhuset. Der Musenkönig Gustav III. schaut von der Skeppsbron (unterhalb des Slottsbacken) auf die Hafeneinfahrt von Stockholm.

SO WOHNEN KÖNIGE UND PRINZESSINNEN

Die Bedeutung der Monarchie lässt sich auch an den vielen Schlössern in und um Stockholm ablesen. Neben dem Schloss mit seinen (angeblich) 608 Zimmern in der Altstadt gibt es zahlreiche weitere: Das Rosendals slott auf Djurgården war das Sommerhaus des ersten Bernadotte Karl XIV. Johan. Zur Belebung des schwedischen Handwerks ließ er fast die gesamte Einrichtung von schwedischen Tischlern fertigen. Der Vorgänger des derzeitigen Königs, Gustav VI. Adolf, der sich als Tennisspieler und Archäologe einen Namen machte, logierte in dem idyllisch im Grünen nördlich von Stockholm am Edsviken gelegenen Ulriksdals slott.

Carl XVI. Gustaf und Königin Silvia wohnen ähnlich idyllisch am Mälaren im barocken Drottningholms slott. Kronprinzessin Victoria, Prinz Daniel und Tochter Estelle sind ins Haga slott am Brunnsviken gezogen, in dem Carl XVI. Gustaf mit seinen vier älteren Schwestern seine Kindheit verbracht hat. Prinz Carl Philip wohnt in der Villa Solbacken (Djurgårdsbrunnsvägen 67) am Djurgårdsbrunnskanal. Um den langen und dunklen schwedischen Wintern zu entfliehen, steht der Königsfamilie ein Haus, die Villa Mirage, in Saint-Maxime an der französischen Riviera zur Verfügung. Hier hat der König auch ein auf Gotland gebautes, 38 Fuß (12 m) langes Motorboot liegen: die Polaris.

Auf der königlichen Homepage, www.kungahuset.se (auf Kalender weiterklicken), können Sie nachlesen, welche öffentlichen Verpflichtungen die Mitglieder des Königshauses haben. Dann ist die Königsfamilie mit Polizeieskorte auf Stockholms Straßen unterwegs. Sind die Veranstaltungen öffentlich, haben sogar Sie die Gelegenheit, sich die Royals aus der Nähe anzusehen. Ganz Schweden wartet derzeit gespannt auf die Verlobung und Hochzeit von Prinz Carl Philip. Seine mehrjährige (seit 2011) Freundin, das Dokusoapsternchen Sofia Hellqvist, hat sich bereits eine großflächige Tätowierung auf dem rechten Oberarm entfernen lassen, also dürfte auch diesem Ereignis nichts mehr entgegenstehen.

NORRMALM

*Eher nüchterne Architektur charakterisiert das moderne Großstadt-
quartier, das sich um den zentralen Sergels torg erstreckt.
Mit Kultur- und Konzerthaus bietet es jedoch viele kulturelle Events,
und auch das Shoppingvergnügen kommt hier nicht zu kurz.*

Vom Stadsholmen aus wuchs Stockholm nach Norden. Die pittoreske
Wohnbebauung des Viertels um die Klara kyrka (Klarakvarter) fiel ab
1951 einer großflächigen Innenstadtsanierung zum Opfer, die nur zum
kleinsten Teil durch den Bau der U-Bahn gerechtfertigt war. Jetzt gibt es
in Norrmalm fast nur noch Büros, Läden und riesige Hotels wie das She-
raton gegenüber dem Hauptbahnhof und das Sergel Plaza hinter dem
Kulturhuset. Auf Norrmalm liegen aber auch die Oper, die Riksbanken,
das Kulturhuset am Sergels torg sowie die Regierung, die Ministerien und
die Gewerkschaften. Nördlich der Kungsgatan beginnt die ältere Bebauung. Hier erstrecken sich auch einige von gründerzeitlichen Häusern um-
gebene lauschige Parks, der Centralbadsparken an der Drottninggatan,
der Tegnérlunden (▸ S. 90), der die Grenze zum Stadtteil Vasastan bildet,
sowie der weitläufige ehemalige Kirchhof der Johannes kyrka.

◀ In Norrmalms Fußgängerzone Drottning-gatan (▶ S. 72) herrscht immer viel Trubel.

In Norrmalm finden Sie das größte Warenhaus des Nordens, Åhléns, und auch das vornehmste, Nordiska Kompaniet (NK), sowie schräg gegenüber von diesem das große Shoppingcenter Gallerian.

SEHENSWERTES

❶ Adolf Fredriks kyrka   📖D 3

Die Barockkirche wurde zwischen 1768 und 1774 nach Plänen von Carl Fredrik Adelcrantz erbaut. Das Altarrelief aus Gips von 1785 stammt von Johan Tobias Sergel. Das berühmteste Grab vor dem Südportal der Kirche ist das von **Olof Palme** (1927–1986). Der frühere schwedische Ministerpräsident wurde auf der der Kirche gegenüberliegenden Seite vom Sveavägen von einem bis heute unbekannten Attentäter erschossen. Außer Palme sind u. a. Sergel und der Asienforscher Sven Hedin auf dem Friedhof beigesetzt. Von 1650 bis 1666 fand sich hier auch das Grab des Philosophen René Descartes. Dann wurde er nach Frankreich überführt. An ihn erinnert ein von Sergel geschaffenes Denkmal in der Kirche.

Holländargatan 16 | U-Bahn: Hötorget (c 3) | www.adolffredrik.nu | Mo 13–19, Di–So 10–16 Uhr

❷ Berzelii park   📖E 4

Der Park ist nach dem Chemiker Jöns Jacob Berzelius (1779–1848) benannt, dessen Statue (1858) den Mittelpunkt des Parkes bildet. Berzelius entdeckte die chemischen Elemente Silicium, Se-len, Cer und Thorium. 1818 veröffentlichte er eine Atomgewichtstabelle mit 45 der damals bekannten 49 chemischen Elemente. Berzelius war der erste Wissenschaftler, der in Schweden mit einer Statue geehrt wurde.

Am Park liegen die 1862 bis 1863 errichteten Berns Salonger, ein Restaurant, Hotel und Veranstaltungslokal sowie das Chinateatern. Das Parkportal in Form spielender Bären wurde 1909 von dem Bildhauer Carl Milles gestaltet. Auf dem südlich an den Park angrenzenden Raoul Wallenbergs torg erinnern zwölf abstrakte Bronzeskulpturen der Dänin Kirsten Ortwed an den schwedischen Diplomaten Wallenberg, der 1944 in Budapest vielen Juden das Leben rettete.

An der Hamngatan, zwischen Nybroplan und Norrmalmstorg | U-Bahn: Kungsträdgården (d 3)

❸ Centralbadet   📖D 4

Diese Jugendstil-Badeanstalt aus den frühen Tagen des letzten Jahrhunderts (1904 erbaut) lässt sich über einen hübschen kleinen Park erreichen. Verschiedene Anwendungen für Gesicht und Körper sind buchbar, es gibt Pools, eine schöne Saunalandschaft, einen

Fitnessraum und ein nettes Restaurant. Das Bad wurde 2011 nach umfassender Sanierung wiedereröffnet.

Drottninggatan 88 | U-Bahn: Hötorget (c 3) | www.centralbadet.se | Mo–Fr 7–21, Sa 9–21, So 9–18 Uhr | Eintritt 220–320 SEK, Zutritt erst ab 18 Jahren

4 Centralstationen   D 4

Der im Stil der italienischen Neorenaissance gebaute Stockholmer Hauptbahnhof ist allemal ein kurzes Verweilen wert: Durch die imposante Haupthalle führten einst die Gleise. In den 1920er-Jahren entstand das luftige Holzgewölbe, das der Centralstationen seinen ganz eigenen Charme verleiht.

Vasagatan 1–3 | U-Bahn: T-Centralen (c 3) | www.jernhusen.se

5 Gustav Adolfs torg   C 4

Der offene Platz, von dem aus eine Brücke direkt aufs Schloss zuführt, wird vom Arvfurstens Palats, dem Außenministerium, zwei früheren Bankgebäuden (in dem einen ist heute das Medelhavsmuseet) und der Oper flankiert. Die Reiterstatue von 1796 zeigt Gustav II. Adolf. An ihrem Sockel steht sein Kanzler Axel Oxenstierna und diktiert der Göttin der Geschichte die Heldentaten des Königs. Das Reiterstandbild selbst ist ein Werk des Franzosen Pierre L' Archevêque, den Kanzler gestaltete der Johan Tobias Sergel.

U-Bahn: Kungsträdgården (d 3)

6 Hötorget   C 4

Der »Heumarkt«, der im Norden von der Kungsgatan begrenzt wird, liegt im Herzen des Stadtteils Norrmalm, und jeder Spaziergang durch die Innenstadt führt früher oder später hier vorbei.

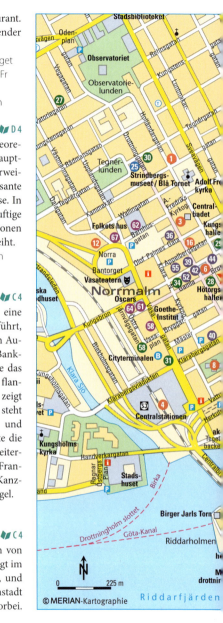

© MERIAN-Kartographie

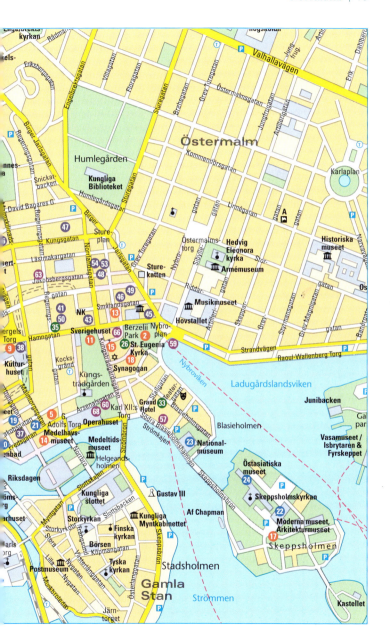

Engelbrekts-kyrkan
Rådmans...
els-a
Eriksbergsgatan
Engelbrektsgatan
Villagatan
Floragatan
Sturegatan
Grev Tureg...
Östermalmsgatan
Jung. frug.
Valhallavägen
Erik Dahlberg...

Östermalm
Karlaplan
Kommendörsgatan

Birger Jarlsgatan
Regeringsgatan
nnes-a
Snickar-backen
David Bagares G.
Humlegården
Kungliga Biblioteket
Humlegårdsgatan
Sturegatan
Linnégatan
gatan
gatan

Kungsgatan
47
Regeringsgatan
Sturegatan
Birger Jarlsgatan
Norrlandsgatan
Jarlsgatan
Sture-plan
54 **53** **48**
T
Grev Tureg...
Sibyllegatan
Nybro-gatan
Östermalms-torg
Hedvig Eleonora kyrka
Armémuseum
Stor-gatan
Historiska museet
Narvavägen

Lästmakargatan
Jakobsbergsgatan
63
Regerings- gatan
41 **50** **35**
NK
43
Smålandsgatan
46 **49**
13
45
Riddar...
Musikmuseet
Hovstallet
Artillerigatan
Sturegatan
Skeppar...
Grev...
gatan
Styrmansgatan
Os

9 **38**
rgels Torg
Hamngatan
Sverigehuset
11
66
Berzelii Park
2
26
Nybro-plan
59
Strandvägen
Raoul-Wallenberg Torg

Kulturhuset
Kungsträdgårdsgatan
Kocks-gränd
Kungs-trädgården
St. Eugenia Kyrka
18
Synagogan
Nybroviken
Ladugårdslandsviken

Junibacken
Ga par

19
21
37
Jakobsgatan
5
Arsenalsgatan
G.
60
Adolfs Torg
Karl XII:s Torg
Operahuset
Grand Hotel
33
Teatergatan
Blasieholmsgatan
57
Södra Blasieholmshamnen
Strömkajen
Blasieholmen
23
National-museum
Östasiatiska museet
24
Vasamuseet / Isbrytaren & Fyrskeppet

Medelhavs-museet
14
Helgeands-holmen
Medeltids-museet
Nordra...
Skeppsholmsbron
Skeppsholmskyrkan
22
Moderna museet, Arkitekturmuseet
17

Riksdagen
öms-rg
rhuset
Slottsbacken
Mynttorget
Kungliga slottet
Gustav III
Af Chapman
Skeppsholmen

arls org
Storkyrkobr.
Stora
Lilla Nygatan
Västerlånggatan
Storkyrkan
Storkyrkobrinken
Slottsbacken
Trångsund
Köpmangatan
Kungliga Myntkabinettet
Finska kyrkan
Börsen
Skeppsbron

Postmuseum
Lilla Nygatan
Stora Nygatan
Västerlånggatan
Österlånggatan
Tyska kyrkan
Gamla Stan
Stadsholmen
Strömmen
Kastellet

Munkbroleden
Järn-torget

Sommer wie Winter werden wochentags Obst, Gemüse und Blumen zu günstigen Preisen feilgeboten. Als westliche Begrenzung erhebt sich das ehemalige Warenhaus PUB (heute Boutiquen und Einrichtung), in dem Greta Garbo in den 1920er-Jahren in der Hutabteilung arbeitete und für den Katalog Modell stand. Gegenüber steht das türkisfarbene, 1923 bis 1926 von Ivar Tengbom errichtete **Konserthuset**, ein Hauptwerk des nordischen Klassizismus. Die Freitreppe dient den Stockholmern als Picknickplätzchen. Von hier bietet sich ein schöner Blick auf die Orpheusgruppe (1936) von Carl Milles. An Sonntagen verwandelt sich der Hötorget in einen Flohmarkt.

U-Bahn: Hötorget (C 3)

7 Johannes kyrka   D 3

Neugotische Kirche (1890) auf dem Gipfel des Brunkebergsåsen. An Sonntagen feiert die polnische Gemeinde hier Messe. Neben dem Turm der Kirche gibt es noch einen weiteren, wesentlich älteren frei stehenden Glockenturm aus Holz von 1692. Auf dem Friedhof bei der Kirche ist der General Georg Carl von Döbeln (1758 bis 1820) beigesetzt, der sich im Russisch-Schwedischen Krieg 1808 bis 1809 große Verdienste erwarb. Seinen Grabstein ziert sein Wahlspruch »Ära, Skyldighet, Wilja« (Ehre, Pflicht, Wille). Die Feuerwache südlich der Kirche wurde 1878 erbaut, der Anbau, in dem die Feuerwehrwagen stehen, entstand 1909 nach einem Entwurf des bekannten Architekten Ferdinand Boberg.

Johannesgatan 21 | U-Bahn: Hötorget (C 3) | www.svenskakyrkan.se/ johannes | Di–Sa 11–16 Uhr

8 Klara kyrka   D 4

Die Gemeindekirche Norrmalms wurde 1577 bis 1590 von den niederländischen Baumeistern Henrik van Huwen und Willem Boy errichtet. Auf dem Kirchhof, auf dem man sich gut von dem geschäftigen Treiben der Innenstadt ausruhen kann, sind die Schriftstellerin Anna Maria Lenngren und der Dichter Carl Michael Bellman beigesetzt, dessen Porträt-Medaillon auf dem Grabstein Johan Tobias Sergel schuf. Das Glockenspiel mit 35 Glocken spielt jeden Tag um 9, 12, 15, 18 und 21 Uhr einen Choral.

Klara Västra Kyrkogata | U-Bahn: T-Centralen (C 3) | www.klarakyrka.se | So–Fr 10–17, Sa 17–19.30 Uhr

Theater unter Sternen   3

In den Sommermonaten werden in vielen Parks in und um Stockholm verschiedene Theater und Musicals aufgeführt. Nehmen Sie sich einfach ein kleines Picknick mit und genießen Sie die besondere Stimmung beim »Parkteatern« in heller Sommernacht (▶ S. 13).

9 Kulturhuset   D 4

Das Kulturhaus wurde 1968 bis 1973 nach Plänen von Peter Celsing errichtet. Es ist ein zentraler Bestandteil der – mittlerweile sehr umstrittenen – Umgestaltung der Stockholmer Innenstadt, der das malerische Bohemeviertel Klarakvarteret in den 1960er-Jahren zum Opfer fiel. Das fünfstöckige Gebäude, dessen Glasfront die südliche Begrenzung des Sergels torg bildet, besteht aus dem Theatertrakt und dem östlichen eigentlichen Kulturhaus. In diesem befinden sich Ausstellungsräume, eine Bibliothek, auch mit fremdsprachigen Büchern und Zeitungen, eine Kinderbastelwerkstatt sowie zwei Cafés. Im **Café Panorama** können Sie eine großartige Aussicht genießen, das Essen ist eher mäßig.

Sergels torg 3 | U-Bahn: T-Centralen, Aufgang Drottninggatan (c 3) | www.kulturhuset.stockholm.se | Di–Fr 11–20, Sa 11–18, So 11–17 Uhr

⑩ Kungsgatan C 4

Die Verlängerung der Kungsgatan nach Osten zwischen Sveavägen und Stureplan wurde erst zu Anfang des letzten Jahrhunderts durch den Granit des Hügels Brunkebergsåsen gesprengt und 1911 fertiggestellt. Richtung Sveavägen liegen die beiden imposanten Bürohochhäuser Norra und Södra Kungstornet, die durch eine Brücke verbunden sind, über die die Malmskillnadsgatan verläuft. Die Gebäude wurden 1924 bzw. 1925 errichtet.

U-Bahn: Hötorget (c 3) oder Östermalmstorg (d 3)

⑪ Kungsträdgården C 4

Hier, wo im Mittelalter das Gemüse für den König angebaut wurde, legte man im 15. Jh. einen königlichen Lustgarten an. Karl XIV. Johan ließ den Park in einen Exerzierplatz umwandeln und 1821 in seiner Mitte eine Statue seines Adoptivvaters Karl XIII. aufstellen. Zur großen Kunst- und Industrieausstellung von 1866 wurde der Brunnen von Johan P. Molin errichtet, der das Zusammentreffen des Mälarsees mit der Ostsee versinnbildlichen soll. Molin

Das Kreuzgewölbe, die Kanzel aus dem 18. Jh. und der von Carl Fredrik Adelcrantz entworfene Altaraufsatz sind im Inneren der Klara kyrka (▶ S. 76) sehenswert.

schuf auch das Standbild Karl XII., auf dem der Kriegerkönig nach Osten, nach Russland, deutet.

Unter den Ulmen bei der Statue hat sich ein Gartenrestaurant, das bekannte Tehuset, niedergelassen. Im Winter wird ein Teil des Kungsträdgården in eine Eisbahn verwandelt, bei der man sich für ein paar Kronen auch Schlittschuhe ausleihen kann. Am Kungsträdgården liegen die katholische **Sankta Eugenia kyrka** und die leuchtend rote barocke **Jakobs kyrka** (tgl. 11–15 Uhr) aus dem frühen 17. Jh. Das Südportal der Jakobs kyrka, um 1640 von dem in Bremen geborenen Heinrich Blume (schwedisch Hindrik oder Henrik Blom) geschaffen, gilt als das bedeutendste Renaissancekunstwerk Stockholms. Links ist Moses mit den Gesetzestafeln zu sehen, rechts der hl. Jakob in Pilgerkleidung. Im Park finden Feste und Veranstaltungen statt.

U-Bahn: Kungsträdgården (d 3) | www.kungstradgarden.se

12 LO-borgen ⬤ C 4

Das imposante, den Norra Bantorget und das Nordende der Vasagatan dominierende Gebäude mit den beiden Ecktürmen wurde 1899 von Ferdinand Boberg für den Holzhändler Gustaf Carlberg erbaut. Seit 1926 befindet sich hier die Zentrale der »Landsorganisationen i Sverige« (LO), des mächtigen, 1898 gegründeten Gewerkschaftsdachverbands. In den 14 Gewerkschaften sind etwa 1,5 Mio. schwedische Arbeitnehmer organisiert. Gewerkschaftskongresse finden zwei Häuser weiter im **Folkets hus** (Haus des Volkes, Barnhusgatan 14) statt, einem 1960 von Sven Markelius errichteten Gebäude.

Auf dem Norra Bantorget erinnert ein Denkmal an den sozialdemokratischen Politiker Hjalmar Branting (1860–1925, Grab auf dem Friedhof der Adolf Fredriks kyrka). Das Denkmal (das größte in Schweden), das Branting unter wehenden roten Fahnen einer 1.-Mai-Demonstration zeigt, wurde von Carl Eldh, einem Freund Brantings, gestaltet. Von den ersten Plänen bis zur Fertigstellung 1952 vergingen 27 Jahre.

Barnhusgatan 18 | U-Bahn: T-Centralen (c 3) | www.lo.se

13 Norrmalmstorg ⬤ E 4

Bis 1853 hieß dieser zentrale Platz noch Fiskartorg (Fischermarkt), weil dort die Fischer aus den Schären und von den Ålandinseln ihren Fang verkauften. In früheren Zeiten reichte der Hafen des Nybroviken bis hierher. Bis ins frühe 19. Jh. hinein fanden auf dem Fiskartorg auch Hinrichtungen statt.

Norrmalm | U-Bahn: Kungsträdgården (d 3)

14 Sagerska palatset ⬤ D 5

Dieser Privatpalast im Stil der Neorenaissance wurde Ende des 19. Jh. für den Diplomaten Robert Sager erbaut und noch bis 1988 von Mitgliedern der Familie Sager bewohnt. Heute residiert hier der schwedische Ministerpräsident.

Strömgatan 18 | U-Bahn: T-Centralen (c 3)

15 Sankta Eugenia kyrka ⬤ E 4

Die älteste, 1783 gegründete katholische Gemeinde Stockholms hat ihren Sitz in einem stattlichen gründerzeitlichen Gebäude von 1887 am Kungsträdgården. Die Kirche selbst ist modern

Eine goldene Krone ziert die Brücke Skeppsholmsbron, die Blasieholmen mit Skeppsholmen
(▶ S. 79) verbindet, im Hintergrund die noblen Stadthäuser und Schiffe am Strandvägen.

und wurde 1982 von Jörgen Kjaergaard
auf dem Hofgrundstück erbaut.

Kungsträdgårdsgatan 12 | U-Bahn:
Kungsträdgården (d 3) | www.sankta
eugenia.se

16 Skandia   D 4

Dieses Kino wurde 1922 von Gunnar
Asplund in ein Gebäude aus dem 19. Jh.
eingebaut und steht heute unter Denkmalschutz. Das Skandia ist das Haupt-
kino des jährlich stattfindenden Stockholm International Filmfestival.

Drottninggatan 82 | U-Bahn: Hötorget
(c 3) | www.sf.se

17 Skeppsholmen   E 5

Auf dieser Insel befand sich früher die
Admiralität. Sie wird mit dem Blasieholmen (Nationalmuseum) durch eine
165 m lange Brücke von 1861 verbunden. Das mittelalterlich anmutende
Amiralitetshuset (Admiralitätshaus)
wurde 1846 von Fredrik Blom errichtet.
Hier hat heute die Verwaltung des Nationalmuseums ihren Sitz. Unterhalb
(und dem Schloss gegenüber) liegt das
Vollschiff Af Chapman von 1888, das
heute als Jugendherberge dient. Blom
war auch Architekt der achteckigen
Skeppsholmskyrka (1824–1842, heute

ein Zentrum für Chormusik). Auf Skeppsholmen befinden sich größere und kleinere Museen: das Moderna museet (▸ S. 142) mit dem Arkitektur- und Designzentrum sowie das Östasiatiska museet (▸ S. 144). Etwas versteckt, in der ehemaligen Minenverwaltung (Mindepartmentet) der Marine im Osten der Insel, liegt Fotografins hus, ein Zentrum für zeitgenössische Fotografie (www.fotografinshus.se). Auf der Ostseite der Insel haben historische Schiffe festgemacht, der Kran (1751) wird von zwei Treträdern angetrieben. In den um 1700 vom Schlossbaumeister Nicodemus Tessin d. J. erbauten Kasernen (Långa Raden) befindet sich heute das Hotel Skeppsholmen. Von der Insel führt eine Brücke auf das benachbarte Inselchen Kastellholmen.

U-Bahn: Kungsträdgården (d 3) oder Bus 69

⑱ Synagogan E 4

Die große Synagoge wurde 1861 bis 1870 von Fredrik Wilhelm Scholander in historisierend-orientalischem Stil erbaut. »Nachdem so viele dieser Gebäude in Europa während der Hitlerzeit zerstört worden sind, ein besonders wertvolles Zeugnis des jüdischen Kultbaues des 19. Jahrhunderts«, schrieb der Kunsthistoriker Rudolf Zeitler, der der Verfolgung nach Schweden entkommen war. Ein Denkmal im Freien erinnert an die Opfer des Holocaust.

Wahrendorffsgatan 3 | U-Bahn: Kungsträdgården (d 3) | www.jfst.se

MUSEEN UND GALERIEN

ESSEN UND TRINKEN

RESTAURANTS

㉖ Berns E 4

Traditionsreich und trendig – Strindbergs berühmtester Roman, »Das rote Zimmer«, spielt in diesem Restaurant. Mehrere Bars und eine beheizte Terrasse, Tanzfläche unter einem riesigen Kronleuchter.

Berzelii park | U-Bahn: Kungsträdgården (d 3) | Tel. 56 63 22 22 | www.berns.se | So–Do 11.30–1, Fr, Sa 11.30–3 Uhr | €€€

㉗ Flippin' Burgers   C 3

American Food – Wenn Sie doch lieber nach Amerika gereist wären: Stockholms beliebtestes Hamburgerrestaurant. Das Fleisch kommt vorzugsweise von der stockholmnahen Schäreninsel Värmdö und wird täglich frisch zubereitet. Immer gut besucht und viel besser als McDonald's und Burger King. Seit November 2013 befindet es sich in einem geräumigeren Lokal an neuer Topadresse.

Norrmalm, Upplandsgatan 34 | U-Bahn: Odenplan (c 3) | www.flippinburgers. se | Mo–Fr 16–22, Sa 12–22 Uhr

㉘ Kajsas Fisk ▸ S. 28

㉙ Kungshallen D 4

Viel Betrieb – In den Kungshallen gibt es 14 Restaurants: Jeder holt sich, was ihm schmeckt. Fast Food.

Kungsgatan 44 | U-Bahn: Hötorget (c 3) | www.kungshallen.nu | Mo–Fr 9–23, Sa, So 11–23 Uhr | €

30 Rolfs Kök C 3

Schwedisches mit Pfiff – Intimes Lokal, das für seine Inneneinrichtung gerühmt wird. Die offene Küche dominiert den Raum.

Tegnérgatan 41 | U-Bahn: Rådmansgatan (c 3) | Tel. 10 16 96 | Mo–Fr 11–1, Sa, So 17–1 Uhr | €€€

31 Stockholm Fisk Restaurant D 4

Exzellenter Fisch – Das Lieblingsrestaurant der Krimiautorin Helene Tursten. Gehört zum Radisson Hotel.

Vasagatan 1 | U-Bahn: T-Centralen (c 3) | Tel. 58 00 17 30 | www.stockholmfisk.se | Mo–Fr 11–23, Sa 16–23, So 18–22 Uhr | €€€

CAFÉS

32 Café Piccolino D 4

Im Markthallengewimmel – Hier gibt es die knackigsten Salate in ganz Stockholm, die besten Pizzaecken und einen besonders leckeren Kardemummakaka (Kardamomkuchen).

Markthalle Hötorgshallen | U-Bahn: Hötorget (c 3) | Mo–Fr 10–18, Sa 10–15 Uhr

33 Grand Café Strömkajen E 4

Sommercafé – Stockholms traditionsreichstes Hotel, das Grand Hôtel, breitet sich zur Sommerzeit ganz schön aus. Auf der Kaianlage vor seinen Toren hat es ein Café mit wunderbarer Aussicht auf das rege Treiben um die an- und ablegenden Schärendampfer eröffnet. Das Fünf-Sterne-Hotel bürgt für Qualität, die Preise sind kulant.

Blasieholmen | U-Bahn, Bus 69, Straßenbahn 7: Kungsträdgården (d 3) | www.grandhotel.se | nur im Sommer tgl. 8–18 Uhr

Ein Stockholmer Klassiker ist das Norrmalmer Restaurant Rolfs Kök (▶ S. 81), in dem man den Köchen bei der Zubereitung der Speisen auf die Finger schauen kann.

34 Konditori Vete-Katten ▸ S. 28

KORVKIOSK (WURSTBUDEN)

35 NK Korv 🧭 D 4

Alle schwedischen Wurstklassiker – Das Nobelwarenhaus hat auch die beste Wurst mit Kartoffelbrei! Auch an Vegetarier wurde gedacht, sie können eine Mosbricka (nur den Kartoffelbrei mit Grillgewürz) bestellen.

Hamngatan, Ecke Regeringsgatan | U-Bahn: T-Centralen (c 3) | Mo–Fr 10–19, Sa 10–18, So 12–17 Uhr

EINKAUFEN

BÜCHER

36 Alfa 🧭 D 4

Das zentral gelegene Antiquariat bietet neben schwedischer Literatur auch eine große Auswahl an deutschen und englischen Büchern.

Olof Palmes Gata 20 B | U-Bahn: Hötorget (c 4) | www.bokborsen.se

37 Bok & Bild 🧭 D 4

Hier sind die schwedischen Neuerscheinungen in Stockholm meist am günstigsten. Wunderschöne, äußerst preiswerte Ansichtskarten.

Drottninggatan 9 | U-Bahn: T-Centralen (c 3) | www.bokochbild.se

DELIKATESSEN

⭐ **Hötorgshallen** 🚩 🧭 D 4

Im Herzen des Stadtteils, nur wenige Schritte vom Konzerthaus entfernt, bieten Händler seit 1958 in dieser Markthalle Delikatessen aus aller Welt feil. Cafés und Restaurants von Kebab über Sushi bis hin zu schwedischen Fischspezialitäten runden das Angebot ab. In den Jahren 2012 und 2013 wurde die Hötorgshalle von Grund auf saniert

und etwas »aufgeschickt«, hat sich aber ihr ursprünglich bodenständiges Flair bewahren können.

U-Bahn: Hötorget (c 3) | www.hotorgs hallen.se | Mo–Do 10–18, Fr 10–18.30, Sa 10–16 Uhr

DESIGN

38 DesignTorget ▸ S. 36

GESCHENKE UND KUNSTHANDWERK

39 Iris Hantverk 🧭 D 4

Kunsthandwerk sowohl traditioneller Art als auch in neuem Design ist hier zu haben. Handgefertigte Bürsten für Bad, Küche und Schuhpflege, auch auf Bestellung. Hier finden Sie garantiert ein geeignetes Mitbringsel, beispielsweise originelle Küchenhandtücher oder einen Tischläufer. Wunderschöne Wolldecken und Plaids mit eingewebten Elchen und Schafen sind ebenfalls im Angebot.

Kungsgatan 55 | U-Bahn: Hötorget (c 3) | www.irishantverk.se

KAUFHÄUSER

40 Åhléns City 🧭 D 4

Von Souvenirs bis zu Langlaufskiern gibt es hier alles – und dazu noch zu recht vernünftigen Preisen. Dieses größte Warenhaus Schwedens mit Niederlassungen im ganzen Land verfügt neuerdings für alle, die sich vom anstrengenden Shoppen erholen müssen, über eine Spa- und Relaxabteilung im Obergeschoss mit verschiedenen Anwendungen.

Klarabergsgatan 50 | U-Bahn: T-Centralen (c 3) | www.ahlens.se | Mo–Fr 10–21, Sa 10–19, So 11–18 Uhr

41 Nordiska Kompaniet ▸ S. 37

42 PUB D 4

1882 eröffnetes Warenhaus, in dem Greta Garbo als Verkäuferin arbeitete. Heute junge und schicke Boutiquen sowie Einrichtung.

Kungsgatan, Ecke Drottninggatan | U-Bahn: Hötorget (c 3) | www.pub.se

KINDERKLEIDUNG

43 Polarn o Pyret D 4

Strapazierfähige Kinderkleidung, die jedes schwedische Kind trägt.

Hamngatan 10 | U-Bahn: T-Centralen (c 3) | www.polarnopyret.se

MÄRKTE

44 Hötorget-Markt D 4

Preiswertes Obst und Gemüse können Sie auf dem zentralen Marktplatz der Stadt, Hötorget, kaufen. Pantoffeln aus Rentierfell kosten hier nur halb so viel wie in der Gamla Stan. Wo sich von Montag bis Samstag die Marktstände drängen, ist Sonntag Flohmarkt.

U-Bahn: Hötorget (c 3) | Mo–Fr 10–18, Sa 10–15 Uhr

MODE

45 Acne E 4

Der weltweit erfolgreiche Jeans-Hersteller Jonny Johnsson gründete 1996 in Stockholm die Acne Studios. Die Abkürzung Acne steht im Übrigen für »Ambition to Create Novel Expressions«. Die Kollektion umfasst Konfektionsartikel für Damen und Herren sowie Schuhe, Accessoires und Denim. Ein Outlet Store befindet sich im Barkarby Outlet, Järfäll (Pendeltåg nach Bålsta bis Barkaby, von dort 567 nach Barkarby handelsplats).

Norrmalmstorg 2 | U-Bahn: Östermalmstorg (d 3) | www.acnestudios.com

46 Hope E 4

Schwedisches Label. Der androgyne Stil ist von Uniformen und Vintage-Mode beeinflusst.

Smålandsgatan 14 | U-Bahn: Östermalmstorg (d 3) | www.hope-sthlm.com

47 Jus D 3

Diese Boutique liegt etwas abseits. Sie können sie aufsuchen, wenn Sie richtig viel Geld ausgeben wollen. Zur Auswahl stehen Label wie Maison Martin Margiela, Comme Des Garçons, Henrik Vibskov, Rick Owens, Diana Orving, Burfitt, Ann-Sofie Back und Pleasure Principle.

Brunnsgatan 7 | U-Bahn: Östermalmstorg (d 3) | www.jus.se

48 Rodebjer D 4

Label der schwedischen Stardesignerin Carin Rodebjer, die 1970 auf Gotland geboren wurde. Kleider in elegant-femininem Stil.

Jakobsbergsgatan 6 | U-Bahn: Östermalmstorg (d 3) | www.rodebjer.com

49 Whyred E 4

Schwedische (junge) Mode. Im Jahr 1999 machten sich drei H & M-Designer selbstständig und gründeten ein eigenes Label. Inzwischen gibt es 230 Läden in 21 Ländern.

Mäster Samuelsgatan 5 | U-Bahn: T-Centralen (c 3) | www.whyred.se

SCHREIBWAREN

50 Bookbinders Design D 4

Hochwertige Schreibwaren: Notizbücher, Fotoalben, Tagebücher etc. Falls Sie noch ein Geschenk brauchen!

Hamngatan 18 | U-Bahn: T-Centralen (c 3) | www.bookbindersdesign.com

SCHUHE

🟢51 Jerns Skosalonger   📗 D 4

Hochpreisige Schuhe von klassischer Eleganz.

Drottninggatan 35–37 | U-Bahn: T-Centralen (c 3)

🟢52 Knulp   📗 D 4

Größte Auswahl an schwedischen Holzschuhen mit pflanzlich gegerbtem Leder, außerdem vielfältiges Angebot an Sandalen.

Kungsgatan 53 | U-Bahn: Hötorget (c 3) | www.knulp.se

🟢53 Rizzo   📗 E 4

Schicke Schuhe für jüngere oder jung gebliebene Kundschaft, auch Taschen und Stiefel. Filiale in der Kungsgatan.

Biblioteksgatan 9 | U-Bahn: Östermalmstorg (d 3) | www.rizzo.se

SPIELZEUG

🟢54 Brio Brand Store   📗 D 4

Die fröhlich-bunten Brio-Holzeisenbahnen sind allen ein Begriff. Es gibt aber auch anderes schönes Holzspielzeug und seit einigen Jahren auch Kinderwagen. Das Holzspielzeug wurde ursprünglich in Osby in Schonen hergestellt (Brio ist die Abkürzung für »Bröderna Ivarsson i Osby«), heute kommt es aus China.

Norrlandsgatan 18 | U-Bahn: Östermalmstorg (d 3) | www.brio.se

🟢55 Krabat   📗 D 4

Hier findet man fantasievolles Spielzeug für 0- bis 10-Jährige sowie Kinderstoffe schwedischen und finnischen Designs.

Kungsgatan 60 | U-Bahn: Hötorget (c 3) | www.krabat.se

Hier sind die Getränke garantiert nicht zu warm – in der Icebar (▶ S. 85) des Nordic Sea Hotels werden nicht nur die Drinks, sondern auch die Gäste eisgekühlt.

SPORTARTIKEL

56 Alewalds D 4

Hier finden Sie alles, was Sie für eine Wanderung durch die Weiten Lapplands benötigen. Auch Wolljacken und Pullover der führenden, 1946 gegründeten schwedischen Marke Ivanhoe.

Kungsgatan 32 | U-Bahn: Hötorget (c 3) | www.alewalds.se

KULTUR UND UNTERHALTUNG

BARS

57 Cadierbar E 5

Gute Longdrinks auch für Leute, die sich eine Übernachtung im luxuriösen Grand Hôtel nicht leisten können. Beliebter Treffpunkt für Stockholmer wie Besucher. Piano-Livemusik am Wochenende.

Blasieholmen | Grand Hôtel, Södra Blasieholmshamnen 8 | U-Bahn: Kungsträdgården (d 3) | www.grandhotel.se

58 Icebar C 4

Im Nordic Sea Hotel. Für 195 SEK (Hotelgäste 150 SEK) können Sie hier bei minus 5 °C einen Drink schlürfen. Poncho gegen die Kälte wird gestellt. Erspart Ihnen die Reise ins Eishotel in Jukkasjärvi, Schwedisch Lappland. Reservierung empfohlen, Drop-In Sa und So ab 21.45 Uhr.

Vasaplan 4 (neben dem Eingang zum Arlanda Express) | U-Bahn: T-Centralen (c 3) | www.nordicseahotel.se | So–Do 15–00, Fr–Sa 15–1 Uhr

BOOTSAUSFLÜGE

59 Strömma Kanalbolag ▸ S. 39

CLUBS

60 Café Opera ▸ S. 39

61 Fasching ▸ S. 40

62 Le Bon Palais C 4

Traditionsreicher Nachtclub im Folkets hus. Hier verkehren die sozialdemokratischen Politiker und die Gewerkschaftsbosse.

Barnhusgatan 12 | U-Bahn: T-Centralen (c 3) | www.lebonpalais.se | tgl. 22–3 Uhr | Mindestalter 25 Jahre

63 White Room D 4

Schöner Nachtclub mit weißer Einrichtung, die Gästemischung ist bunt.

Jakobsbergsgatan 29 | U-Bahn: Hötorget (c 3) | www.whiteroom.se | Mi, Fr–Sa 24–5 Uhr

KASINO

64 Casino Cosmopol ▸ S. 40

KONZERTE

65 Konserthuset ▸ S. 40

OPER UND THEATER

66 Chinateatern E 4

Hier werden Musicals wie »Cats« und »West Side Story« aufgeführt.

Berzelii park 9 | U-Bahn: Kungsträdgården (d 3) | Tel. 56 28 92 00 | www.chinateatern.se

67 Intimateater D 4

Dieses kleine Kammerspieltheater wurde von August Strindberg 1909 selbst gegründet. Er schrieb für diese Bühne die Stücke »Der Pelikan«, »Unwetter« und »Gespenstersonate«. Seit dem Strindbergfestival 1993 wird der Dramatiker hier wieder gespielt.

Barnhusgatan 20 (am Norra Bantorget) | U-Bahn: T-Centralen (c 3) | www.strindbergsintimateater.se

68 Operan ▸ S. 41

VASASTAN

Breit angelegte Straßenzüge mit herrschaftlichen Neorenaissance-Bauten prägen den Stadtteil Vasastan. Seine wohl berühmteste Bewohnerin, Astrid Lindgren, lebte viele Jahrzehnte hier in der Dalagatan mit Blick auf den ausgedehnten Vasaparken.

Der gründerzeitlich geprägte Stadtteil Vasastan, der jenseits der Tegnér-gatan an Norrmalm angrenzt, war früher das Universitätsviertel, bis die Uni im Jahr 1971 schließlich nach Frescati an den nordöstlichen Stadtrand verlegt wurde. Heute ist Vasastan (oder auch Vasastaden) ein gutbürger-liches Wohnviertel. Zu Vasastan gehören auch der ehemalige Arbeiter-stadtteil Sibirien (am Vanadislund), das Atlasområdet (Atlasviertel), in dem Astrid Lindgrens Karlsson vom Dach sein Unwesen treibt, und Bir-kastan mit der trubeligen Kneipenmeile Rörstrandsgatan – und zum Ausgleich mit einer riesigen Freikirche mit 3000 Plätzen, der Filadelfi-akyrkan, der größten Kirche der Pfingstgemeinde in Schweden. Nördlich grenzt der Stadtteil Solna an mit dem weitläufigen Hagaparken im engli-schen Stil, der sich am Westufer des Sees Brunnsviken erstreckt. Im Park steht das klassizistische Hagaschloss.

◀ Schön ins Grün gebettet ist das Haga slott (▶ S. 88), in dem die Kronprinzessin wohnt.

SEHENSWERTES

① Gustaf Vasa kyrka 📖 C 3

Mit ihren 1200 Sitzplätzen ist sie eine der größten Kirchen der Stadt. Der neobarocke Bau mit 60 m hoher Kuppel wurde 1906 fertiggestellt. Der prächtige Altar von Hofbildhauer Burchardt Precht entstand 1725 bis 1731 und war (bis zur Restaurierung 1885) im Dom in Uppsala beheimatet. Der Entwurf stammte von Nicodemus Tessin d. J., der sich vom Grabaltar für Ignatius von Loyola in der Jesuitenkirche Il Gesù in Rom hatte inspirieren lassen.
Odenplan | U-Bahn: Odenplan (c 3) | www.gustafvasa.nu | Mo–Do 11–18, Fr 10–15, Sa, So 11–15 Uhr

Hagaparken 📖 B 1

Im 18. Jh. ließ Gustav III. den Hagaparken nach englischem Vorbild als Landschaftsgarten anlegen, um sich in gepflegter, aber scheinbar ungezähmter Umgebung erholen zu können. Im Hagapark liegt der Königliche Begräbnisplatz (»Kungliga begravningsplatsen«), auf dem u. a. Gustav VI. Adolf, Königin Louise und das Prinzenpaar Gustav Adolf und Sibylla ruhen (Mai So 13–15, Juni–Aug. Do 9–15 Uhr). Hauptsehenswürdigkeit ist der Pavillon Gustav III. Das wunderschöne Interieur im pompejanischen Stil von Louis Masreliez ist nur im Sommer bei Führungen zu besichtigen (Juni–Aug. Di–So 12–15 Uhr, stündlich).
Hinter dem Pavillon liegt das **Hagaschloss** (▶ S. 88) aus dem frühen 19. Jh., in dem König Carl Gustaf (1946)

und seine vier älteren Schwestern, die Hagaprinzessinnen (Hagasessorna), zur Welt kamen. Mittelpunkt des Parks bildet eine weite Wiese (»Pelousen«), die vor den majestätischen Kupferzelten (»Koppartälten«) endet, dem Wahrzeichen des Hagaparks. Sie wurden um 1790 erbaut und besitzen eine Zeltwänden nachgebildete Fassade aus bemaltem Kupfer. Heute befindet sich hier das **Parkmuseum**, das über die Geschichte des Parks seit der Zeit Gustav III. informiert (www.sfv.se; Sept.–Mai Di–Fr 13–17, Sa, So 11–17 Uhr, sonst Di–So 11–17 Uhr; freier Eintritt). Hinter den Kupferzelten liegt das **Schmetterlingshaus** (»Fjärilshuset«).
In dem Waldstück zwischen dem Hagaschloss und den Kupferzelten finden sich die überwucherten Fundamente einer geplanten Schlossanlage. Gustav III. wollte in den Galerien des neuen Palastes seine antiken römischen Statuen ausstellen. Der Bau der Anlage nach dem Vorbild von Versailles kam jedoch durch seine Ermordung zum Erliegen. In den Sommermonaten werden in den Fundamenten Theateraufführungen veranstaltet.
Solna, am Brunnsviken | Bus 59 (ab U-Bahnstation Rådmansgatan) zum Stallmästaregården, zu Fuß vom Odenplan die Norrtullsgatan entlang (10 Min.)

Haga slott 🚩 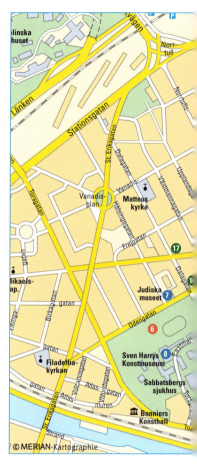 B 1

Aus Alt mach Neu – das klassizistische Schlösschen, in dem der jetzige König einen Teil seiner frühesten Kindheit verbrachte, wurde seit den 1960er-Jahren von der schwedischen Regierung zur Unterbringung von Staatsgästen genutzt. Vor drei Jahren wurde es aufwendig renoviert und steht heute im Blickpunkt des allgemeinen Interesses, seit es die Kronprinzessin Victoria und ihre Familie beherbergt. Das Schloss kann nur aus einigem Abstand bewundert werden, doch schon allein die bezaubernde englische Parkanlage ist einen Besuch wert.

Solna | Hagaparken

Norra begravningsplatsen ⚑ A 1

Nicht alle Berühmtheiten auf diesem Friedhof sind in den Plänen, die an den Eingängen hängen, eingezeichnet. Das schlichte Grabmal des durch die Dynamit-Erfindung reich gewordenen Alfred Nobel befindet sich an dem runden Platz bei der Pforte 5. Die prächtigsten Grabmäler liegen auf Lindhagens Kulle (Hügel), Kvarter (Parzelle) 21. Hier ist auch der Altertumsforscher Oscar Montelius beigesetzt. Sein Grab ist einem eisenzeitlichen Ganggrab nachempfunden. Der Kaufhausbesitzer Paul Urban Bergström (PUB) hat nicht weit davon ein Mausoleum. Den Dichter August Strindberg finden Sie in Kvarter 13 A, den Polarforscher Andrée (riesiges Denkmal) in Kvarter 15 E. Die Literaturnobelpreisträgerin Nelly Sachs (1891–1970) sowie der Dramatiker und Autor des Romans »Die Ästhetik des Widerstands« (Schauplatz ist teilweise Stockholm), Peter Weiss (1916–1982), liegen auf dem jüdischen Teil des Friedhofs begraben. Nelly Sachs, der mithilfe von Selma Lagerlöf noch 1940 die Flucht von Berlin nach Stockholm gelang, schrieb in einem ihrer Gedichte: »Ein Fremder hat immer seine Heimat im Arm wie eine Waise, für die er vielleicht nichts als ein Grab sucht.« Ein von einer Halbkugel gekrönter Pfeiler ist das Grabmal des Stummfilmregisseurs Mauritz Stiller, mit des-

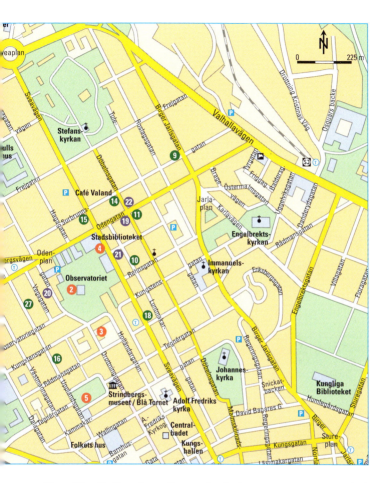

sen Film »Gösta Berlings Saga« Greta Garbo 1923 ihren Durchbruch erlebte.

Solna | Bus 3, 59 und 77: Karolinska sjukhuset

② Observatoriet   C 3

Auf dem Observatoriekullen hoch über dem Straßenlärm von Sveavägen und Odengatan liegt die alte Sternwarte. Sie wurde 1753 eingeweiht, als in Schwe-

den das Interesse an Naturwissenschaften seinen Höhepunkt erreichte und seinen Niederschlag in so bekannten Namen wie Carl von Linné und Anders Celsius fand.

Drottninggatan 120 | U-Bahn: Odenplan (c 3) | www.observatoriet.kva.se | April–Sept. geführte Touren (schwedisch) So 12, 13 und 14, Okt.–März Di, Do 18, 19 und 20 Uhr

❸ Spökparken · C 3

Die kleine Parkanlage befindet sich am oberen Ende der Drottninggatan, ihr Name »Gespensterpark« geht auf das um 1700 für den Tuchhändler Hans Petter Scheffler errichtete Spökslott zurück. Dieser ließ sich im Garten seines Hauses begraben und soll später umgegangen sein. Im Spökslott ist heute die Kunstsammlung der Stockholmer Universität untergebracht, die das Gebäude zu Repräsentationszwecken nutzt.

Drottninggatan 116 | U-Bahn: Rådmansgatan (c 3)

❹ Stadsbiblioteket · C 3

Die Stadtbibliothek, eines der ersten Bauwerke des schwedischen Funktionalismus von Gunnar Asplund, wurde 1927 fertiggestellt. Über einem quadratischen Block erhebt sich ein Zylinder, den man von unten durch eine gerade Treppe betritt (eine Fortsetzung der großen Freitreppe). An den Wänden des Zylinders stehen die Bücherregale, in der Mitte können die Benutzer selbst an Automaten ausleihen. Die Kinderbibliothek liegt im Sockelgeschoss, der gut sortierte Zeitungs- und Zeitschriftenlesesaal in einem Annex.

Sveavägen 71–73 | U-Bahn: Rådmansgatan (c 3) | www.biblioteket.stockholm. se | Mo–Do 9–20.30, Fr 9–19, Sa, So 12–16 Uhr, im Sommer eingeschränkte Öffnungszeiten

❺ Tegnérlunden · C 3

Die Tegnérgatan mit dem idyllischen kleinen Park Tegnérlunden bildet die Grenze zum südlich gelegenen Stadtteil Norrmalm. Die Parkanlage wird von Carl Eldhs monumentaler Strindberg-

In der Hauptbibliothek Stockholms, der Stadsbiblioteket (▶ S. 90), reihen sich die dicht gefüllten Bücherregale an den Wänden des zylindrischen Baukörpers übereinander.

skulptur, die den Dichter als Prometheus am Felsen zeigt, dominiert. Das Gipsmodell wurde vor Strindbergs letztem Geburtstag vollendet, die Bronzeskulptur jedoch erst 1942 aufgestellt. Stockholm und die Stockholmer Schären begegnen einem in den Erzählungen und den Romanen Strindbergs auf Schritt und Tritt. Eine wesentlich kleinere, von Majalisa Alexandersson 1996 geschaffene Skulptur unter einem Kirschbaum zeigt die Schriftstellerin Astrid Lindgren. Das Enskilda Gymnasiet (Tegnérlunden 5) an der Südseite des Platzes, eine der vornehmsten und besten Schulen Stockholms, besuchte Kronprinzessin Victoria.

U-Bahn: Rådmansgatan (c 3)

🔴6 Vasaparken   🔖 B 3/C 3

Hier lag im 18. und 19. Jh. Stockholms Botanischer Garten (Bergianska Botaniska trädgården) und erstreckte sich bis zum Karlbergsvägen. Während der Olympiade 1912 trainierten hier die Sportler, im Ersten Weltkrieg wurden dann Kartoffeln angebaut. Der Park ist Schauplatz einiger Astrid-Lindgren-Märchen, u. a. von »Peter und Petra«. Auf diese Anlage fiel der Blick der Schriftstellerin von ihrem Schreibtisch aus in ihrer Wohnung im ersten Stock des Hauses Dalagatan 46. Seit 2006 heißt der östliche Teil des Parks daher auch **Astrid Lindgrens Terrass**. Im Winter verwandelt sich der Fußballplatz in eine Kunsteisbahn (kein Schlittschuhverleih!). Oberhalb von diesem liegt ein großer **Spielplatz**: Der riesige Felsen ist mit einer orangenen Gummimatte bedeckt, in die zwei Trampoline eingelassen sind. Die weitläufigen Rasenflächen werden im Sommer von den Stockholmern gerne zum Picknicken genutzt. Wer vergessen hat, sich mit Proviant einzudecken: Es gibt zwei Cafés und im am Park gelegenen **Sven Harrys Konstmuseum** (▶ S. 146) ein Restaurant mit moderaten Preisen.

Wird von Dalagatan, Odengatan und Torsgatan begrenzt | U-Bahn: St. Eriksplan (c 3)

MUSEEN UND GALERIEN

Carl Eldhs Ateljémuseum ▶ S. 139

🔷7 Judiska museet ▶ S. 141

🔷8 Sven Harrys Konstmuseum ▶ S. 146

ESSEN UND TRINKEN

RESTAURANTS

🔴9 Clas på Hörnet   🔖 D 2

Intim – Eines der ältesten Gasthäuser der Stadt, es wurde 1731 gegründet.

Surbrunnsgatan 20 | U-Bahn: Tekniska högskolan (d 3) | Tel. 16 51 36 | Mo–Fr 11.30–23.30, Sa 12–24, So 12–22 Uhr | €€€

🔴10 Lao Wai   🔖 D 3

Garantiert glutamatfrei – Hier kommen auch Veganer auf ihre Kosten. Laut »Dagens Nyheter« das beste vegetarische Restaurant der Stadt.

Luntmakargatan 74 | U-Bahn: Rådmansgatan (c 3) | Tel. 6 73 78 00 | www.laowai.se | Mo–Fr 11–14, Di–Sa 17.30–22 Uhr | €€

🔴11 Storstad   🔖 D 2

Trendig – Saisonal wechselnde Karte: Im Herbst gibt es beispielsweise Pfifferlingsuppe mit Felchenrogensahne und Toast oder Rehbraten mit Pilzen.

Odengatan 41 | U-Bahn: Rådmansgatan (c 3) | Tel. 6 73 38 00 | www.storstad.se | Mo–Do 17–1, Fr, Sa 16–3 Uhr | €€€€

12 Tennstopet ▸ S. 29

13 Wasahof ⚑ C3

Französisch inspiriert – Im ersten Stockwerk dieses Hauses wohnte Astrid Lindgren von 1941 bis 2002. Im Erdgeschoss können Sie ein Glas Champagner trinken und ein paar Austern schlürfen. Das Lokal, das auch den Namen »Le Bistrot de Wasahof« führt, wurde 1899 unter dem Namen Matvarukafé 46:an gegründet und ist damit eines der ältesten Stockholms.

Dalagatan 46 | U-Bahn: Odenplan | www.wasahof.se | So geschl. | €€€

CAFÉS

14 Café 3:e Rummet ⚑ C2

Leckerer Mittagstisch – Das kleine, einfache Restaurant und Café serviert typisch schwedische Hausmannskost. Die Inhaberin kocht und bäckt alles selbst. Die Rohwaren sind vorwiegend biologischer Herkunft.

Surbrunnsgatan 37 | U-Bahn: Rådmansgatan (c 3) | Mo, Di, Do 7–16, Mi, Fr 7–14, Sa 10–14 Uhr

15 Café Valand ⚑ C2

Eine Institution – Dieses Café aus den 1950er-Jahren ist der Treffpunkt der Stockholmer Intellektuellen und steht mittlerweile unter Denkmalschutz. Es ist auch als Drehort von Kino- und Fernsehfilmen sehr beliebt. Hier trifft man sich morgens, liest Zeitung und trinkt gnadenlos starken Kaffee. Dazu gibt es deutschen Streuselkuchen mit Vanillesauce, Nussecken und Brot mit Ei und Anchovisfilets. 2004 feierte das Café sein 50-jähriges Bestehen, und sein Gründer, Stellan Åström, steht immer noch hinterm Tresen.

Surbrunnsgatan 48 | U-Bahn: Rådmansgatan (c 3) | Mo–Fr 8–16, Sa 9–16 Uhr, Juni geschl.

Café Vasaslätten ⚑ B1

Idylle im Grünen – Mitten im Hagapark gelegenes Café mit Aussicht über den See Brunnsviken. Stockholms naturschönstes Sommercafé, nur im Sommer bei Sonnenschein geöffnet. Gute Salate. Ofenfrisches süßes Gebäck, Spezialität: »Hagabulle« (Kardamom-Nuss-Schnecken).

Solna | Bus 59: Haga Forum, Bus 515: Haga Norra Grindar | tgl. 11–17 Uhr

16 Nybergs Konditori ⚑ C3

Gutes Gebäck – Hier können Sie alle Variationen der schwedischen Zimtschnecken probieren: mit Kardamom, nur mit Zucker und Butter, mit Mandeln (»Tosca-Bulle«). Das klassische Smörgås (Butterbrot) mit Fleischbällchen und Roter Bete und die besten Brezen der Stadt gibt es auch.

Upplandsgatan 26 (Ecke Kungstensgatan) | U-Bahn: Odenplan (c 3) | Mo–Fr 7–19, Sa, So 9–17 Uhr

17 Salinos Espressobar ⚑ C3

Cremigster Espresso der Stadt – Zum wunderbaren Kaffee gibt es warme und kalte belegte Brote, Suppe sowie Dolci.

Dalagatan 58 | U-Bahn: Odenplan (c 3) | Mo–Fr 7.30–18, Sa, So 11–16 Uhr

18 Sosta Espressobar ⚑ D3

Mit stilechten Baristas – Hier treffen sich die Kreativen von Verlag und Werbung zum überteuerten Espresso.

Sveavägen 84 | U-Bahn: Rådmansgatan (c 3) | www.sosta.se | Mo–Fr 8–18, Sa 10–17 Uhr

EINKAUFEN

BACKWAREN

⑲ BROT C 3

Die beste Bäckerei der Stadt wird von dem Linzer Konditor Johannes Eder geführt. Hier gibt es die Prinzessinnentorte mit grünem Marzipan und die Zimtschnecke auch im Miniformat.

Odengatan 43 | U-Bahn: Rådmansgatan (c 3) | www.brot-stockholm.se

DELIKATESSEN

⑳ In the Mood for Tea C 3

Stockholms edelstes Teegeschäft bietet eine einzigartige Auswahl an chinesischen Tees. Das Geschäft wird von Jonas Almberg, der als Sohn einer Chinesin und eines Schweden in Hongkong zur Welt kam, und Sofia Roger geführt. Eigener Import. Die Teeplantagen können Sie sich auf Fotos anschauen.

Norrtullsgatan 9 | U-Bahn: Odenplan (c 3) | www.inthemoodfortea.se | Mo–Fr 12–18, Sa 11–15 Uhr

HANDWERK

㉑ Klässbols Linneväveri C 3

Hier beim Königlichen Hoflieferanten können Sie die Damastservietten erstehen, die beim Nobelfest verwendet werden. Gewebt werden sie in dem kleinen Ort Klässbol in Värmland.

Sveavägen 104 | U-Bahn: Rådmansgatan (c 3) | www.klassbols.se | Mo geschl.

SPIELZEUG

㉒ 1 : 43 D 2

Der Name des Geschäfts bezieht sich auf den Maßstab der Modellautos, die hier verkauft werden.

Odengatan 38 | U-Bahn: Rådmansgatan (c 3)

Das am Vasaparken gelegene Sven Harrys Konstmuseum (▶ S. 91, 146) präsentiert eine der größten Privatsammlungen skandinavischer Kunst.

ÖSTERMALM

*Der östliche Stadtteil mit der grünen Oase Humlegården und dem
für seine exklusiven Clubs und Bars bekannten Stureplan gilt
als Stockholms begehrteste Wohnadresse. An der Uferpromenade
Strandvägen liegen prächtige Ketschen und Schoner vertäut.*

Noch Mitte des 19. Jh. dominierten Kasernen und Slums den Stockholmer Osten. In einer Seitenstraße des Strandvägen, in der Grev Magniga-
tan, wuchs der Maler Carl Larsson (1853–1919) in sehr ärmlichen Verhältnissen auf. Jedes zweite Kind im damaligen Elendsviertel Ladugårdslandet
starb, so auch Carl Larssons kleiner Bruder.

Im Jahr 1885 beschloss der Stadtrat eine Umgestaltung des östlichen
Stadtrands, die drei Prachtstraßen Strandvägen, Narvavägen und Karla-
vägen wurden angelegt. Dem Entstehen Letzterer huldigte Strindberg in
seinem Gedicht »Esplanadsystemet«. Die geflügelten Worte »här rivs för
att få ljus och luft« (»wir reißen ab für Licht und Luft«) kennt jedes schwedische Schulkind. Zu diesem Zwecke mussten einige Berge weggesprengt
werden – es war also sehr praktisch, dass Alfred Nobel zwei Jahrzehnte
zuvor das Dynamit erfunden hatte.

◀ Ein überaus beliebtes Fotomotiv ist die Uferpromenade Strandvägen (▶ S. 94).

An den weitläufigen Esplanaden wuchsen herrschaftliche Häuser in die Höhe, das Wohlstandsviertel Östermalm war entstanden.

Manch ein berühmter Schwede lebt oder lebte in diesem privilegierten Stadtteil. Raoul Wallenberg verbrachte seine ersten Jahre in der Grev Turegatan und in der Linnégatan, der spätere Ministerpräsident Olof Palme wuchs in der Östermalmsgatan 36 (heute rumänische Botschaft) auf. Selma Lagerlöf besuchte in der Riddargatan das Lehrerinnenseminar, die Künstlerin Hilma af Klint lebte zehn Jahre in der Brahegatan und Ingmar Bergman besaß am Karlaplan eine riesige Wohnung.

SEHENSWERTES

❶ Dramaten　　　　　　　🚢 E 4

Das Königliche Dramatische Theater, ein imposanter Jugendstilbau aus hellem Kolmårdenmarmor, wurde 1908 mit der Uraufführung des Strindberg-Stücks »Meister Olof« eingeweiht. Das Foyer ist mit Gemälden u. a. von Carl Larsson und Prinz Eugen geschmückt.

Nybroplan | U-Bahn: Kungsträdgården (d 3) | www.dramaten.se | Führungen im Juni und Juli tgl. um 16, sonst Sa 15 Uhr | Eintritt 60 SEK

❷ Engelbrektskyrkan　　　🚢 D 3

Die imposante, 1914 geweihte Backsteinkirche auf dem ehemaligen Mühlenberg ist eines der wichtigsten Bauwerke des schwedischen Jugendstils. Architekt war Lars Israel Wahlman, ein Schüler Isak Gustaf Clasons. Das 32 m hohe Gewölbe, das höchste in ganz Skandinavien, ruht auf acht Granitpfeilern. In der Kirche finden häufig anspruchsvolle Chorkonzerte statt.

Östermalmsgatan 20 B | U-Bahn: Tekniska Högskolan (c 3) | www.svenskakyrkan.se/engelbrekt | Di–So 11–15 Uhr

❸ Filmhuset　　　　　　　🚢 G 3

Stockholm und Film gehören zusammen. Hier wirkten die Regisseure Victor Sjöström (1879–1960), der mit seinen Stummfilmen Schweden als Filmnation etablierte, Mauritz Stiller (1883–1923) und Ingmar Bergman (1919–2007), die Schauspielerin Greta Garbo (1905–1990) und der Kameramann Sven Nykvist (1922–2006). Die

> ### Sightseeing per Boot zum Lokaltarif
>
> Steigen Sie in die Pendelboote am Nybrokajen und lassen Sie bei der Fahrt die Innenstadtinseln ganz gemächlich an sich vorüberziehen (▶ S. 13).

erste Blüte des schwedischen Films endete, als Victor Sjöström Greta Garbo
1925 nach Hollywood holte. Erst 1956
machte der schwedische Film wieder
international Furore mit Bergmans
»Das siebte Siegel«.

Das Filmhaus wurde 1967 bis 1970 von
Peter Celsing, dem Architekten des
Kulturhuset, erbaut. Das 140 m lange
Betongebäude soll an eine Filmkamera
erinnern (Objektiv Richtung Norden).
Im Filmhuset ist das Svenska Filminstitut untergebracht, zu dem der Filmclub
Cinemateket gehört. Im Bio Victor und
Bio Mauritz (sowie im Victoria in Södermalm) werden historische Filme
gezeigt und Filme, die im kommerziellen Programm keinen Platz finden. Des
Weiteren gibt es im Filmhuset ein Café
und eine umfangreiche Bibliothek.
Borgvägen 1–5 | U-Bahn: Karlaplan
(d 3) | www.sfi.se

4 Hovstallet   E 4

Wer sich für die Fortbewegungsarten
der königlichen Familie interessiert
oder auch nur die imposanten, über
hundert Jahre alten Gebäude bewundern möchte, der sollte sich den königlichen Hofstall neben dem Dramaten
ansehen: Des Königs Pferde, Kutschen
und Autos unter einem Dach.
Väpnargatan 1 | Bus 69, Straßenbahn 7:
Nybroplan | www.kungahuset.se/
hovstallet | Führung Sa, So 14, im Sommer Mo–Fr 13 Uhr | Eintritt 100 SEK,
Kinder und Studenten 50 SEK

5 Humlegården   E 4

In diesem Park wurde ab 1619 der
Hopfen (»humle«) angebaut, den der
Schlosshaushalt zum Bierbrauen benötigte. Später lag hier der Kohlgarten.

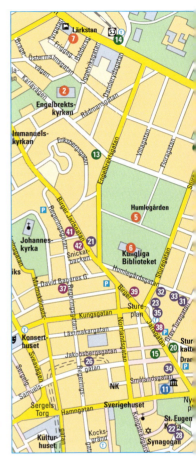

Im 19. Jh. wurde der Humlegården öffentlicher Park. Am oberen Parkende
gibt es einen riesigen Kinderspielplatz
sowie zwei Denkmäler: eine Statue der
Schriftstellerin und Frauenrechtlerin
Frederika Bremer (1801–1865) und auf
der Anhöhe »Floras kulle« eine Statue
des Chemikers Carl Wilhelm Scheele
(1724–1786), der den Sauerstoff, den
Stickstoff, das Chlor, Molybdän, Glyce-

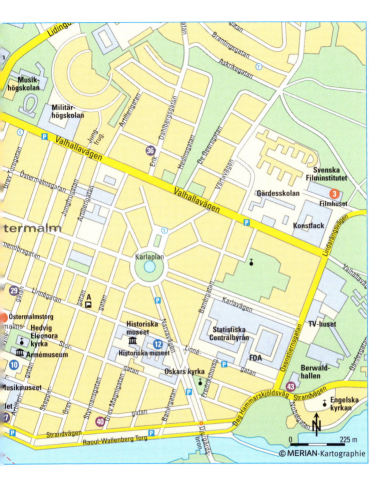

© MERIAN-Kartographie

rin und organische Säuren wie Wein-, Milch- und Oxalsäure entdeckte.

Zwischen Sturegatan und Engelbrektsgatan | U-Bahn: Östermalmstorg (d 3)

6 Kungliga biblioteket D 3/D 4

Die von Königin Christina begründete schwedische Nationalbibliothek war zuerst im Königlichen Schloss untergebracht. Ihr heutiges Gebäude im Hum-

legården im Stil der Neorenaissance wurde 1865 bis 1878 errichtet und mehrfach erweitert. Die Decke des großen Lesesaals, dessen ursprüngliche Einrichtung erhalten blieb, ruht auf Gusseisensäulen. In diesem Saal saß 1907 und 1910 der russische Revolutionär Wladimir Iljitsch Lenin. Von 1877 bis 1881 arbeitete der Schriftsteller August Strindberg an der Bibliothek. Im

Anbau finden wechselnde Ausstellungen statt.

Humlegården | U-Bahn: Östermalmstorg (c 3) | www.kb.se | Mo–Do 9–19, Fr 9–18, Sa 11–15 Uhr | Eintritt frei

🔴7 Lärkstan D 2

Dieser Stadtteil zwischen Östermalmsgatan, Odengatan, Valhallavägen und Uggleviksgatan wurde ab 1907 im Stil englischer Gartenstädte bebaut, wobei die Town Houses nicht höher als 11,5 m sein durften. Hier wohnte Paul Urban Bergström, der Besitzer des Warenhauses PUB, und Anders Sandrew, ein Filmmogul. In diesem feudalen Stadtteil befinden sich zahlreiche Botschaften, u. a. der Schweiz, Libyens, Estlands, Lettlands und des Iraks.

U-Bahn: Tekniska Högskolan (c 3)

🔴8 Östermalmstorg E 4

Der Platz wird auf der einen Seite von der Östermalms Saluhall, einer Markthalle, die 1885 bis 1889 vom Architekten des Nordischen Museums, Isak Gustaf Clason, errichtet wurde, und auf der anderen Seite von der Hedvig Eleonora kyrka begrenzt. Die gelb gestrichene Barockkirche wurde zwischen 1669 und 1737 von Jean de la Vallée und Göran J. Adelcrantz errichtet und nach der Frau von Karl X. Gustav benannt.

U-Bahn: Östermalmstorg (d 3)

🔴9 Stadion E 2

Die Arena für 27 000 Zuschauer wurde 1910 bis 1912 für die fünften Olympischen Sommerspiele erbaut. Von außen erinnert das Gebäude an eine mittelalterliche Stadtmauer. Im Park beim Stadion stehen zahlreiche Bronzeskulpturen, die Sportler darstellen.

Valhallavägen 95 | U-Bahn: Stadion (d 3) | Besichtigung bei Konzerten oder bei Spielen der Elf der Djurgården IF

MUSEEN UND GALERIEN

🔟 **Armémuseum** ▸ S. 138
⓫ **Hallwylska museet** ▸ S. 140
⓬ **Historiska museet** ▸ S. 141

ESSEN UND TRINKEN

RESTAURANTS

⓭ Divino D 3

Nobelitaliener – Das Essen schmeckt »göttlich«, das Ambiente ist schick.

Karlavägen 28 | U-Bahn: Tekniska Högskolan (d 3) | Tel. 6 11 02 69 | www.divino.se | Mo–Sa 18–23 Uhr | €€€€

⓮ Östra Station Järnvägs-restaurang D 2

Schwedische Hausmannskost – Klassisches Bahnhofsrestaurant, das bereits seit 1935 existiert und gerne von Architekten aufgesucht wird.

Valhallavägen 77 | U-Bahn: Tekniska högskolan (d 3) | Tel. 6 12 00 14 | www.hotorgshallen.se | tgl. 8–22 Uhr | €€

⓯ Prinsen E 4

Kunst an den Wänden – Künstlerlokal mit schwedischer und französischer Küche. Sehr gut sind die Steaks auf dem Holzbrett.

Mäster Samuelsgatan 4 | U-Bahn: Östermalmstorg (d 3) | Tel. 6 11 13 31 | www.restaurangprinsen.se | Mo–Fr 11–23.30, Sa, So 13–23.30 Uhr | €€€

⓰ Proviant ▸ S. 28

⓱ Tysta Mari E 4

Angenehmes Ambiente – Sehr günstiges Fischrestaurant in der Östermalms

Saluhall. Vor allem die Fischsuppe wird hoch gelobt, auch leckere Sandwiches.
Östermalmstorg | U-Bahn: Östermalmstorg (d 3) | Tel. 6 67 58 51 | www.melanders.se | Mo–Fr 11–18, Sa 11–16, Frühstück ab 9.30 Uhr | €

18 Undici E 3

Crossover – Hier werden Rohwaren aus Norrland zu feinen italienischen Gerichten verarbeitet.
Grev Turegatan 30 | U-Bahn: Östermalmstorg (d 3) | Tel. 6 61 66 17 | www.undici.se | Di–Do 17–24, Fr 16–2, Sa 18–2 Uhr | €€€€

CAFÉS

19 Pauli-Café E 4

Beste Aussicht – Café des Dramaten. Im Sommer sitzen Sie auf dem Balkon über dem Entree.

Nybroviken | U-Bahn: Kungsträdgården (d 3) | Tel. 6 65 61 43 | www.dramaten.se | Mo–Fr 11.30–14.30 Uhr, abends zur Vorstellung

20 Sturekatten E 4

Traditionsreich – Klassische schwedische Backwaren. Im Sommer Tische auf dem Hof.
Riddargatan 4 | U-Bahn: Östermalmstorg (d 3) | Mo–Fr 8–20, Sa 9–18, So 11–18 Uhr

EINKAUFEN

ANTIQUARIATE
21 Rönnells Antikvariat ▶ S. 35

ANTIQUITÄTEN
22 Bukowskis E 4

Das führende schwedische Auktionshaus wurde 1870 von dem Polen Hen-

Im vornehmen, 1908 eingeweihten Jugendstilbau des Dramaten (▶ S. 95) sind allein fünf Bühnen untergebracht, die größte bringt es auf rund 770 Sitzplätze.

ryk Bukowski gegründet. Eine der wichtigsten Auktionen war die der Sammlungen von Karl XV. im Jahr 1873. Hier können Sie Fotos von Cindy Sherman und Richard Newton, aber auch Gemälde der schwedischen Meister Anders Zorn und Bruno Liljefors ersteigern.

Berzelii park 1 | U-Bahn: Kungsträdgården (d 3) | www.bukowskis.com

BÜCHER
23 Hedengrens Bokhandel ▸ S. 36

DELIKATESSEN
24 Östermalms Saluhall ▸ S. 36

DESIGN
25 DesignTorget ▸ S. 36

EINKAUFSZENTREN
26 Mood 🚩   📖 D 4

Stockholms neuestes Edel-Shoppingcenter im Herzen der City nimmt einen ganzen Häuserblock ein und wird von den Straßen Regeringsgatan, Jakobsbergsgatan, Norrlandsgatan und Mäster Samuelsgatan begrenzt. Hier können Sie schicke dänische Designerkleidung kaufen oder sich mit Freunden zum Mittagessen verabreden.

Bus 69: Kungsträdgården | www.mood stockholm.se | Mo–Fr 10–20, Sa 10–18, So 11–18 Uhr

EINRICHTUNG
27 Carl Malmsten 📖 E 4

Der Möbeldesigner Malmsten erlebte seinen Durchbruch im Jahr 1916 mit einem Stuhlentwurf für das Stadshus am Riddarfjärden. Im Nachbarladen Svenskt Tenn, dem gediegensten Einrichtungshaus Stockholms, bekommen

Sie Textilien des österreichischen Designers Josef Frank, der 1933 als Jude nach Schweden emigrierte.

Strandvägen 5 B | U-Bahn: Östermalmstorg (d 3) | www.malmsten.se, www.svenskttenn.se

JUWELIERE
28 Nutida Svenskt Silver 📖 E 4

Neueres schwedisches Silberdesign, die Arbeiten von 60 Silberschmieden können hier erworben werden, der Schmuck ist teilweise auch aus Eisen, Stahl, Aluminium und Titan.

Arsenalsgatan 3 | U-Bahn: Kungsträdgården (d 3) | www.nutida.nu

KAFFEE UND TEE
29 Sibyllans Kaffe och Tehandel
📖 E 3

Überaus vielseitiges Angebot. Schon allein wegen der altmodischen Einrichtung (das Geschäft existiert seit 1916) ist diese Fundgrube einen Besuch wert.

Sibyllegatan 35 | U-Bahn: Östermalmstorg (d 3) | www.sibyllans.se

LEDERWAREN
30 Palmgrens 📖 E 4

Edle Lederartikel werden hier seit 1896 hergestellt. Königlicher Hoflieferant.

Sybillegatan 7 | U-Bahn: Östermalmstorg (d 3) | www.palmgrens.se

MODE
31 Anna Holtblad 📖 E 4

Exklusive Strickmode und handgenähte Kleider. Der Laden wurde von Schwedens führendem Innenarchitekten Thomas Sandell gestaltet.

Grev Turegatan 13 | U-Bahn: Östermalmstorg (d 3) | www.annaholtblad.com

32 Eton Brand Store ⚓ E 3

Im Stockwerk über dem Nobelhemden-Laden entwirft Chefdesigner Sebastian Dollinger die nächste Kollektion.

Sturegatan 8 | U-Bahn: Östermalms-torg | www.etonshirts.com

33 Odd Molly ⚓ E 3

Schwedisches, folkloreinspiriertes Label, das Designerin Karin Jimfelt-Ghatan 2002 gründete. Charakteristisch sind Stickereien und auffällige Muster.

Humlegårdsgatan 13 | U-Bahn: Östermalmstorg | www.oddmolly.com

PASSAGEN

34 Birger Jarlspassage ⚓ E 4

Diese älteste Passage Stockholms entstand 1894 bis 1897 und erinnert an die Burlington Arcade in London.

Zwischen Birger Jarlsgatan und Smålandsgatan | U-Bahn: Östermalmstorg (d 3)

35 Sturegallerian ⚓ E 4

Luxuriöse Passage mit gepflegten Lokalen, der mehrsprachigen Buchhandlung Hedengren und dem Nobelspa Sturebadet.

Stureplan | U-Bahn: Östermalmstorg (d 3) | www.sturegallerian.se

SCHOKOLADE

36 Ejes Chokladfabrik ⚓ F 3

Hier werden seit 1923 feinste Pralinen von Hand hergestellt. Die über 100 Pralinensorten wie Trüffel-, Nougat-, Marzipan- und Cremepralinen eignen sich auch gut als schöne und vor allem köstliche Souvenirs.

Erik Dahlbergsgatan 25, Gärdet | U-Bahn: Karlaplan (d 3) | www.ejes choklad.se | Aug. und So geschl.

KULTUR UND UNTERHALTUNG

BARS UND MUSIKCLUBS

37 Nalen ▸ S. 40

38 O-Bar ⚓ E 4

In einem Hinterzimmer oberhalb des Nobelrestaurants Sturehof. Große Tanzfläche, auch Liveauftritte.

Stureplan 2 | U-Bahn: Östermalmstorg (d 3) | www.sturehof.com, www.obaren. se | tgl. 17–2 Uhr | Mindestalter 23 Jahre

39 The Spy Bar ⚓ E 4

Einer der bekanntesten Nachtclubs Stockholms. Es ist ziemlich schwierig, überhaupt eingelassen zu werden.

Birger Jarlsgatan 20 | U-Bahn: Östermalmstorg (d 3) | www.spybar.se | Mi–Sa 22–5 Uhr

BOOTSAUSFLÜGE

40 Cinderella II ▸ S. 39

KINO

41 Sture ▸ S. 40

42 Zita ⚓ D 3

Dieses Kino von 1913 ist Stockholms ältestes Lichtspielhaus. Mit Café.

Birger Jarlsgatan 37 | U-Bahn: Östermalmstorg (d 3) | www.folketsbio.se/zita

KONZERTE

43 Berwaldhallen ⚓ F 4

In dieser in den Fels gesprengten Konzerthalle tritt das Radiosymphonieorchester auf, auch Kammerorchester.

Dag Hammarskjödsväg 3 | Bus 69: Berwaldhallen | Tel. 7 84 18 00 | www.sverigesradio.se/berwaldhallen

OPER UND THEATER

44 Dramaten ▸ S. 41

DJURGÅRDEN

*Die grüne Insel Djurgården ist Stockholms Naherholungsgebiet
Nummer eins: Ob Sie hier die Achterbahn heruntersausen, auf
Astrid Lindgrens Spuren wandern oder einfach auf lauschigen Wegen
über die Insel schlendern möchten, bleibt dabei Ihnen überlassen.*

Im 17. Jh. diente Djurgården (Tiergarten) König Karl XI. als Jagdrevier,
zur Freizeitinsel für die Städter entwickelte sie sich erst im 19. Jh. Füch-
sen, Rehen, Mardern und Hasen begegnen die Spaziergänger immer
noch, wenn sie auf dem weniger belebten Ostteil der Insel spazieren gehen. Daran, dass die Jagdinsel einst eingezäunt war, erinnert das schmiedeeiserne Blaue Tor, Blå Porten, wenige Schritte nach Überqueren der
Brücke Djurgårdsbron, welche die Insel mit Östermalm verbindet.
Im stadtnahen Westen der Insel liegen die wichtigsten Sehenswürdigkeiten und Attraktionen: das Vasamuseet (▶ S. 147), das 2012 mehr als eine
Million Besucher empfing, Skansen (▶ S. 144), das erste Freilichtmuseum
der Welt, die interaktive Spielewelt Junibacken, das Nordiska museet (▶
S. 144) mit seinen hervorragenden Sammlungen zur nordischen Volks-
kunde sowie der Vergnügungspark Gröna Lund (▶ S. 107).

◀ Picknick auf den idyllischen Fjäderholmsinseln (▶ S. 107) östlich von Djurgården.

Mit wenigen Ausnahmen war und
ist Djurgården als Wohn- oder Re-
präsentationsadresse den Super-
reichen und gesellschaftlich Etab-
lierten vorbehalten: Neben dem
Skansen in der Villa Ekarne, Sin-
gelbacken 21, residiert der deutsche Botschafter, nicht weit entfernt liegen
die italienische und die spanische Botschaft. Etwas weiter östlich, mit
Blick auf die Stockholmer Hafeneinfahrt, besitzt die Verlegerdynastie
Bonnier eine stattliche Villa, Nedre Manilla (Djurgårdsvägen 230). Hier
waren schon alle Größen des schwedischen Geisteslebens zu Gast, wie die
Schriftstellerinnen Selma Lagerlöf und Kerstin Ekman sowie der Maler
Carl Larsson. Wenige Spazierminuten entfernt auf einer kleinen Halbinsel
liegt Täcka Udden, ein prachtvolles schlossartiges Gebäude, das sich im
Besitz der Unternehmerfamilie Wallenberg (u. a. Grand Hôtel) befindet.
Am stilleren östlichen Ende von Djurgården baute sich der Bankier
Ernest Thiel zu Beginn des 20. Jh. eine Villa, die jetzige Thielska galleriet
(▶ S. 147), in der auch seine wertvolle Kunstsammlung (u. a. die größte
Munch-Sammlung außerhalb Norwegens) Platz fand. Von hier aus ist es
nur einen Steinwurf weit zum Blockhusudden, dem östlichsten Punkt
Stockholms mit einem hübschen Blick auf die Fjäderholmsinseln.

KÖNIGLICHE SOMMERRESIDENZEN

Natürlich ist auch das Königshaus auf Djurgården präsent: Die stadtnahe
und dennoch idyllisch abgeschiedene Sommerresidenz des ersten Bernadotte, Karl XIV. Johan, das Schlösschen Rosendal , ist heute Museum. Der
Malerprinz Eugen (1867–1947), der jüngste Sohn Oscar II. und seiner
deutschen Frau Sofia von Nassau, ließ sich neben einer pittoresken Öl-
mühle die große Villa **Prins Eugens** Waldemarsudde (▶ S. 144) mit Atelier
errichten, die er später um einen Anbau für seine große Sammlung skandinavischer Kunst des späten 19. und frühen 20. Jh. erweiterte.
Jenseits des Djurgårdsbrunnskanals mit Blick auf Djurgården wohnt
Prinz Carl Philip, der nach Änderung des Thronfolgegesetzes 1980 und
der Geburt Prinzessin Estelles 2012 auf Platz drei der königlichen Anwär-
terliste rutschte und sich somit nicht für ein Schlösschen, sondern nur für
die Villa Solbacken aus dem Jahr 1930 qualifizierte.

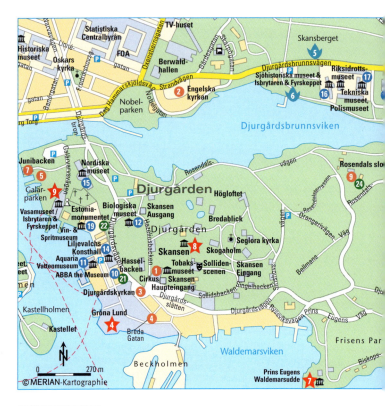

SEHENSWERTES

1 Cirkus 🏷 G 5

Mit 1700 Plätzen eines der wichtigsten Musical- und Revuetheater in Schweden. Das Gebäude wurde 1892 für Zirkus-Gastspiele errichtet.

Djurgårdsslätten 43–45 | Straßenbahn 7: Skansen, Fähre von Slussen | Tel. 6 60 10 20 | www.cirkus.se

2 Diplomatstaden 🏷 G 5

Die Diplomatenstadt auf der anderen Kanalseite besteht aus zwölf palastartigen Villen, die sich um die englische Kirche (Engelska kyrkan) gruppieren.

Die führenden Architekten der Zeit errichteten die noblen Wohnstätten zwischen 1913 und 1932. In der Villa Åkerlund (Nobelgatan 2) von 1932 residiert der amerikanische Botschafter Mark Brzezinski. Die Villa Geber (Nobelgatan 5) wurde vom Architekten des Stadshuset Ragnar Östberg für einen Bankier erbaut und wird auch heute noch privat genutzt. Die Ähnlichkeiten mit dem ebenfalls aus roten Ziegeln erbauten Stadshuset sind deutlich. Östberg entwarf auch die Villa Bonnier (Nobelgatan 13). Die Residenz des britischen Botschafters (Laboratoriegatan 8), 1914

bis 1915 von dem schottischen Architekten Sir Richard Allison geplant, war die einzige Villa, die bereits als Botschafterresidenz errichtet wurde. Alles andere waren ursprünglich Privathäuser schwedischer Industrieller. In einem Reiseführer von 1929 wird das Viertel folgendermaßen beschrieben: »Das hier ist Stockholm Millionärsviertel, und alles, was Geld und moderner Architekturgeschmack ausrichten können, hat hier eine Reicheleutestadt in mondäner und raffinierter Einfachheit geschaffen.« In unmittelbarer Nähe der Diplomatstaden liegen die

norwegische, deutsche, finnische und etliche weitere Botschaften.

Norra Djurgården | Dag Hammarskölds väg | Bus 69: Ambassaderna

❸ Djurgårdskyrkan F5

Das eher schlichte Holzgebäude, eine Donation des Reeders und Besitzers der Djurgårds-Werft, wurde im Jahr 1828 als Schulhaus errichtet und dient erst seit 1928 als Gotteshaus. Das goldgerahmte Altargemälde »Den signande solen« (»Die untergehende Sonne«) stammt vom Malerprinzen Eugen. Im Sommer wird im lauschigen Garten

Kaffee serviert. Der Frieden wird nur vom Kreischen der Fahrgeschäfte des benachbarten Gröna Lund gestört. Die Djurgårdskyrkan ist Teil der Oscars-Gemeinde in Östermalm.

Djurgårdsvägen 74 | Straßenbahn 7: Allmänna Gränd | www.oscarsforsamling. se | Di–So 12–15 Uhr

❹ Djurgårdsstaden   📍 F 5

Direkt am Wasser, östlich des Vergnügungsparks Gröna Lund, liegt das kleine, beschauliche Viertel Djurgårdsstaden mit seinen engen Gassen und schiefen Holzhäuschen. Hier lebten einst die Werftarbeiter der benachbarten Djurgårdsvarvet und die mit der Pechherstellung auf dem wenige Schritte entfernten Inselchen Beckholmen beschäftigten Arbeiter. Den Mittelpunkt des Quartiers bildet der **Skampålens torg**, benannt nach einem Schandpfahl in Form eines bronzenen Bootsmannes, an dem einst Übeltäter als warnendes Beispiel festgekettet wurden. In einer Herbstnacht 1894 verschwand die Figur auf unerklärliche Weise. Die von hier abzweigende Breda Gatan wartet mit vollkommen unzerstörter Architektur aus dem 19. Jh. auf. Sie mündet in die Långa Gatan. In dem kleinen roten Häuschen, das an Haus Nummer 12 kauert, lebte zu Zeiten, als es hier noch einen Seemannsfriedhof gab, der Totengräber.

❺ Estoniamonumentet   📍 F 5

Am 28. September 1997 wurde nach einigen Unstimmigkeiten zwischen den Angehörigen und dem Staatlichen Kunstrat die Gedenkstätte für die Opfer der Estonia-Katastrophe eröffnet. Genau drei Jahre zuvor war die erst 14 Jahre alte, von einer deutschen Werft gebaute Fähre auf dem Weg von Tallinn nach Stockholm gesunken, was 852 Menschen das Leben kostete. Drei stattliche Mauern, angeordnet in Form eines symbolischen Bugs, dessen Spitze sich zum Meer hin öffnet, tragen eingemeißelt die Namen fast aller Verstorbenen. Das zwischen dem Vasamuseum und dem ehemaligen Seemannsfriedhof gelegene Granitdenkmal wurde von dem polnischen Künstler Miroslaw Balka gestaltet.

Galärkyrkogården | Straßenbahn 7: Nordiska museet oder Fähre ab Nybroplan (nur im Sommer)

❻ Fjäderholmarna   📍 östl. K 4

Diese Inseln im Fjärd, in der Förde, sind ein Vorgeschmack auf die Schären und von der Stockholmer Innenstadt zügig per Schiff zu erreichen. Sie sind vom Blockhusudden auf Djurgården aus zu sehen. Von 1918 bis 1976 waren die Inseln im Besitz der Marine und Sperrgebiet. Seit 1982 sind sie Teil des **Nationalstadtparks Djurgården**. Zwischen der südlichen und der nördlichen Insel liegt der Halvkakssundet, der seinen Namen »Halbkuchensund« (ein Brot ist im Schwedischen ein brödkaka oder ein brödlimpa) dem Umstand verdankt, dass die Schärenbauern hier in früheren Zeiten auf dem Weg in die Stadt Rast machten und einen halben Brotlaib verzehrten. Heute gibt es auf dem Eiland zwei Restaurants, ein Café, eine Schmiede- und Töpferwerkstatt, eine Glashütte sowie eine Ausstellung älterer Schärenboote.

Im Lilla Värtan | Fähren verkehren von Slussen und Nybroviken (www.fjader holmslinjen.se, www.strommakanal

bolag.se), die Fahrtzeit beträgt etwa 25 Min. | www.fjaderholmarna.se | Mai–Anfang Sept. | Rückfahrkarte 120 SEK, Kinder 60 SEK

Gröna Lund   F 5

Stockholms Vergnügungspark liegt direkt am Wasser mit Blick auf die Insel Skeppsholmen. Seit 2009 gibt es die spektakuläre Achterbahn »Insane«, die den Fahrgästen den Angstschweiß auf die Stirn treibt, sowie ein Geisterhaus (Spökhuset) mit lebendigen Gespenstern. Seit 2013 bringt das in Österreich hergestellte Kettenkarussell »Eclipse« Wagemutige in die luftige Höhe von 121 m, aus der sie Stockholm aus der Vogelperspektive betrachten können. Für die gefährlicheren Karussells und Achterbahnen muss man mindestens 140 cm groß sein.

Straßenbahn 7: Allmänna Gränd | www.gronalund.com | Ende Mai–Ende Juni Do–Sa 11–23, So 12–20, Ende Juni–Mitte Aug. Mo–Fr 12–22, Sa 11–23, So 11–22, Ende Aug.–Anfang Sept. Do–Fr 15–23, Sa 11–23, So 12–20 Uhr | Eintritt 100 SEK, Kinder unter 7 Jahren frei; Åkband-Ticket (= unbegrenzt Fahrgeschäfte nutzen) 310 SEK

❼ Junibacken   F 4

Hier können Sie von einer kleinen Bahn aus die Welt **Astrid Lindgrens** kennenlernen. Ein eher kostspieliges Vergnügen und dennoch ist der Andrang groß. In der Buchhandlung werden die Werke Astrid Lindgrens auch auf Deutsch verkauft, falls Sie sich nicht bereits vor der Reise eingedeckt haben. Wechselnde Ausstellungen widmen sich dem Werk anderer Kinder-

Der Vergnügungspark Gröna Lund (▶ MERIAN TopTen, S. 106): Hier traten und treten die Popgrößen dieser Welt auf, natürlich auch ABBA.

und Jugendbuchautoren, zuletzt war Martin Widmark an der Reihe. Vor dem Museum steht eine etwas altbacken wirkende Skulptur der Schriftstellerin (1996, Herta Hillfon), die diese in einem Lehnstuhl zeigt. Auf der Armlehne sitzt eine Friedenstaube.

Astrid Lindgren wurde noch zu Lebzeiten zur bedeutendsten schwedischen Persönlichkeit des 20. Jh. gewählt, was sie zu der Bemerkung veranlasste: »Ich habe sogar August Strindberg geschlagen. Das war nicht nett. Er hat zweifellos gewisse Dinge vollbracht, sodass ich nichts Unvorteilhaftes über ihn sagen kann.«

Galärparken | Straßenbahn 7: Junibacken, Nordiska Museet, Vasamuseet, Djurgårdsbron; Fähre ab Slussen und Nybrokajen (Sommer) | www.junibacken. se | Jan.–April, Sept.–Dez. Di–So 10–17, Juni tgl. 10–17, Juli tgl. 9–18 Uhr | Eintritt 145 SEK, Kinder 125 SEK

Drachen im Wind

Haben die lieben Kleinen keine Lust mehr auf Museumsbesuche? Auf der riesigen baumlosen Grünzone Gärdet können Kinder Drachen steigen lassen und sich dabei wunderbar austoben (▸ S. 13).

Kaknästornet　　　🏴 H 4

Der 155 m hohe Fernsehturm wurde 1967 eingeweiht. Vom Restaurant und den beiden Aussichtsterrassen aus bietet sich ein atemberaubender Blick über Djurgården, Gamla Stan und die Innenstadt.

Gärdet, Mörka Kroken 28 | Bus 69: Kaknästornet | www.kaknastornet.se |

Jan.–Mai, Sept.–Nov. Mo–Sa 10–21, So 10–18, Juni–Aug. tgl. 9–22, Dez. tgl. 10–21 Uhr | Eintritt 50 SEK, Kinder 20 SEK

9 Rosendals slott　　　🏴 H 4

Das erste und vermutlich einzige Fertighaus-Schloss der Welt (aus mit verputztem Backstein verkleideten Holzteilen). Es wurde 1823 bis 1827 von dem Festungsbaumeister Fredrik Blom für Karl XIV. Johan und seine Frau Desirée erbaut. Eingerichtet ist das Schloss im Empirestil, das Esszimmer ist dem Zelt eines Feldmarschalls nachempfunden. Auf Initiative Prinz Eugens wurde das Schloss 1813 zum Museum.

Im **Park** steht eine große Porphyrschale aus Älvdalen (in Dalarna). Karl XIV. Johan hatte dort 1817 einen Steinbruch und eine Schleiferei erworben. Porphyr wurde bereits von den Pharaonen verwendet und galt als Ewigkeitsmaterial. Auch der Sarkophag Karl XIV. Johan in der Riddarholmskyrkan ist aus Älvdalen-Porphyr gefertigt.

Rosendalsvägen | Straßenbahn 7: Skansen | www.kungahuset.se | Juni–Aug. Di–So Führungen um 12, 13, 14 und 15 Uhr, Mai und Sept. nur Sa, So | Eintritt 80 SEK, Kinder 40 SEK

MUSEEN UND GALERIEN

 **Thielska galleriet** ▸ S. 147
 Vasamuseet ▸ S. 147
19 Vin- & Spritmuseum ▸ S. 147

Badespaß ganz ohne Bademeister **6**

Mitten in der Stadt bei den ungenutzten Anlegestegen unterhalb des Sjöhistoriska museet kann man bei Sommerhitze einfach einen Sprung ins kühle Nass tun (▸ S. 14).

ESSEN UND TRINKEN

RESTAURANTS

20 Djurgårdsbrunns Wärdshus J 4

Schwedisch-mediterran – Schön am Djurgårdsbrunnskanal gelegenes Restaurant mit schwedischen Klassikern und mediterran inspirierten Gerichten.
Djurgårdsbrunnsvägen 68 | Bus 69: Djurgårdsbrunn | Tel. 6 24 22 00 | www.djurgardsbrunn.com | im Winter abends, im Sommer mittags und abends geöffnet | €€€

21 Melody Wine & Food F 5

Weine aus Übersee – Dieses Restaurant gehört zum neuen ABBA-Museum. Amerikanische Weine, Hummersalat und erstklassiges Entrecote.
Djurgårdsvägen 68 | Tel. 50 25 41 40 | www.melody.se | tgl. 12–15 und 17–22 Uhr | €€€€

22 Oaxen F 5

Kreative Schweden – Das Edelrestaurant des international erfolgreichen Kochduos Agneta Green und Magnus Ek bietet »cuisine suedoise« mit internationalem Twist. Bodenständiger ist das Angebot im Bistroteil Oaxen Slip.

Djurgårdsvägen 26 | Straßenbahn 7: Skansen | Tel. 55 15 31 05 | www.oaxen. com | Restaurant Di–So 18–21, Bistro Di–So 12–16, Sa–So 12–16 (Brunch), Di–Sa 17–21.30, So, Mo 17–21 Uhr | €€€€

CAFÉS

23 Café Kruthuset K 4

Aussicht in die Schären – Auf dem Werftgelände des zweitältesten Segelvereins Stockholms liegt dieses schlichte, nette Café in einem ehemaligen Pulverturm aus dem 17. Jh.

🕐 Donnerstags warten einfachere Lokale traditionell mit Erbsensuppe und süßen Pfannkuchen auf: billig, lecker und sehr schwedisch!
Hunduddsvägen | Bus 69: Isbladskärret, von dort ausgeschildert | Mi–So 10–17 Uhr

24 Rosendals trädgård H 5

Immer gut besucht – Café im Gewächshaus, gleich neben dem Lustschlösschen Rosendal in den ehemals königlichen Jagdgebieten gelegen.
Rosendalsterrassen 12 | Straßenbahn 7: Skansen | Sommer tgl. 11–17, Winter Di–Fr 11–17 Uhr

Entspannter Spaziergang fernab des Trubels **7**

Wenn an einem sonnigen Tag auf Djurgården zu viel los ist, auf der Festlandseite bleiben und am Kanal entlang ostwärts zum idyllisch gelegenen Café des »Stockholms roddförening« schlendern (▸ S. 14).
Lidovägen 22 | Bus 69: Djurgårdsbrunn | Café nur bei gutem Wetter geöffnet

SÖDERMALM

Die größte Insel Stockholms, einst verrufener Arbeiterstadtteil und Slum, ist heute hip und jung. Hier liegt das trendige »Sofo« (»South of Folkungagatan«, eine selbstironische Anlehnung an Soho) mit Stockholms regstem Kneipen- und Nachtleben.

Aufgrund ihrer steigungsreichen Höhenlage galten viele Teile der Insel Södermalm noch bis weit ins letzte Jahrhundert hinein als recht unattraktive Randgebiete.

In diesen wohnte und arbeitete anfangs vor allem, wer sich nichts Besseres leisten konnte: Fabrikarbeiter, Handwerker und später auch Künstler. Auch was andernorts nicht erwünscht war, wie z. B. übelriechende Gerbereien, Totengräber und Scharfrichter, war hier anzutreffen. Ein Vertreter letzterer Zunft war der zur Gewalt neigende Meister Mikael, dem sein Beruf zum Verhängnis wurde, als er außerdienstlich einen Mann umbrachte. So fand auch er den Tod durch das Beil, erlangte aber dank der nach ihm benannten Mäster Mikaels Gata Unsterblichkeit.

Auch viele andere Namen wie Kvastmakartrappan (Besenbindertreppe), Krukmakargatan (Krugmacherstraße) und Fiskargatan (Fischerstraße)

◀ Södermalm (▶ S. 113), einst Armeleutequartier, ist heute junges Wohnviertel.

erinnern an die weniger glamouröse, aber heutzutage gerne romantisch verklärte Vergangenheit Södermalms. Ironie des Schicksals ist, dass der lange anhaltende schlechte Ruf des Stockholmer Südens zur Folge hatte, dass er vielerorts von der Bau- und Abrisswut der 1880er-, 1950er- und 1960er-Jahre verschont blieb. So gibt es für jeden interessierten Besucher Södermalms eine erfreuliche Anzahl schiefer roter und grauer Holzhäuschen in holprigen Gassen und idyllischen Gärtchen zu entdecken. Die ehemaligen Elendshütten haben sich in Stockholms begehrteste Adressen verwandelt und werden von der städtischen Behörde Stadsholmen sorgsam gepflegt.

Eine weitere historische Erscheinung sind die Malmgårdar (»Sand-/Geröllhöfe«) aus dem 17. und 18. Jh., herrschaftliche Sommerhäuser, die sich wohlhabende Bürger und Adelige in (einst) unberührter Natur erbauten.

SEHENSWERTES

❶ Galleri Kontrast D 6

Ehemaliges Banklokal (das Bankaktiebolaget Stockholm Ofre Norrland von 1909) im nationalromantischen Stil, im Tresorgewölbe stellen führende schwedische Fotografen aus. Hier können Sie für 2500 SEK auch einen Originalabzug des Astrid-Lindgren-Porträts von Lars Forsell erwerben. Preiswerter ist ein Fotobildband.

Hornsgatan 8 | U-Bahn: Slussen (c 4) | www.gallerikontrast.se | Di–Fr 12–18, Sa, So 12–16 Uhr | Eintritt frei

Globen Arena südl. E 6

Moderne Vielzweckarena, die die Stadtsilhouette des Stockholmer Südens dominiert. Mehr als 3000 Veranstaltungen finden hier jährlich statt.

Das kugelrunde Gebäude ist 85 m hoch und hat einen Durchmesser von 110 m. Seit 2009 gibt es die außergewöhnliche Möglichkeit, mit gläsernen Gondeln, dem **Skyview**, an der Außenwand des größten kugelförmigen Gebäudes der Welt nach oben zu fahren und tolle Ausblicke über die Stadt zu genießen. Online-Reservierung möglich.

Johanneshov | Globentorget | U-Bahn: Globen (c 4) | www.globearenas.se | Skyview: in der Hauptsaison tgl. 9–21 Uhr | Fahrpreis 145 SEK, Kinder (4–12 Jahre) 100 SEK

❷ Groens Malmgård südl. E 6

Am Fuße des Vita-Bergen-Hügels, eingebettet in einen üppigen Garten, liegt die stattliche gelbe Sommerresidenz des Weinhändlers Werner Groen aus

dem späten 17. Jh. Im Rahmen eines sozialtherapeutischen Projekts wird in dieser Oase mit alten Obstbäumen, Gemüsebeeten und Rosen eine Gärtnerei (bio-dynamisch) betrieben. Wenn mit dem Blühen der Magnolie die Anbausaison Mitte Mai beginnt, öffnet hier ein kleines Café seine Türen.
Malmgårdsvägen 53 | U-Bahn: Skanstull (c 4) | Mitte Mai–Juni und August bis Frost jeweils Mi–Fr 11–15 Uhr, an Adventwochenenden Weihnachtsmarkt

3 Katarina kyrka ⚓ E 6
Die älteste Barockkirche Stockholms (1695 fertiggestellt) brannte 1990 (zum zweiten Mal) ab. Der sorgfältige Wiederaufbau nahm fünf Jahre in Anspruch. Auf dem lauschigen Friedhof hinter der Kirche ist die ehemalige Außenministerin Anna Lindh beigesetzt, die 2003 einem Attentat zum Opfer fiel.
Högbergsgatan 15 | U-Bahn: Medborgarplatsen (c 4) | www.svenskakyrkan.se/katarina | Mo–Sa 11–17, So 10–17 Uhr

5 Långholmen ⚓ A 6/B 6
Zwischen den Stadtteilen Södermalm und Kungsholmen im Schatten der mächtigen Brücke Västerbron liegt die kleine, sehr grüne Insel Långholmen. Trotz ihrer zentralen Lage ist sie nur

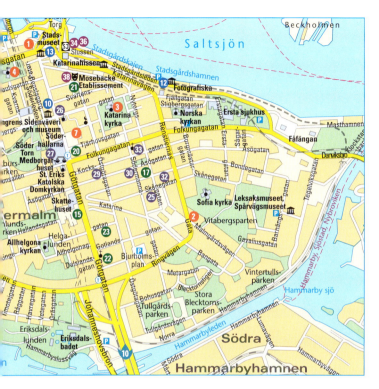

spärlich besiedelt. Das ist auf ihre etwas düstere Vergangenheit zurückzuführen. Seit Mitte des 18. Jh. diente sie als Gefängnisinsel und behielt diese Funktion bis 1975 bei. Trotzdem oder vielleicht gerade deswegen bietet sich hier ein Naturidyll inmitten der Großstadt. Von den Stockholmern wird Långholmen vor allem als Bade- und Freizeitinsel geschätzt. Der einstige Gefängniskomplex wurde mittlerweile zu Hotel, Jugendherberge, Konferenzzentrum, und Museum (zu sehen ist eine Puppe, die in einer originalgetreu eingerichteten Zelle sitzt, tgl. 11–16 Uhr) umfunktioniert.

Im **Centralfängelse** (Zentralgefängnis) saßen unter anderem 1942 der deutsche Politiker Herbert Wehner (wegen angeblicher geheimdienstlicher Tätigkeit) und 1973 der prominente Journa-

Boatspotting

Maritim interessiert? Im Frühling, wenn die Stockholmer ihre Boote herrichten, kommt man bei den Bootclubs am Årstaviken oder Långholmen mit den Besitzern ganz ungezwungen ins Gespräch über ihr Lieblingshobby (▸ S. 14).

list und Autor Jan Guillou (10 Monate für angebliche Spionage) ein.

U-Bahn: Hornstull (c 4), von dort zum Ufer und über die kleine Brücke Långholmsbron, die früher »Suckarnas bro« (Seufzerbrücke) genannt wurde.

4 Maria Magdalena kyrka D 6

Bereits seit dem 14. Jh. stand hier eine Kirche, der heutige Bau geht jedoch auf Johan III., einen Sohn Gustav Vasas, zurück. Ihre barocke Gestalt mit dem kreuzförmigen Grundriss wurde von Schlossbaumeister Nicodemus Tessin d. Ä. konzipiert. An der Nordseite des Chors erinnert eine Gedenktafel an den Wissenschaftler und Erfinder Christopher Polhem, einem Mitglied der Gemeinde. Einen Steinwurf vom Westportal entfernt ist der berühmteste Dichter der schwedischen Romantik, der von der Insel Öland stammende Erik Johan Stagnelius, beigesetzt, dessen Gedichte 2013 von Klaus-Jürgen Liedtke vorbildlich ins Deutsche übertragen wurden.

Hornsgatan 17 | U-Bahn: Mariatorget (c 4) | www.svenskakyrkan.se/maria magdalena | Mo, Di, Do und Fr 9–12 und 13–15, Mi 9–12 Uhr

5 Mariatorget D 6

Zentraler Platz des Stadtteils, dessen Mittelpunkt der Brunnen »Tors Fischfang« von 1903 bildet. Er wurde aufgestellt, als der Mariatorget von einem Marktplatz in eine Parkanlage umgewandelt wurde. Eine Büste erinnert an den Visionär Emanuel Swedenborg, der von 1743 bis zu seinem Tod 1772 an der Hornsgatan wohnte (Nr. 41, das Anwesen steht nicht mehr). Das Gartenhaus, in dem Swedenborg seine Vi

sionen hatte, befindet sich heute im Freilichtmuseum Skansen. Auf der Ostseite des Platzes liegt das Kino Rival von 1937, das inzwischen zum gleichnamigen Hotel gehört.

U-Bahn: Mariatorget (c 4)

Hering mit Aussicht 9

Ein Fischbrötchen am Mälartorget erstanden und sportlich den Berg erklommen – ein Picknick auf einer Bank am Monteliusweg mit Panoramablick über Stadt, Mälarsee und Meer lohnt die kleine Anstrengung allemal (▸ S. 14).

6 Monteliusvägen D 6

Nach dem Historiker Oscar Montelius (1843–1921) benannter, 1998 erbauter Aussichtsweg, der teilweise über Treppen auf einer Holzkonstruktion verläuft (Achtung! Der Weg wird im Winter nicht geräumt und gestreut). Er beginnt auf der Bastugatan hinter dem »Laurinska huset« (oder »Mälarschloss«) mit rundem Eckturm von 1892, das nach dem Kunsthistoriker Carl Gustaf Laurin benannt wurde. Es bietet sich ein atemberaubender Blick auf Kungsholmen, das Stadshuset und die Gamla Stan. Der Weg führt unterhalb des Ivar Los park entlang und hinter dem Kindergarten (Barnstuga) auf der Kattgränd (Katzengasse) zurück auf die Bastugatan.

U-Bahn: Mariatorget (c 4), Endpunkt U-Bahn: Zinkensdamm (c 4)

7 Moskén E 6

Die oberhalb des Medborgarplatsen gelegene Moschee wurde 1903 vom Ar chitekten Ferdinand Boberg als ganz profanes Elektrizitätswerk erbaut. Der andalusisch-marokkanische maurische Baustil erwies sich als sehr passend, als das Bauwerk umfunktioniert wurde. In der ehemaligen Maschinenhalle finden 2000 Gläubige Platz. Im recht spartanischen Restaurant im Untergeschoss der Moschee gibt es das beste Falafel Stockholms.

Kapellgränd 10 | U-Bahn: Medborgarplatsen (c 4) | www.ifstockholm.se | tgl. 12–17 Uhr

❽ Münchenbryggeriet C/D 6

Die ehemalige Brauerei (Pripps) dient heute als Messe- und Konferenzzentrum und beherbergt die Königlich Schwedische Ballettschule. Im Mälarsalen im siebten Stockwerk wird Tanzunterricht gegeben. Das imposante Neorenaissance-Gebäude aus rotem Backstein mit Treppengiebeln dominiert den Söder Mälarstrand. Um das Jahr 1900 war die Münchenbryggeriet (Münchner Brauerei) Schwedens größte Brauerei. Als der Betrieb 1971 in einen Vorort (nach Bromma) verlagert wurde, wurden 60 000 Flaschen Bier in der Stunde abgefüllt.

Torkel Knutssonsgatan 2 | U-Bahn: Mariatorget (c 4) | www.m-b.se | ° www.malarsalen.se

❾ Skinnarviksberget C 6

Mit seinen 53 m über dem Meeresspiegel ist der Berg die höchste Erhebung im Stockholmer Stadtgebiet. Von hier bietet sich eine grandiose Aussicht über den Stadtteil Kungsholmen. Bei den Stockholmern ist der gleichnamige Park als Picknickplatz sehr beliebt. Un-

Fast südländisch wirkt das Strandleben auf der kleinen Insel Långholmen (▶ S. 113), wenn es im schwedischen Sommer warm genug zum Baden und Sonnen ist.

terhalb am Söder Mälarstrand liegt die heute als Kulturzentrum genutzte Münchenbryggeriet.

Skinnarviksparken | U-Bahn: Zinkensdamm (c 4)

MUSEEN UND GALERIEN

10 Almgrens Sidenväveri och museum ▶ S. 137

11 Bellmanmuseet ▶ S. 138

12 Fotografiska ▶ S. 140

13 Stadsmuseet ▶ S. 146

ESSEN UND TRINKEN

RESTAURANTS

14 Indian Garden B 6

Asiatisch-ökologisch – Das beste indische Restaurant der Stadt wurde mehrfach ausgezeichnet. Hier wird nur Gemüse aus Bioanbau verarbeitet. Einen Ableger gibt es z. B. auf Kungsholmen.

Heleneborgsgatan 15 A | U-Bahn: Hornstull (c 4) | www.indiangarden.nu | Tel. 84 94 98 | Mo–Fr 16–23, Sa, So 14–23 Uhr | €€

15 Och himlen därtill & Imperiet südl. E 6

Beste Aussicht – Im obersten Stockwerk eines Hochhauses befinden sich eine Bar und ein Nobelrestaurant. Hier gibt es im Herbst Desserts aus Himbeere und Multebeere (Moosbeere).

Götgatan 78 | U-Bahn: Medborgarplatsen (c 4) | Tel. 6 60 60 68 | www.restauranghimlen.se | Mo–Do 17–1, Fr, Sa 16–3 Uhr | €€€€

CAFÉS

16 Café Cinnamon B 6

Verführerischer Duft – Hier werden die Zimtschnecken noch warm ser-

Im Mosebacke Etablissement (▶ S. 117) ist immer etwas los, vor allem im Sommer auf der Terrasse, der August Strindberg zu literarischen Weihen verhalf.

viert. Wer's lieber herzhaft mag, hält sich an die erstklassigen belegten Brote.

Verkstadsgatan 9 | U-Bahn: Hornstull (c 4)

⑰ Café String 🚩 E 6

Gemütlich entspannt – Hier sitzen Sie bequem auf etwas durchgesessenen Sofas. Frühstücksbüfett am Wochenende.

Nytorgsgatan 38 | U-Bahn: Medborgarplatsen (c 4) | www.cafestring.se

⑱ Konditori Chic 🚩 D 6

Deftige Spezialitäten – Eines der wenigen noch authentisch-altmodischen Cafés Stockholms. Hier erhalten Sie die Klassiker »Köttbullsmörgås« (belegtes Brot mit Fleischbällchen und Roter Bete in Mayonnaise) und »Räksmörgås« (Krabbenbrot).

Swedenborgsgatan 5 a (Ecke Mariatorget) | U-Bahn: Mariatorget (c 4) | Mo–Fr 8–18, Sa, So 10–16 Uhr

⑲ Lasse i Parken 🚩 B 6

Romantik pur – Einladendes Sommercafé in historischem Holzhaus am südlichen Ende der Västerbron (Brücke). Leichte Mittagsküche. Vor Weihnachten »Julbord« (nach Anmeldung).

Högalidsgatan 56 | U-Bahn: Hornstull (c 4) | www.lasseiparken.se | im Sommer und in der Vorweihnachtszeit

BARS UND KNEIPEN

⑳ Kvarnen 🚩 E 6

Traditionsreicher Bierkeller – Hier kommt reelle Hausmannskost auf den Tisch.

Tjärhovsgatan 4 | U-Bahn: Medborgarplatsen (c 4) | www.kvarnen.com | Mo–Di 11–24, Mi–Fr 11–3, Sa 12–3, So 12–24 Uhr

㉑ Mosebacke Etablissement 🚩 E 6

Literarische Weihen – Die Terrasse dieses Lokals hat August Strindberg im ersten Kapitel (»Stockholm aus der Vogelperspektive«) seines Romans »Das rote Zimmer« von 1879 verewigt. Konzerte und Comedy-Shows, Club. Im Sommer können Sie auf der Terrasse mit der schönsten Aussicht der Stadt ein Bier trinken. Großes Gedränge.

Mosebacke torg 1-3 | U-Bahn: Slussen (c 4) | www.sodrateatern.com

㉒ O'Learys 🚩 D 6

Klassische Sportbar – Hier gibt's Guinness vom Fass, kleine Gerichte und irische Heiterkeit.

Götgatan 11–13 | U-Bahn: Slussen (c 4) | www.olearys.se

㉓ Pelikanen ▸ S. 28

㉔ Söders Hjärta 🚩 D 6

Beliebter Treffpunkt – Das »Herz Södermalms« trägt seinen Namen zu Recht: Es ist nicht nur an Wochenenden immer gut besucht. Restaurant und Bar.

Bellmansgatan 22 B | U-Bahn: Mariatorget (c 4) | www.sodershjarta.se | Restaurant tgl. 17–24, Bar tgl. 17–1 Uhr

EINKAUFEN

DELIKATESSEN

㉕ Urban Deli 🚩 südl. E 6

Im Herzen »Sofos« gelegenes, erstklassiges (und teures) Feinkostgeschäft. Auch Restaurant. Ein paar Häuser weiter in der Skånegatan steht die eigene Bäckerei.

Nytorget 4 | U-Bahn: Medborgarplatsen (c 4) | www.urbandeli.org | So–Di 8–23, Mi, Do 8–24, Fr, Sa 8–1 Uhr

DESIGN
26 DesignTorget ▸ S. 36

EINKAUFSZENTREN
27 Söderhallarna 🔖 E 6
Moderne, großzügige Passage, auch Spezialitäten aus England gibt's hier.
U-Bahn: Medborgarplatsen (c 4) | www.soderhallarna.com
Weitere Einkaufszentren finden sich am Ringvägen, Ecke Götgatan (Ringen Centrum) und Hornstull.

EINRICHTUNG
28 Handtryckta tapeter 🔖 A 6
Mit den handbedruckten Tapeten, die in diesem Atelier hergestellt werden, werden Königshäuser, beispielsweise das Haga slott, und Museen beliefert.
Långholmen, Knaperstavägen 7 A | U-Bahn: Hornstull (c 4) | www.handtrycktatapeter.se | nach Vereinbarung

29 Stalands Möbler 🔖 E 6
Das größte Möbelhaus in der Stockholmer Innenstadt ist malerisch auf sieben Stockwerken einer ehemaligen Brauerei, der bis 1962 hier ansässigen Neumüllers Bryggeri, untergebracht. Bei Stalands können Sie die Stühle, Sessel und Sofas der berühmten schwedischen Möbeldesigner Bruno Mathsson und Carl Malmsten Probe sitzen.
Åsögatan 121 | U-Bahn: Medborgarplatsen (c 4) | www.stalands.se

MODE
30 Beyond Retro 🔖 E 6
Das Geschäft der englischen Kette im trendigen Sofo. Falls Sie auf eine Party eingeladen werden, für die Sie sich im Stil der 80er-Jahre verkleiden müssen, finden Sie hier das Passende.

Åsögatan 114 | U-Bahn: Medborgarplatsen (c 4) | www.beyondretro.com (weitere Läden in Södermalm in der Brännkyrkagatan 82, U-Bahn: Zinkensdamm, und in Norrmalm in der Drottninggatan 77, U-Bahn: Rådmansgatan)

31 Herr Judit 🔖 C 6
Seit 2005 das führende Geschäft für Vintage-Secondhand, auch Einrichtung. Extrem teuer. Einige Häuser weiter (Nr. 75) wird Damenmode verkauft.
Hornsgatan 65 | U-Bahn: Mariatorget (c 4) | www.herrjudit.se

32 Lisa Larsson 🔖 E 6
Hier werden Designerkleider in Kommission feilgeboten.
Bondegatan 48 | U-Bahn: Medborgarplatsen (c 4) | www.lisalarssonsecondhand.com

33 Tjallamalla 🔖 E 6
Mode und Accessoires. Kleine Label für den schwedischen Hipster und alle, die sich jung fühlen, z. B. T-Shirts des Designers Örjan Andersson.
Folkungagatan 86 | U-Bahn: Medborgarplatsen (c 4) | www.tjallamalla.com

KULTUR UND UNTERHALTUNG
BOOTSAUSFLÜGE
34 MS Vindhem ▸ S. 39

CLUBS
35 Marie Laveau 🔖 D 6
Einer der neuen Clubs auf Söder, Bar und Nachtclub. Hier legen bekannte DJs wie Dinamarco auf. Abwechslungsreiches Programm, auch Shows und Events. Das Restaurant ist auf amerikanische Südstaatenküche spezialisiert.

Hornsgatan 66 | U-Bahn: Mariatorget
(c 4) | www.marielaveau.se | Mo–Di
17–1, Mi–Sa 17–3 Uhr

36 Patricia ⚑ E 6

Partyschiff – Am Wochenende (Dress-
code!) kann man sich bis 5 Uhr morgens hier amüsieren, Sonntag ist Gay
Night.
Stadsgårdskajen 152 | U-Bahn: Slussen
(c 4) | www.patricia.st | Mi–Do 17–24,
Fr–So 18–5 Uhr

KINO

37 Bio Rio ⚑ B 6

Das einzige noch existierende Stadt-
teilkino in Stockholm. Sehr charmant.
Auch Liveübertragungen der Metropo-
litan Opera in New York.
Hornstullsstrand 3 | U-Bahn: Hornstull
(c 4) | www.biorio.se

KONZERTE

38 Södra Teatern ⚑ E 6

Sänger und Musiker aus allen Teilen
der Welt sind hier zu Gast. Hier tritt
beispielsweise auch die Britin Amy
Macdonald auf. Flamenco und portu-
giesischer Fado sind auf den verschiedenen Bühnen live zu erleben.
Mosebacke torg 1–3 | U-Bahn: Slussen
(c 4) | Tel. 55 69 72 30 | www.sodra
teatern.com

Trädgården – Sommer in der Stadt 10

Im Sommerclub bei der Autobahnbrücke Skanstullsbron wird schon
nachmittags draußen getanzt, man
kann aber auch eine ruhige (Boule-)
Kugel schieben (▶ S. 15).

Die Södra Bar im Södra Teatern (▶ S. 119) ist die kleinste Bühne des Theaters für ca. 250 Gäste. Von hier aus hat man einen tollen Blick über Stockholm.

Im Fokus
Die Wasserstadt Stockholm

*Nirgendwo ist die Stille so vollkommen wie in einer windlosen
Nacht in den Stockholmer Schären: spiegelglattes Wasser
in abgeschiedenen Buchten. Nichts lässt erahnen, dass nur wenige
Seemeilen entfernt das Nachtleben am Stureplan pulsiert.*

Stockholm, das Venedig des Nordens, verdankt seine Entstehung der Tatsache, dass sich an dieser Stelle Ostsee und Mälaren begegnen. Waren, die auf dem Seeweg nach Schweden gelangten, konnten hier umgeladen und ins Landesinnere transportiert werden. Die Lage am Wasser hat Stockholm durch die Jahrhunderte geprägt und stellt nach wie vor für Besucher wie auch für Einheimische einen der größten Vorzüge dieser Stadt dar.

TAUWERK UND SEGEL

Die einst so florierende Bootsbauerkunst und Werftindustrie ist fast gänzlich verschwunden, was sich davon in die postindustrielle Zeit hinübergerettet hat, gewährt dem nautisch interessierten Besucher spannende Einblicke. Auf der Insel Beckholmen, die ihren Namen dem Umstand verdankt, dass hier im 17. und 18. Jh. Teer (Pech) für die Werftindustrie im In- und Ausland gesiedet wurde, lassen sich drei gigantische Trockendocks bewundern. Eine Strandpromenade bietet einen hübschen Blick

◄ Die Stockholmer lieben die Schären (▸ S. 121),
ihr Freizeit- und Erholungsgebiet Nummer eins.

auf die Gewässer der Saltsjön und die dort vertäuten Holzboote. Im teer-
duftenden Råseglarhuset, dem Rahseglerhaus, auf der Insel Skeppsholmen (Schiffsinsel) bietet Pille Repmakaren schon seit Jahrzehnten Tau-
werk in größter Vielfalt feil, ein Stockwerk über ihm werden Segel genäht,
und eine Treppe weiter beliefert Pierre die Bootsbauer der Insel mit Farben, Holzölen und fachkundigen Ratschlägen. Wer im Råseglarhuset einen Blick aus dem Fenster wirft, schaut geradeaus auf das stattliche **Vasamuseet** 🟊 (▸ S. 147), Stockholms meistbesuchte Attraktion, in der das
stolzeste Zeugnis und gleichzeitig die größte Niederlage schwedischer
Seefahrt, das Kriegsschiff »Vasa«, das 1628 auf seiner Jungfernfahrt vor
der Insel Beckholmen sank, zu bestaunen ist. Links im Hintergrund liegen die prächtigen, auf vielen Postkarten verewigten Ketschen und Schoner am Strandvägen vertäut.

VIEL GELIEBTE SCHÄREN

Die große Zeit der marinen Industrie mag vorbei sein, aber umso reger
gestaltet sich das maritime Freizeitleben. Stockholm bereitet fast jeden
Sommer Regatten wie »Tall Ships Race« oder »Volvo Ocean Race« einen
würdigen Empfang. Doch vor allem in bescheidenerem Rahmen widmen
sich viele Stockholmer dem Segelsport. Zahlreiche Segelvereine gewähren Mitgliedern zu günstigen Bedingungen selbst in der Innenstadt Lie-
geplätze und Winterverwahrung. Das nautische Interesse hat eine ent-
sprechende Infrastruktur zur Folge: Seekarten, nautische Literatur,
Segelbekleidung, nautische Antiquitäten, Lenzpumpen, schwimmende
Tankstellen – alles findet sich in der Stockholmer Innenstadt. Sobald im
Sommer die Sonne scheint und der Südwestwind weht, können die se-
gelnden Stockholmer dem Ruf der Möwen nicht länger widerstehen und
streben ihren viel geliebten Schären entgegen. Nichts ist einfacher, als
zum Strömkajen zu spazieren, einen Schärendampfer zu besteigen und es
ihnen gleichzutun. Die Schärendampfer fahren vom Nybroviken (www.
stromma.se) oder vom Strömkajen (www.waxholmsbolaget.se) ab. Für
eine kurze Kostprobe kann man auch einfach die Fähre von Slussen nach
Djurgården nehmen. Kanus und Kajaks kann man u. a. am Brunnsviken
(Frescati; Frescati Hagväg 5) beim Brunnsviken Kanotklubb (www.bkk.
se) ausleihen. Die beste Segelschule, die ABC Seglarskola & Båtskola (Tel.
7 16 71 40; www.abcseglarskola.se), liegt in Saltsjö-Duvnäs.

KUNGSHOLMEN

*Das Stadshuset, eines der Wahrzeichen Stockholms,
prägt die Silhouette der »Königsinsel«. Im 15. Jh. von Mönchen
bewohnt, siedelte sich in späteren Zeiten Handwerk und
Industrie an, heute haben hier wichtige Behörden ihren Sitz.*

Der ehemalige Handwerker- und Arbeiterstadtteil Kungsholmen liegt im
Westen Stockholms. Wer den Touristenhorden der Kreuzfahrtschiffe im
Sommer entgehen möchte, kann die Uferpromenade Norr Mälarstrand
vom Stadshuset aus entlangflanieren. Seitdem die Industrie aus der
Stockholmer Innenstadt verbannt ist und die Kaianlagen öffentlich zugänglich wurden, ist es möglich, den gesamten Inselstadtteil zu umrunden, ein Spaziergang von 9 km. An Handwerk und Industrie erinnern nur
noch Straßennamen wie Hantverkargatan (Handwerkerstraße), Garvar-
gatan (Gerberstraße), Samuel Owens Gata, nach dem aus England einge-
wanderten Ingenieur, der in Schweden die ersten Dampfmaschinen her-
stellte, und Bolinders Plan nach Bolinders Mekaniska Verkstad (Bolinders
Mechanischer Werkstatt), einstmals einer der größten Arbeitgeber der
schwedischen Hauptstadt. Bei Bolinders wurden Gusseisenartikel (Brat-

◄ Auf Kungsholmen befindet sich das
Rathaus der Stadt, das Stadshuset (▶ S. 125).

pfannen, Spucknäpfe und Garten-
möbel) sowie Zweitakt-Rohölmo-
toren hergestellt. Nach wie vor hat
die ehemalige Kommunistische
Partei, die inzwischen Vänsterpar-
tiet (Linkspartei) heißt und sozia-
listische Positionen vertritt, in Kungsholmen in der Kungsgatan 84 ihr
Büro. Das wichtigste Gebäude Kungsholmens ist das Stadshuset, das Rathaus, in dem am 10. Dezember nach der Verleihung der Nobelpreise das
festliche Bankett stattfindet. Hier logiert die Stadtverwaltung. Die zentrale Behörde für den gesamten Bezirk Stockholm, Stockholms Läns Lands-
ting, ist in Landstingshuset, einem ehemaligen Garnisonskrankenhaus
aus dem frühen 19. Jh., ein paar Straßen vom Rathaus entfernt, untergebracht. Sie entscheidet über Fragen des Nahverkehrs und der Kranken-
und Altenpflege. Seit Jahren lautet die Losung, nicht unbedingt zur Freu-
de der Betroffenen, Privatisierung.

VON POLIZEI UND PRESSE

Allen Lesern schwedischer Kriminalromane ist Kungsholmen ein Begriff:
Hier liegt das Polizeipräsidium (Polishuset) der schwedischen Haupt-
stadt, in dem beispielsweise der Kriminaltechniker Ulf Holtz in den
Büchern Varg Gyllanders seinen Arbeitsplatz hat. Die Heldin der Autorin
Liza Marklund, die Kriminalreporterin Annika Bengtzon, arbeitet bei
der fiktiven Abendzeitung »Kvällspressen«, in der der Leser unschwer
»Expressen« erkennen kann. Diese Zeitung wird wie die größte schwedische Tageszeitung, die ebenfalls der Familie Bonnier gehörende »Dagens
Nyheter«, weiter westlich auf Kungsholmen in Marieberg produziert.
Haben Polizei und Staatsanwaltschaft erst einmal alle Beweise zusam-
mengetragen, dann nimmt auf Kungsholmen auch die Gerechtigkeit
ihren Lauf. In dem pompösen, burgähnlichen Gebäude an der Scheelega-
tan, das dem Polishuset gegenüberliegt und verwirrenderweise Rådhuset
heißt, befindet sich das Amtsgericht. Dass die Überführung der Verbre-
cher nicht immer gelingt, beweist der Mord an Ministerpräsident Olof
Palme 1981, der bis heute ungelöst ist. Aber nicht nur über Mord und
Totschlag wird im Rådhuset verhandelt, hier finden auch standesamtliche
Trauungen statt.

SEHENSWERTES

❶ Kronobergsparken　　　🚩 B 4

Dieser größte Park auf Kungsholmen wurde ab 1892 angelegt. Der Spielplatz bei der Feuerwache hatte, als er 1938 eröffnet wurde, als einer der ersten angestelltes Personal, was noch heute auf etliche »Parklekar« in Stockholm zutrifft. Mit 40,3 m befindet sich im Park der höchste Punkt des Stadtteils.

Zwischen Polhemsgatan, Bergsgatan, Kronobergsgatan und Parkgatan | U-Bahn: Rådhuset (c 3)

❷ Mosaiska begravningsplatsen Aronsberg　　　🚩 A 4

Der Graveur Aaron Isaac (1730–1816) aus Treuenbrietzen in Brandenburg war der erste Jude, der nach Schweden einwandern durfte. Er gründete die jüdische Gemeinde in Stockholm und beantragte 1776, einen Friedhof auf diesem damals noch sehr entlegenen Teil Kungsholmens anlegen zu dürfen. Der Friedhof wurde nach ihm Aronsberg benannt, und Isaac selbst liegt dort begraben. Die erste Beerdigung fand 1782 statt. Bis 1888 wurden 300 Menschen hier bestattet. Ein zweiter jüdischer Friedhof liegt ebenfalls auf Kungsholmen am Nordwestrand des Kronobergsparken.

Alströmergatan 22–34 | U-Bahn: Fridhemsplan (c 3)

❸ Rådhuset　　　🚩 C 4

Das mit seinem charakteristischen, mittelalterlich anmutenden Turm die Skyline von Kungsholmen dominierende Gebäude (1915 fertiggestellt) ist eines der wichtigsten Bauwerke der schwedischen Nationalromantik. Hier ist das Amtsgericht (»Tingsrätt«) un-

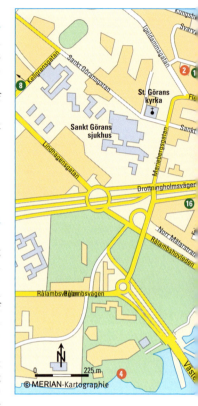

tergebracht, in dem alle Strafprozesse der Innenstadt und Lidingös (einer eigenen Gemeinde) verhandelt werden. Über dem Portal symbolisiert eine Skulptur Recht und Gesetz. Im Jahr 2013 wurde hier ein 54-jähriger schwedischer Staatsbürger wegen Völkermords in Ruanda zu lebenslänglicher Freiheitstrafe verurteilt (gegen das Urteil wurde Revision eingelegt). Im Innenhof des Gebäudes werden in einem Café belegte Brote serviert.

Scheelegatan 7 | U-Bahn: Rådhuset (c 3) | www.domstol.se

4 Smedsuddsbadet 🚶 ⚓ A5

Das beliebte Strandbad liegt unweit des
Rålambshovsparken (Spielplatz). In
dem gelben Holzhaus mit dem Kanu-
club befindet sich ein Café.

Kungsholmen | unterhalb der Väster-
bron am Riddarfjärden | U-Bahn: Frid-
hemsplan (c 3), 10 Min. Fußweg

5 Stadshuset ⚓ C5

Das Rathaus von Stockholm, heute
Wahrzeichen der Stadt, wurde 1911 bis
1923 von Ragnar Östberg auf dem Ost-
zipfel von Kungsholmen errichtet. Ins-

gesamt wurden 9 Mio. Ziegel verbaut.
Das Rathaus besitzt zwei Innenhöfe,
einer davon ist überdacht: In diesem
sogenannten **Blauen Saal** findet jedes
Jahr am 10. Dezember in Anwesenheit
des Königs der Empfang für die Nobelpreisträger statt. Berühmt ist auch der
prächtige **Goldene Saal** mit einem riesigen Mosaik von Einar Forseth, das
die Mälarkönigin zeigt. Von dem 106 m
hohen **Turm**, der von den drei Kronen
des Reichswappens gekrönt wird, hat
man einen wunderbaren Blick auf die
Stadt. An der Ausschmückung des

Bauwerks wirkten die bedeutendsten Künstler der Zeit mit. In das Grabmal an der Westfassade sollte der Gründer Stockholms Birger Jarl umgebettet werden. Er liegt jedoch weiterhin in der Klosterkirche von Varnhem in Västergötland begraben. Im **Stadshusparken** zwischen Gebäude und Mälaren stehen drei Skulpturen von Carl Eldh, Schriftsteller, Poet und Maler, die den Autor August Strindberg, den Dichter Gustaf Fröding und den Maler Ernst Josephson zeigen. Dass die drei Künstler ohne Kleider dargestellt waren, führte 1923 zu einem Skandal. Einer der Pfeiler der Arkaden zum Mälaren zeigt in einem Relief den Maler Carl Larsson.

Hantverkargatan 1 | U-Bahn: T-Centralen (c 3) | www.stockholm.se/cityhall | Führungen (stündl.) tgl. 10–14 Uhr | Ticket 100 SEK, Kinder (12–17 Jahre) 40 SEK

6 Ulrika Eleonora kyrka   ⚓ C 5

Die barocke Kirche, die auch Kungsholms kyrka heißt, wurde 1688 in Beisein von König Karl XI. und seiner Mutter, der Königinwitwe Ulrika Eleonora d. Ä., eingeweiht. Damals fehlte noch der Turm; die schönen Fenster, ein Geschenk der Glasbläsergilde, waren jedoch bereits vorhanden. Der Baumeister des Gotteshauses, Matthias Spihler, ist in der Kirche beigesetzt. Das kunstvolle Schmiedeeisengitter, das den Kirchhof umgibt, stiftete der Industrielle Samuel Owen 1818. Die Grabkapelle in der Südwestecke wurde 1766 für den 1739 verstorbenen Hans Lenman errichtet, der auf Kungsholmen eine Seilerei, eine Tabaksplantage und eine Segelweberei besaß.

Bergsgatan 1 | U-Bahn: Rådhuset (c 3) | www.svenskakyrkan.se/kungsholm

MUSEEN UND GALERIEN

7 Tullmuseet ▸ S. 147

ESSEN UND TRINKEN

RESTAURANTS

8 Indian Garden   ⚓ westl. A 4

Köstliche Currys – Mit einem Schwerpunkt auf vegetarischer Küche. In der Nähe des Karlbergskanalen.

Franzéngatan 50 | U-Bahn: Stadshagen (c 3) | Tel. 68 44 94 90, www.indian garden.nu | €€

9 Jebena   ⚓ B 4

Eritreanische Küche – Gerichte wie Jebena Kulwa, Zilzil, Kefto und Allicha zu günstigen Preisen.

Rådhusets T-Bana (in der U-Bahnstation) | U-Bahn: Rådhuset (c 3) | Tel. 6 50 42 50 | www.jebena.com | tgl. ab 14.30 Uhr | €

10 La Famiglia   ⚓ A 4

Hier aß schon Frank Sinatra – Eines der klassischen italienischen Restaurants Stockholms.

Alströmergatan 45 | U-Bahn: Fridhemsplan (c 3) | www.lafamiglia.nu | Sa und So nur abends geöffnet | €€€

11 Mamas & Tapas   ⚓ C 4/5

Tapas und Tapasmenüs – Eines der besseren spanischen Restaurants Stockholms.

Scheelegatan 3 | U-Bahn: Rådhuset (c 3) | Tel. 6 53 53 90 | www.tapas.nu | Mo–Fr ab 17, So ab 14 Uhr geöffnet | €€

12 Stadshuskällaren   ⚓ C 5

Tafeln wie die Nobelpreisträger | Der Ratskeller gehört zu den elegantesten und teuersten Lokalen Stockholms. Hier können Sie das Menü des Nobel-

Galadiners verkosten. Meeresfrüchte-
büfett im Herbst.

Stadshuset | Hantverkargatan 1 |
U-Bahn: T-Centralen (c 3) | Tel. 650
54 54 | www.profilrestauranger.se |
Mo–Fr 11.30–23, Sa 10–24 Uhr | €€€

CAFÉS

⑬ Bulleboden C 5

Kleines Café neben der Kirche – Die
auch hier angebotenen Zimtschnecken
sind fast so etwas wie ein schwedisches
Grundnahrungsmittel.

Parmmätargatan 7 | U-Bahn: T-Centralen
(c 3)

⑭ Café Frankfurt C 4

Leckeres Frühstück – Wie in Frankfurt
fühlt man sich in diesem Teil Kungsholmens eher nicht, aber der Kaffee ist
wunderbar.

Pipersgatan 24 | U-Bahn: Rådhuset (c 3)

⑮ Petite France B 5

Erstklassiges französisches Backwerk
– Das Lokal mit dem authentisch fran-
zösischen Flair gewann drei Jahre in
Folge den Goldenen Drachen, die Aus-
zeichnung der Tageszeitung »Dagens
Nyheter« für das beste Café.

John Ericssonsgatan 6 | U-Bahn: Råd-
huset (c 3) | www.petitefrance.se |
Mo–Fr 8–18, Sa–So 9–17 Uhr | €€

KNEIPEN

⑯ Löwenbräu A 4

Dieses Lokal lag früher im Klaraviertel
beim Hauptbahnhof und zog 1970 mit
den großen Zeitungen nach Kungsholmen um. Wen wundert's: Journalisten-
treff.

Fridhemsplan 29 | U-Bahn: Fridhems-
plan (c 3) | www.lowenbrau.nu

EINKAUFEN

BÜCHER

⑰ Ryös Antikvariat C 4

Das kleine Antiquariat, eines der älteren Stockholms, führt auch deutsche
Bücher.

Hantverkargatan 21 | U-Bahn: Rådhuset
(c 3) | www.ryo.se, www.antikvariat.net

DESIGN

⑱ DesignTorget ▸ S. 36

EINKAUFSZENTREN

⑲ Västermalmsgallerian B 4

Gut sortiertes Shoppingcenter. Viele
große Marken wie Björn Borg, H & M,
Noa Noa und der Kinderkleiderspezia-
list Polarn O. Pyret, dazu Lebensmittel
und internationale Presse.

Sankt Eriksgatan 45 | U-Bahn: Fridhems-
plan (c 3) | www.vastermalmsgallerian.
se

MODE

⑳ Engströms Trikåaffär C 4

In dem seit über 100 Jahren bestehenden Geschäft werden die altmodischen
und soliden Kleidungsstücke noch
über den Tresen verkauft. Sehenswert.

Scheelegatan 5 | U-Bahn: Rådhuset (c 3)

㉑ Georg Sörman B 4

Traditioneller Herrenausstatter, auch
Uniformen und Pfarrertalare. Das Geschäft wurde als drittes 1937 eröffnet,
die hübsche Neonreklame ist von 1938
und wurde vom Stadsmuseet mit einem Preis ausgezeichnet. Die beiden
ersten lagen in der Gamla Stan. Das
Geschäft wird heute von der Enkelin
Birgitta Sörman geführt.

Sankt Eriksgatan 41 | U-Bahn: Fridhems-
plan (c 3) | www.georgsorman.se

NICHT ZU VERGESSEN!

Im Stockholmer Umland können Sie unzählige Entdeckungen machen. Im Osten sind es die Schären, im Westen ist es der insel-reiche Mälarsee mit seinen unzähligen Buchten, dessen Ufer von romantischen Schlössern und Herrenhäusern gesäumt werden.

Teilweise gehen die Schlösser wie Skoklosters slott auf Klöster zurück. Auf der Insel Björkö im Mälaren entstand die erste größere Siedlung in der Stockholmer Region. Hier nahm die Christianisierung Schwedens ihren Anfang. Die alte Wikingerstadt Birka wurde zugunsten der neuen Siedlung Sigtuna aufgegeben.

In den Stockholmer Schären gibt es heute nur noch wenige Schärenbau-ern. Der Schriftsteller August Strindberg hat ihnen in seinen Romanen und Erzählungen ein Denkmal gesetzt. In seinen Texten erscheint diese Gegend wie aus der Welt gefallen, Gesetze gelten nicht, viele Fischer bes-sern ihre kargen Einkünfte mit Schmuggel auf. Den Eindruck des Aus-der-Welt-gefallen-Seins stellt sich mitunter noch heute ein.

Die Schären, heute besitzen die reichen Stockholmer hier Sommerhäuser, werden von Dampfern erschlossen, nach Saltsjöbaden (Salzmeerbad)

◄ Dieses Modell eines Wikingerdorfes ist im Birka-Museum (► S. 129) auf Björkö zu sehen.

kommt man jedoch auch mit der Vorortbahn Saltsjöbanan. Hier wohnten im Grand Hôtel der Schriftsteller Thomas Mann (in den 1930er-Jahren) sowie der Sänger Frank Sinatra und die Schauspielerin Ava Gardner. Beliebte Sommerfrischen neben Saltsjöbaden waren auch Dalarö in den südlichen und Furusund in den nördlichen Schären.

Zahlreiche Anwesen im Stockholmer Umland befinden sich im Besitz des Königshauses: die Schlösser Drottningholm, hier lebt das Königspaar, auf der Mälarinsel Lovön, Ulriksdals slott und Rosersbergs slott nördlich der Stadt, Gripsholm mit seiner berühmten Porträtsammlung bei Mariefred, Tullgarn slott bei Södertälje sowie Strömsholms slott bei Västerås. Auch der Adel ließ sich im Stockholmer Umland schöne Schlösser bauen, die sich teilweise immer noch im Besitz dieser Familien befinden und nicht zugänglich sind. Einige sind jedoch im Sommer zu besichtigen.

SEHENSWERTES

Bergianska botaniska trädgården

⚓ nördl. C 1

Der Botanische Garten liegt umgeben von einer ständig zugänglichen Gartenanlage zwischen dem Naturhistoriska riksmuseet und dem Brunnsviken im Stadtteil Frescati nördlich der Stockholmer Innenstadt. Im tropischen Gewächshaus sind so exotische Sehenswürdigkeiten wie die riesige Seerose Victoria zu bewundern, deren Blätter einen Durchmesser von bis zu 2,5 m erreichen. Das mediterrane Gewächshaus beherbergt Akazien, Rhododendren und Eukalypten.

Frescati | www.bergianska.se | U-Bahn: Universitetet (d 3), Bus 40: Bergianska trädgården | – Park: tgl. 8–21 Uhr | Eintritt frei – Gewächshaus: tgl. 11–17 Uhr | Eintritt 50 SEK und (für das kleinere Gewächshaus) 20 SEK

Birka

⚓ westl. A 4

Die Wikingerstadt aus dem 8. und 9. Jh. mit damals etwa 700 Einwohnern ist heute Ausgrabungsgebiet und Museum, das auf der UNESCO-Weltkulturerbeliste steht. Handwerker wie Weber und Kammmacher sorgten dafür, dass hier schwunghaft Handel getrieben wurde. Benediktinermönch Ansgar begann um 830 in Birka mit der Christianisierung Schwedens. Im 10. Jh. gab man Birka zugunsten von Sigtuna auf.

Björkö im Mälarsee | Anfahrt mit dem Schiff ab Stadshusbron (nur im Sommer!); die Fähren (www.stromma.se) fahren um 9.30 Uhr von Stadshusbron (zwischen Bahnhof und Stadshuset) und sind um 11.15 Uhr in Birka, zurück um 14.45 Uhr (Ankunft Stadshusbron 16.45 Uhr). Von Juli bis Mitte Aug. auch Fähre um 13 Uhr (Rückfahrt um 18.15 Uhr) | www.raa.se/birka | Eintritt 310 SEK, Kinder 155 SEK (mit Bootsfahrt)

Dalarö
südöstl. K 6

Sommerfrische in den südlichen Stockholmer Schären. Im Jahr 1636 wurde hier der Stora Sjötullen (Zoll) eingerichtet, an dem von allen Schiffen, die Richtung Stockholm oder weiter nach Norden unterwegs waren, Zoll erhoben wurde. Schweden, damals eine Großmacht, benötigte Geld für seine Kriege. Noch bis 1910 stellten diese Zölle die größte Einnahmequelle des Landes dar, und erst ab 1928 wurde in Dalarö kein Zoll mehr auf ausländische Waren erhoben. Im 1788 von Erik Palmstedt erbauten **Zollhaus** befindet sich ein kleines Museum zur Ortsgeschichte.

Ende des 19. Jh. verbrachten die Maler Anders Zorn und Bruno Liljefors sowie der Schriftsteller August Strindberg hier ihre Sommerferien. In der Idylle Dalarö ließ sich die Malerin Eva Bonnier 1904 vom Architekten des Stockholmer Stadshuset Ragnar Östberg im Torsvägen 30 ein Sommerhaus im nationalromantischen Stil bauen.

Vor Dalarö entdeckte Anders Franzén, der Entdecker der »Vasa«, sein erstes Wrack, das des 1676 gesunkenen Regalschiffes Riksäpplet (Reichsapfel).

Pendeltåg Richtung Nynäshamn nach Handen, von dort Bus 839 | www. dalaro.se | Museum: tgl. 10–16 Uhr

Filmstaden Råsunda
westl. A 1

In diesem nördlichen Vorort entstanden von 1919 bis 1969 viele wichtige schwedische Filme. Ingmar Bergman, Mauritz Stiller, Greta Garbo und Ingrid Bergman waren hier tätig. Im Pförtnerhaus ist ein Waffelcafé eingerichtet, das Restaurant (Backstugan) aus Filmstudiozeiten ist noch in Betrieb. Auf dem Gelände befindet sich seit einigen Jahren ein modernes Multiplexkino.

Solna | Greta Garbos Vag 3 | www.filmstadenskultur.se | U-Bahn: Näckrosen (b 2)

Hellasgården
südöstl. E 6

Beliebtes Ausflugsziel für Schulklassen im Naturschutzgebiet Nackareservatet am Källtorpsjö, benannt nach dem 1899 gegründeten Sportverein Hellas. Im Sommer befindet sich am See (Nordufer) ein beliebter Badeplatz, im Winter wird Schlittschuh gelaufen. Eine 3,5 km lange Loipe ist beleuchtet. Neben dem Café gibt es eine Minigolfbahn und einen Beach Volleyballplatz.

Nacka | U-Bahn: Hammarbyhöjden (d 4) oder Björkhagen (d 4), von dort eine halbe Stunde zu Fuß, Bus 401: Hellas gården | www.hellasgarden.se | Eintritt Sauna 60 SEK, Kinder 30 SEK

Marabouparken
westl. A 1

Als Erholungspark für die Arbeiter der Schokoladenfabrik Marabou im Auftrag des norwegischen Eigentümers Henning Throne-Holst von 1937 bis 1945 angelegt. Der kunstliebende Henning, Sohn von Johan Throne-Holst, dem Besitzer der Osloer Freia-Schokoladenfabrik, ließ in dem Park Teile seiner Skulpturensammlung aufstellen, u. a. Werke von Aristide Maillol, Bror Hjorth und Henri Laurens. Der einem japanischen Teehaus nachempfundene Pavillon wurde von Arthur von Schmalensee entworfen. Seit in Sundbyberg keine Schokolade mehr hergestellt wird, ist der Park in den Besitz der Stadt übergegangen. Im ehemaligen Laborgebäude wurde im Jahr 2010 eine Kunsthalle eröffnet, die zeitgenössische schwedische und internationale Kunst zeigt.

Sundbyberg, Löfströmsvägen 8 | Pendeltåg nach Sundbyberg (b 3), von dort 10 Min. zu Fuß | www.marabouparken.se
– Park: Mai–Okt. tgl. 9–20 Uhr | Eintritt frei
– Kunsthalle: Di, Do–So 11–17, Mi 11–20 Uhr | Eintritt 50 SEK

Rosersbergs slott   🢒🢒 westl. A 4

Das Barockschloss wurde Anfang des 17. Jh. für den Reichsschatzmeister Gabriel Bengtsson Oxenstierna errichtet und befindet sich seit 1762 im Besitz des Königshauses. Anfang des 19. Jh. erhielt das Schloss eine neuklassizistische Einrichtung. Besonders sehenswert ist das Schlafzimmer Karl XIV. Johans im Empirestil. Rosersberg ist das erste königliche Schloss, in das Sie sich einmieten können. Seit 2008 wird ein Teil des Gebäudes als Hotel genutzt (Rosersbergs Slottshotell).

Rosersberg | Pendeltåg bis Rosersberg, von dort 2 km zu Fuß | www.kungahuset.se | Juni–Aug. Führungen (stündl.) Di–So 11–16 Uhr | Eintritt 80 SEK, Kinder 40 SEK

Saltsjöbaden   🢒🢒 südöstl. E 6

Der Ort wurde als Sommerfrische für die Wohlhabenden ab 1891 von dem Bankier Knut A. Wallenberg (1853–1938) angelegt und bereits 1893 durch eine Bahnlinie mit Slussen und der Stockholmer Innenstadt verbunden. Aus der Zeit, in der Saltsjöbaden ein mondäner Badeort war, sind das **Grand Hôtel** (heute Eigentumswohnungen) und das **Kallbadhus**, das Freibad, erhalten geblieben. Der Architekt

des Hotels, Erik Josephson, hatte sich von amerikanischen Vorbildern inspirieren lassen. Das Kallbadhus auf dem Restaurangholmen wurde vom Architekten des Stockholmer Stadions Torben Grut 1925 entworfen, das Badehaus für Damen datiert bereits von 1913. Es ist eine der ganz wenigen Einrichtungen dieser Art in Schweden, die noch in Betrieb sind.

An der Saltsjöpromenaden am früheren Hotel vorbei liegen die Villen der Reichen aus dem späten 19. Jh. In der von Ferdinand Boberg entworfenen Villa Lugnet (Nr. 8) lebte der Maler Isaac Grünewald. Boberg plante auch die **Uppenbarelsekyrka** (Offenbarungskirche), die Wallenberg dem Ort zu seinem 60. Geburtstag im Jahr 1913 schenkte. Die Fresken im Innenraum von Olle Hjortzberg zeigen an der Ostwand Wallenberg, Boberg und den Künstler selbst. Das Bronzeportal, den großen Altar aus Carrara-Marmor und den Taufstein schuf Carl Milles.

Saltsjöbaden | Bahn: Saltsjöbanan (ab Slussen) bis Endstation
– Kallbadhus: www.saltisbadet.se | im Sommer nur bei schönem Wetter tgl. 8.30–18 Uhr | Eintritt 60 SEK, Kinder 30 SEK
– Uppenbarelsekyrka: tgl. 8–16.30 Uhr

Skogskyrkogården   🢒🢒 südl. E 6

Der 1917 bis 1920 angelegte Waldfriedhof im Süden der Stadt wurde im Jahr 1994 in die UNESCO-Liste des Weltkulturerbes aufgenommen. Mit etwa 100 000 Grabstellen ist er der größte Friedhof Schwedens.

Die **Waldkapelle**, ein Holzbau mit einer riesigen offenen Vorhalle von Gunnar Asplund, wurde 1920, die Auferstehungskapelle, ein klassizistischer Steinbau mit Säulenvorhalle von Sigurd Lewerentz, 1925 eingeweiht. Das Krematorium entstand ebenfalls nach Plänen von Asplund. Zu Fuß von der Tunnelbana aus erreicht man zuerst das Krematorium, danach wird es schwer, sich zu orientieren, denn das Areal ist riesig. Man darf jedoch mit dem Fahrrad oder dem eigenen Wagen das Gelände befahren. An den Wochenenden verkehrt auch ein Bus. Das berühmteste Grab ist das der Schauspielerin Greta Garbo (1905–1990), deren Asche 1999 auf der Südseite der Waldkapelle beigesetzt wurde.

Enskede | U-Bahn: Skogskyrkogården (d 5)

Skoklosters slott   🍃 nordwestl. A 1

Der Reiz dieses Anwesens besteht darin, dass es seit dem 17. Jh. so gut wie unverändert erhalten blieb. Barocke Prachtentfaltung lässt sich im Original bestaunen. Bauherr war der Feldmarschall Carl Gustaf Wrangel, der sein Vermögen im Dreißigjährigen Krieg unter Gustav II. Adolf erworben hatte. Vorbild war das Sommerschloss der polnischen Könige Ujazdow bei Warschau. Der Bau kam 1676 nach 23 Jahren zum Erliegen, seither ist die Tischlerwerkstatt unverändert. Auch der 300 qm große Bankettsaal, einer von 72 Räumen des Schlosses, wurde nie fertiggestellt. Er wird heute für Konzerte genutzt. Das erste Stockwerk war der Herrschaft vorbehalten. Hier ist die gesamte Einrichtung vollständig erhalten: Bodenfliesen aus Kalkstein, Ledertapeten mit Golddruck, Gobelins, offene Kamine mit geschnitzter Holzumrahmung und Kachelöfen.

Die gotische **Backsteinkirche** aus dem 13. Jh. gehörte ursprünglich zu einem Zisterzienserinnen-Kloster, dem das Anwesen seinen Namen verdankt (Skogkloster = Kloster im Wald). Die Ausstattung der Kirche besteht aus einem romanischen Triumphkreuz und einer romanischen Madonna. Altar (frühes 17. Jh.) und Kanzel (1612) sind Kriegsbeute aus dem Kloster Oliva bei Danzig. An der Südseite des Chores liegt die 1633 bis 1639 errichtete Grabkapelle der Wrangel.

Skokloster, am Mälaren, nordwestlich von Stockholm | Pendeltåg nach Bålsta (a 1), von dort Bus 894 | www.skoklosters slott.se | Mai–Mitte Juni, Sept. Sa, So 12–16, Mitte Juni–Aug. tgl. 11–17 Uhr | Eintritt 70 SEK, Kinder frei

Solna kyrka   🍃 A 1

Rundkirchen gibt es nicht nur auf der Ostseeinsel Bornholm, sondern auch am Stadtrand von Stockholm (neben Solna auch in Bromma und auf Munsö). Diese Rundkirchen waren in früheren Zeiten nicht nur Gotteshäuser, sondern auch Verteidigungsanlagen. Die um 1180 erbaute Solna kyrka war ursprünglich die Gemeindekirche von ganz Stockholm bis hin nach Sickla und Lidingö. Die Gewölbe wurden im 15. Jh. von dem aus dem hessischen Immenhausen stammenden Albertus Pictor ausgemalt. Dargestellt ist ein junger Mann auf dem Totenbett, der von den Mächten des Himmels und der Hölle aufgesucht wird. Albertus Pictor wird auch die Holzskulptur des hl. Martin zu Pferde zugeschrieben.

Solna | Prostvägen 14 | Bus 59: Karolinska sjukhuset | www.svenskakyrkan.se/solna | So 14–16 Uhr

Stockholms Universitet Frescati

🔸 östl. C 1

Die Stockholmer Universität ging 1960 aus der 1878 gegründeten Stockholms Högskola (Hochschule) hervor. 1971 zog die Universität aus Vasastan an den Stadtrand um in sechs Hochhäuser, die durch ein 240 m langes Gebäude mit Vorlesungssälen verbunden sind. Der Architekt David Helldén hatte zuvor schon die fünf, die Silhouette der Stockholmer Innenstadt dominierenden Hochhäuser der Hötorgscity erbaut. Der eingereichte Entwurf des weltberühmten dänischen Architekten Henning Larsen wurde aus Geiz nicht gebaut. Das Allhuset (Buchhandlung und Mensa) sowie die Universitätsbibliothek entstanden nach Entwürfen des Architekten Ralph Erskine Anfang der 1980er-Jahre. Die Homepage der Universität informiert über Vorträge, die abgelegene Lage führt jedoch dazu, dass die Universität für das Leben der Stockholmer kaum eine Rolle spielt.

Frescati | U-Bahn: Universitetet (d 3) | www.su.se

Täby kyrka

🔸 nördl. D 2

Sie ist eine der mittelalterlichen Kirchen im Stockholmer Umland, die von dem aus Immenhausen stammenden Künstler Albertus Pictor, der auch in der Solna kyrka tätig war, ausgemalt wurden. Diese Gemälde wurden im Unterschied zu vielen anderen seiner Werke jedoch nie übermalt. Zu sehen ist u. a. der Tod, der mit einem Ritter Schach spielt, ein Bild, das den Regisseur Ingmar Bergman zu einer Szene in seinem Film »Das siebte Siegel« inspirierte. Die mittlerweile nicht mehr les-

Mitte August bildet Skoklosters slott (▶ S. 132) die imposante Kulisse für einen mittelalterlichen Markt, der im Rahmen von Ritterspielen veranstaltet wird.

In kriegerischen Zeiten war Vaxholm (▶ S. 135) aufgrund seiner Lage strategisch wichtig, heute findet man hier eine friedliche Schärenidylle mit hübschen Holzhäusern am Wasser.

bare Beschriftung des Bildes lautete: »Jak spelar tik mat« (Ich spiele dich matt).

Täby, Kyrkvägen 7–9,. Roslagsbana: Täby kyrkby, www.svenskakyrkan.se/taby, Mo–Fr 8–16.30, Sa 10–17.30, So 9–16 Uhr

Tom Tits Experiment A 6

Ganze 600 Aha-Erlebnisse sind hier möglich, z. B. die Schwerelosigkeit auf dem Mond testen und die mit 44 m vermutlich längste Rutschbahn Skandinaviens ausprobieren.

Södertälje | Storgatan 33 | Pendeltåg nach Södertälje C (a 6) | www.tomtit.

se | Mo–Mi und Fr 10–17, Do 10–19, Sa, So 10–18 Uhr | Eintritt 189 SEK, Kinder 149 SEK

Tullgarns slott südwestl. B 6

Das Schloss an der Ostsee war bis 1950 königliche Sommerresidenz. Eine 2 km lange Lindenallee führt auf das 1720 bis 1727 für Magnus Julius De la Gardie errichtete Gebäude zu. Anfang des 19. Jh. wurde es im Stil des Neoklassizismus umgebaut. Aus dieser Zeit stammt das große Schlafzimmer, das von Jean-Baptiste Masreliez ausgestattet und mit Greifen und Sphinxen dekoriert wurde. Das Frühstückszimmer, eingerichtet im Stil der süddeutschen Neorenaissance, geht auf König Gustav V. und seine Ehefrau Victoria von Baden zurück, die ab 1881 im Schloss residierten.

Der englische und barocke **Park** ist außerordentlich weitläufig. Das kleine Palais Bellevue (an der Einfahrt) ließ Prinz Fredrik Adolf, der jüngere Bruder von König Gustav III., Ende des 18. Jh. für seine Geliebte, die Schauspielerin Sophie Hagmann, errichten.

Südlich von Södertälje | Pendeltåg nach Södertälje Hamn, dann Bus 702, die Allee ist zu Fuß zu bewältigen | www.kungahuset.se | Führungen (stündl.) Juni–Aug. Di–So 11–16, Mai, Sept. Sa, So 11–15 Uhr (schwedisch), Juni–Aug. 11 und 15 Uhr (englisch) | Eintritt 80 SEK, Kinder 40 SEK

Tumba südwestl. B 6

Am Fluss Tumbaå wurde im Jahr 1755 eine Fabrik für die Herstellung von Geldscheinpapier errichtet. Noch heute wird hier das Papier der schwedischen Banknoten hergestellt. Das informative Museum (Bruksmuseum) ist in einem Arbeiterhaus von 1763 untergebracht.

Tumba, Sven Palmes väg 2 | Pendeltåg nach Tumba | www.tumbabruks museum.se | Juni–Aug. Di–So 11–16, Sept.–Mai Sa, So 11–16 Uhr | Eintritt frei

Ulriksdals slott nördl. C 1

Das Schloss Ulriksdal geht auf ein Bauwerk zurück, das der Feldherr Jakob de la Gardie in der ersten Hälfte des 17. Jh. errichten ließ. Später erwarb es Königinwitwe Hedvig Eleonora. In diese Zeit fällt die barocke Umgestaltung durch den Architekten des Kungliga slottet, Nicodemus Tessin d. Ä., dessen Sohn die Orangerie plante. 1923 wurde das Schloss ein letztes Mal umgebaut für den Kronprinzen, den späteren König Gustav VI. Adolf, der hier bis 1973 wohnte. Das Ulriksdals slott dokumentiert die Wohnkultur des frühen 20. Jh. Den Salon des Königs gestaltete der berühmte schwedische Möbeldesigner Carl Malmsten.

Bergshamra, Solna | U-Bahn: Bergshamra (d 2), zu Fuß 20 Min. oder Bus 503: Ulriksdals Wärdshus | www.kungahuset. se | Führungen Juni–Aug. Di–So 12, 13, 14 und 15 Uhr | Eintritt 80 SEK, Kinder 35 SEK

Vaxholm nordöstl. K 4

Der Ort nördlich von Stockholm war aufgrund seiner Lage schon zu Zeiten Gustav Vasas von strategischer Bedeutung. Bereits im 16. Jh. lag hier auf einem der Insel vorgelagerten Holm eine Festung. Das heutige Kastell an dieser Stelle datiert jedoch aus dem 19. Jh. und beherbergt seit einigen Jahren ein **Museum** (www.vaxholmsfastning.se, Mai–Aug. tgl. 12–16 Uhr). Weitere Zeugen der Vergangenheit sind das Zollhaus (»Tullhuset«) und die Kirche, beide aus dem 18. Jh. Spuren des alten Vaxholm finden sich vor allem am Norrhamnen, dem pittoresken Fischerhafen. Hier liegt auch das idyllische Heimatmuseum (Hembygdsgård), dessen Sommercafé zu einer gemütlichen Rast einlädt. Von Söderhamnen, dem Südhafen, aus kann man zum Kastell übersetzen. Die Insel lässt sich mühelos zu Fuß umrunden.

Bus 670 ab U-Bahn Tekniska Högskolan oder Dampfer (Waxholmsbolaget) vom Grand Hôtel

MUSEEN UND GALERIEN

Stockholms über 70 Museen besitzen ausgezeichnete Sammlungen aller Art, seien es nun goldfunkelnde Wikingerschätze, gesunkene Schiffe oder monumentale Plastiken. Hochkarätige skandinavische Malerei ist in zwei berühmten Gemäldegalerien zu bewundern.

Dank der Sammelleidenschaft der Regenten, großzügiger Schenkungen kunstsinniger Bürger und dem im vorigen Jahrhundert erwachten Interesse an Geschichte kann Stockholm sich heute als Museumshauptstadt präsentieren: Sie verfügt über mehr Museen als jede andere Stadt vergleichbarer Größe, insgesamt über 70, von denen wir Ihnen hier nur einige vorstellen können. Das Nationalmuseum besitzt eine ausgezeichnete Sammlung französischer Malerei des 18. Jh. Im Historiska museet sind es die Schätze aus den Wikingergräbern, die Geschichts- wie auch Kunstinteressierte gleichermaßen faszinieren. Im Sjöhistoriska museet nimmt der eine oder andere vielleicht das Modell einer Dampfmaschine für ein Torpedoschnellboot als bleibende Erinnerung mit nach Hause. Und wer sich für Technik begeistert, hat es nicht weit: Das Tekniska museet liegt im Nachbargebäude.

◀ Herausragende zeitgenössische Fotografie stellt Fotografiska (▶ S. 140) aus.

SKANDINAVISCHE KUNST VON WELTRANG

Für fast jedes Interessengebiet gibt es gleich mehrere Museen: Kunstfreunde können nach dem Nationalmuseum noch das Moderna museet besuchen sowie zwei große ehemalige Privatsammlungen: Thielska galleriet und Prins Eugens Waldemarsudde. Hier hängen Werke der Maler, die skandinavische Kunst in aller Welt zu einem Begriff gemacht haben: Carl Larsson, Anders Zorn und Edvard Munch. Einige Museen sind einzelnen Künstlern gewidmet: Das Strindbergsmuseet erinnert an den Erneuerer des europäischen Dramas, das Carl Eldhs Ateljémuseum und der Millesgården an zwei der bedeutendsten Bildhauer Schwedens. Über Volkskunst informieren das Nordiska museet und das Skansen.

Zahlreiche Museen und Sehenswürdigkeiten sind montags geschlossen und haben außerhalb der Sommersaison eingeschränkte Öffnungszeiten. Samstags herrscht in den Museen meist weniger Gedränge, da die Stockholmer samstags shoppen und sonntags in die Museen gehen. Die Anschaffung der Kulturarvskort lohnt, wenn Sie viele Museen besuchen wollen. Ein guter Rat: Nehmen Sie sich bei Ihrem ersten Museumsbesuch eines der aktuellen Faltblätter (»Stockholmsmuseer«) mit den Öffnungszeiten sämtlicher Stockholmer Museen mit. Diese ändern sich wirklich dauernd! Auf der Internetseite www.stockholmsmuseer.org finden Sie die Links zu allen Museen.

MUSEEN

ABBA The Museum ⚡ F 5

Auf Djurgården liegt der neue Stockholmer Publikumshit »ABBA The Museum«. Mithilfe eines Audioguides können Sie sich (auf Englisch oder Schwedisch) von Benny, Anni-Frid, Björn und Agnetha durch diesen interaktiven Tummelplatz für alle ABBA-Fans begleiten lassen. Die Gelegenheit, mit der legendären Popgruppe zu singen, zu tanzen und den Sound der Siebziger neu zu erleben!

Djurgården | Djurgårdsvägen 68 | Straßenbahn 7: Liljevalchs konsthall | www.

abbathemuseum.com | Sa–Di 10–17, Mi–Fr 12–20 Uhr | Eintritt 195 SEK, Kinder 145 SEK

Almgrens Sidenväveri och museum
 ⚡ E 6

Die 1833 gegründete Seidenweberei ist eines der wichtigsten Industriedenkmäler in Stockholm. Zu ihren besten Zeiten verfügte die Fabrik über 196 Webstühle und hatte 288 Angestellte. Einige Jahrzehnte im 19. Jh. war sie der größte Arbeitsplatz für Frauen in Stockholm. 1974 wurde die Produktion eingestellt. Für das Hauptgebäude von

1862 dienten die Seidenfabriken Lyons als Vorbild.
Södermalm | Repslagargatan 15 A | U-Bahn: Slussen (c 4) | www.kasiden.se | Mo–Fr 10–16, Sa 11–15 Uhr | Eintritt 75 SEK, Kinder frei

Aquaria Vattenmuseum 🚩⛴ F 5

In diesem kleinen Museum können Sie dem Verlauf eines Flusses von einer bergigen Regenwaldregion bis hin zum offenen Meer mit seinen Haien, Muränen und einem Korallenriff folgen. Begleitet werden Sie bei diesem Spaziergang vom Rauschen eines Wasserfalls und dem Gesang tropischer Vögel. Nettes Café mit Lunchangeboten und schöner Aussicht über Stockholm.
Djurgården | Falkenbergsgatan 2 | Straßenbahn 7 bis Liljevalchs konsthall und Djurgårdsfärjan bis Almänna gränd | www.aquaria.se | Mitte Juni–Aug. tgl. 10–18, Sept.–Mitte Juni Di–So 10–16.30 Uhr | Eintritt 90 SEK, Kinder 50 SEK

Armémuseum 🚩⛴ E 4

Hier können Sie die Fahnen bewundern, die die Schweden im Dreißigjährigen Krieg erobert haben, und die Kanonen, die auch heute noch an Krieg führende Länder exportiert werden. Ein eigener Ausstellungsraum, der **Wallenbergrummet** 🚩, erinnert mit einer kleinen, sehr ergreifenden Ausstellung an Raoul Wallenberg, der im Jahr 1944 Tausende von Menschen in Budapest vor der Deportation nach Auschwitz rettete. 1945 wurde er in die Sowjetunion verschleppt und starb dort im Gefängnis.
Untergebracht ist das Museum in einem Arsenal von 1763, direkt hinter der Hedvig Eleonora kyrka.

Östermalm | Riddargatan 13 | U-Bahn: Östermalmstorg (d 3), Ausgang Sibyllegatan | www.sfhm.se | Di 11–20, Mi–So 11–17 Uhr | Eintritt 80 SEK, Kinder frei

Artipelag konsthallen 🚩⛴ südöstl. K 6

Dieses private Museum gibt es erst seit einem Jahr, und doch hat es sich bereits in der schwedischen Kunstszene etabliert. Das liegt nicht zuletzt an der spannenden architektonischen Ausführung: Die Kunsthalle aus Glas, Holz und Beton fügt sich raffiniert in die umgebende Schärenlandschaft ein. Ausstellungsschwerpunkte sind zeitgenössische Kunst und Design.
Gustavsberg, Artipelagstigen 1 | Bus 425x von Slussen nur wochentags am Morgen und Spätnachmittag, von der Haltestelle Hålludden 20 Min. zu Fuß | www.artipelag.se | im Sommer tgl. 10–19, im Winter Di–Fr 11–16, Sa, So 11–17 Uhr | Eintritt 250 SEK, bis 18 Jahre frei

Bellmanmuseet 🚩⛴ B 6

Carl Michael Bellman (1740–1795) ist nach wie vor Schwedens beliebtester Dichter. Seine respektlosen, fröhlichen Milieuschilderungen in Liedform werden immer wieder gerne vorgetragen und gelegentlich auch auf moderne Verhältnisse umgeschrieben. In dem ehemaligen Haus eines Zollschreibers aus dem 17. Jh. können Sie sich mit Leben und Werk des bedeutenden Skalden in zeittypischer Umgebung vertraut machen. Im Garten, der im Stil des 17. Jh. angelegt ist, gibt's ein Café.
Långholmen | Stora Henriksvik | U-Bahn: Hornstull (c 4), Bus 4: Högalidsgatan | www.storahenriksvik.se/bellmanmuseet | Mai und Sept. Sa, So 11–16, 15. Juni–Aug. tgl. 11–17 Uhr | Eintritt frei

Biologiska museet ⚓ F 5

Das Museum ist auch weniger Naturinteressierten zu empfehlen: Der berühmte Tiermaler Bruno Liljefors (1860–1940) ist der Schöpfer der Kulisse, vor der die ausgestopften Tiere in einer künstlichen Landschaft zu sehen sind.

Djurgården | Lejonslätten | Straßenbahn 7: Hazeliusporten | www.bio logiskamuseet.com | April–Sept. tgl. 11–16, Okt.–März Di–Fr 12–15, Sa, So 10–15 Uhr | Eintritt 55 SEK, Kinder 20 SEK. Wenn Sie vorher den Skansen besucht haben: Eintritt frei

Carl Eldhs Ateljémuseum ⚓ C 1

In diesem Atelier arbeitete der Bildhauer Carl Eldh (1873–1954) über 30 Jahre lang. Hier sind die Gipsmodelle von fast allen Eldh-Skulpturen zu bewundern, u. a. die der verdienten schwedischen Künstler, die beim Stadshuset aufgestellt sind.

Vasastan | Bellevueparken | Lögebodavägen 10 | Bus 46: Sveaplan | www. eldhsatelje.se | Sa–So 11–16 Uhr | Eintritt 70 SEK, Kinder frei

Dansmuseet ⚓ D 4

Stockholm besitzt das einzige Tanzmuseum der Welt. Die Kostüme, Bühnenbildentwürfe, Programmzettel u. Ä. sind in wechselnden Ausstellungen zu sehen. Die »ballets suédois« wurden in den 1920er-Jahren weltweit hoch geschätzt. Man arbeitete mit Künstlern wie Fernand Léger und Jean Cocteau zusammen. In jüngster Zeit waren es die Choreografien Birgit Cullbergs und Mats Eks, die Schweden internationales Renommee verschafften.

Kultur und Lebensweise von Völkern aus aller Welt werden im Ethnografischen Museum (▶ S. 140) anhand zahlreicher Exponate in Dauer- und Wechselausstellungen präsentiert.

Norrmalm | Drottninggatan 17 |
U-Bahn: T-Centralen, Aufgang Drottning-
gatan (c 3) | www.dansmuseet.se | Di–
So 11–17 Uhr

Etnografiska museet   H 4

Das von Jan Gezelius entworfene und
1980 erbaute Völkerkundemuseum ist
für seine Museumslandschaften bekannt, die durch wechselnde Raumhö-
hen, durchdachte Beleuchtung und
weitläufige offene Räume abwechs-
lungsreich gestaltet sind. Im Obergeschoss finden sich die Dauerausstellun-
gen über Nord- und Zentralafrika,
Indien, Nordamerika und die Mongo-
lei sowie eine Ausstellung über den
Entdeckungsreisenden Sven Hedin.
Ladugårdsgärdet | Djurgårdsbrunns-
vägen 34 | Bus 69: Museiparken |
www.etnografiskamuseet.se | Do–Di

11–17, Mi 11–20 Uhr | Eintritt 60 SEK,
Kinder frei

Fotografiska   E 6

Das im ehemaligen Großen Zollhaus
am Kai Södermalms gelegene private
Museum hat sich der zeitgenössischen
Fotografie verschrieben. Auf 2500 qm
finden jährlich vier große und bis zu
20 kleinere Ausstellungen statt.
Södermalm | Stora Tullhuset, Stads-
gårdshamnen 22 | U-Bahn: Slussen
(c 4) | www.fotografiska.eu | So–Mi
9–21, Do–Sa 9–23 Uhr | Eintritt 120 SEK,
Kinder unter 12 Jahren frei, Schüler und
Studenten 90 SEK

Hallwylska museet   E 4

Der Privatpalast der Gräfin Wilhelmi-
na von Hallwyl, der Erbin eines der
größten Vermögen in Schweden, wur-

In den lichten, hohen Räumen der Liljevalchs konsthall (▸ S. 141), einem Hauptwerk des
schwedischen Architekten Carl Bergsten, finden jedes Jahr vier große Ausstellungen statt.

de 1893 bis 1898 im historisierenden Stil von Isak Gustaf Clason errichtet. Er war mit für die damalige Zeit erstaunlichem Komfort ausgestattet: Zentralheizung, fließend kaltem und warmem Wasser, elektrischem Licht und Telefon. Ausgestellt sind u. a. chinesisches Porzellan, Waffen und niederländische sowie altdeutsche Malerei.

Östermalm | Hamngatan 4 | U-Bahn: Östermalmstorg (d 3), Bus 69: Norrmalmstorg | www.hallwylskamuseet.se | Sept.–Juni Di, Do–Sa 12–16, Mi 12–19, Juli, Aug. Di–So 10–16 Uhr | Eintritt 70 SEK, Kinder frei

Historiska museet F 4

Im Historischen Museum Stockholms befindet sich eine besondere Attraktion: **Guldrummet** In einem Tresorgewölbe, das unter dem Museum in den Fels gesprengt wurde, sind – geheimnisvoll beleuchtet – schwere Goldgeschmeide (goldene Halskragen) aus dem 5. und 6. Jh. sowie kostbare Ringe, Armreife, Halsketten, Medaillons und Amulette ausgestellt, insgesamt über 50 kg Gold und 250 kg Silber.

Östermalm | Narvavägen 13–17 | U-Bahn: Östermalmstorg/Karlaplan (d 3) | www.historiska.se | Mai–Aug. tgl. 10–17, Sept.–April Di–So 11–17, Do 11–18 Uhr | Eintritt 80 SEK, Kinder frei. Fr freier Eintritt

Judiska museet C 3

In diesem kleinen Museum wird die Geschichte der schwedischen Juden dokumentiert.

Vasastan | Hälsingegatan 2 | U-Bahn: Odenplan (c 3), Bus 4: Vasaparken | www.judiska-museet.se | So–Fr 12–16 Uhr | Eintritt 70 SEK, Kinder frei

Konstakademien D 5

Hier stellen vorzugsweise die Schüler der Kunstakademie aus. Schönes Café! Während der Sanierung des Nationalmuseums sind Teile seiner Sammlung hier ausgestellt.

Norrmalm | Fredsgatan 12 | U-Bahn: T-Centralen (c 3) | www.konstakademien.se
– Ausstellung Kunstakademie Di–Fr 11–17, Sa, So 12–16 Uhr | Eintritt frei
– Ausstellung Nationalmuseum Mo, Mi, Fr–So 11–17, Di, Do 12–16 Uhr | Eintritt 100 SEK, unter 21 Jahren frei

Liljevalchs konsthall F 5

Die städtische Kunsthalle ist nach dem Grossisten und Stifter Carl Fredrik Liljevalch benannt, dessen Porträt an der Nordwand des klassizistischen Gebäudes zu bewundern ist. Vor dem Eingang steht eine Granitsäule mit der Bronzeskulptur eines Bogenschützen von Carl Milles, der auch das Wolfsrelief über dem Portal schuf. Wechselnde Ausstellungen, die wichtigste ist der Vårsalongen (Frühlingssalon), zu dem Tausende schwedischer Künstler ihre Werke einsenden. Aus diesen werden etwa 200 bis 300 ausgewählt und von Februar bis April ausgestellt. Originell!

Djurgården | Djurgårdsvägen 60 | Straßenbahn 7: Liljevalchs konsthall, Djurgårdsfärjan: Allmänna gränd | www.liljevalchs.com | Di, Do 11–20, Mi, Fr–So 11–17 Uhr | Eintritt 80 SEK, Kinder frei

Medelhavsmuseet D 5

Ägyptische Mumien und zypriotische Tempelschätze in der Halle und den Tresorgewölben einer früheren Bank. Die Zypernsammlung, bei Ausgrabungen in den Jahren 1927 bis 1931 zusammengekommen, zählt zu den bedeutendsten der Welt außerhalb von Zypern. Zu sehen sind u. a. etwa tausend Terrakottafiguren, die von dem Kultplatz Ajia Irini stammen.

Norrmalm | Fredsgatan 2 | U-Bahn: Kungsträdgården (d 3) | www.medel havsmuseet.se | Di–Fr 12–20, Sa, So 12–17 Uhr | Eintritt 60 SEK, Kinder frei

Medeltidsmuseet   ⚓ D 5

Beim Bau einer Tiefgarage stieß man in den 1970er-Jahren auf die Grundmauern eines mittelalterlichen Spitals, des Heiliggeisthauses, sowie die Überreste eines Wehrturms. Im Museum, das um die Mauerreste herumgebaut wurde, wird das Mittelalter lebendig.

Strömparterren, Norrbro | U-Bahn: Kungsträdgården (d 3) | www.medel tidsmuseet.stockholm.se | Di–So 12–17, Mi 12–19, Juli–Aug. auch Mo 12–17 Uhr | Eintritt 100 SEK (gilt auch für das Stadsmuseet), Kinder frei

Millesgården   ⚓ nordöstl. F 2

Atelier und Wohnhaus des Bildhauers Carl Milles (1875–1955) und seiner Frau, der Malerin Olga Milles. Die meisten der monumentalen Plastiken sind im Freien auf weitläufigen Terrassen aufgestellt. Auf der oberen Terrasse begegnen Sie den beiden »Tänzerinnen«, auf der mittleren dem beeindruckenden Antlitz Poseidons, das Ihnen vielleicht vom Poseidonbrunnen in Göteborg bekannt vorkommt, und dem Forschungsreisenden Sven Hedin auf einem Kamel.

Lidingö | Carl Milles väg 2 | U-Bahn: Ropsten (d 3), von dort Bus 201, 202, 204, 205 oder 206 bis Torsviks torg | www. millesgarden.se | Mai–Sept. tgl. 11–17,

Okt.–April Di–So 11–17 Uhr | Eintritt 100 SEK, Kinder frei

Moderna museet   ⚓ E 5/F 5

Die Pläne für den Museumsneubau stammen von dem spanischen Stararchitekten Rafael Moneo. Erstmals kann jetzt die in den 1960er-Jahren zusammengekommene Sammlung klassischer Moderne in ihrer ganzen Bandbreite gezeigt werden, z. B. Henri Matisses »Paysage marocain« (Marokkanische Landschaft, 1912), Emil Noldes »Blumengarten (Utenwarf)« von 1917 und das Porträt des dänischen Dichters Helge Rode, in dunklem Anzug vor gelber Tapete (1908), von Edvard Munch. Im Museumsaltbau (19. Jh.) ist das Architektur- und Designzentrum untergebracht.

Skeppsholmen | U-Bahn: Kungsträdgården (d 3), Bus 65: Moderna museet | www.modernamuseet.se, www.arkdes. se | Di 10–20, Mi–So 10–18 Uhr | Eintritt 100 SEK, Kinder frei, Architektur- und Designzentrum: Eintritt 120 SEK, Kinder frei

Nationalmuseum   ⚓ E 5

Das Museum für Kunst und Kunsthandwerk von ca. 1400 bis heute wurde 1846 bis 1866 nach Plänen des deutschen Architekten Friedrich August Stüler errichtet. Neben den königlichen Sammlungen beherbergt es auch die Sammlung von Druckgrafiken und Gemälden des Reichsrats und Botschafters in Paris Carl Gustav Tessin. Die sechs großen Fresken im Treppenhaus mit Szenen aus der Geschichte Schwedens schuf Carl Larsson 1896. Mittelpunkt der Sammlungen bilden neun Gemälde von Rembrandt, von anderen europäischen Meistern finden sich meist nur einzelne Werke. Die Ikonensammlung ist eine der größten in Westeuropa. Das Museum wird bis 2016 renoviert. Ausweichquartier ist die Konstakademien (▶ S. 141) in der Fredsgatan 12.

Norrmalm | Södra Blasieholmshamnen | U-Bahn: Kungsträdgården (d 3), Bus 65: Nationalmuseum oder Karl XIIs torg | www.nationalmuseum.se

Naturhistoriska riksmuseet

 nördl. C 1

Das naturgeschichtliche Museum ist in einem imposanten Gebäude unweit der Stockholmer Universität untergebracht. Hier können Sie ausgestopfte Pinguine und Albatrosse bewundern und die Rufe von Walen u. a. hören. Außerdem: Mineralien und Fossilien aus aller Welt und einige Splitter Mondgestein.

Zum Museum gehört das Planetarium **Cosmonova**, das gleichzeitig ein Kino mit Riesenleinwand ist.

Frescati | Frescativägen 40 (E 20 nördlich der Stadt) | U-Bahn: Universitetet (d 3), Bus 40: Naturhistoriska riksmuseet | www.nrm.se | Di–Fr 10–18, Sa, So 11–18 Uhr | Eintritt 100 SEK, Kinder frei; Cosmonova: Eintritt 100 SEK, Kinder 50 SEK

Nobelmuseet

D 5

Dürftig an Exponaten, dafür umso reicher an Multimediaspektakeln. Der Bau eines eigenen Museums hinter dem Nationalmuseum ist geplant.

Gamla Stan | In der ehemaligen Börse, Stortorget | U-Bahn: Gamla Stan (c 4) | www.nobelmuseum.se, www.nobelprize.org | Juni–Sept. Di 10–20, Mi–Mo 10–18, Okt.–Mai Di 11–20, Mi–So 11–17 Uhr | Eintritt 100 SEK, Kinder frei

Eine der verschiedenen Ausstellungen im Nordiska museet (▶ S. 144) befasst sich mit der Kultur der Samen, eines Volkes im Norden Fennoskandinaviens.

Nordiska museet F 4

Die Absicht des Völkerkundlers und Museumsgründers Artur Hazelius war, den Schweden ihre eigene Kultur nahezubringen. So gruppieren sich die Ausstellungen um Themen wie »Schwedische Volkstrachten«, »Kultur der Samen (Lappen)« und »Skandinavische Volkskunst«. Im Inneren des Museums sehen Sie als Erstes im Entree das Standbild von Gustav Vasa, geschaffen von Carl Milles. Die wertvollsten Sammlungsobjekte sind die 16 Ölgemälde von August Strindberg.

Djurgården | Djurgårdsvägen 6–16 | Straßenbahn 7: Nordiska museet, Bus 69: Nordiska museet | www.nordiska museet.se | Juni–Aug. tgl. 10–17, Sept.–Mai Mo–Fr 10–16, Sa, So 11–17, Mi 10–20 Uhr | Eintritt 100 SEK, Kinder frei, Mi ab 17 Uhr frei

Östasiatiska museet E 5

Kleines, aber feines Museum mit großer Auswahl an ostasiatischer Kunst, Porzellan, Tuschemalerei und buddhistischen Skulpturen.

Skeppsholmen | Tyghusplan | U-Bahn: Kungsträdgården (d 3) | www.ostasiatis ka.se | Mitte April–Mitte Sept. Di–So 11–17, Mitte Sept.–Mitte April Di 11–20, Mi–So 11–17 Uhr | Eintritt 100 SEK, Kinder frei

Prins Eugens Waldemarsudde G 6

Nicht weit vom Sommerschlösschen Rosendal liegt malerisch auf einer Halbinsel der Wohnsitz des Malerprinzen Eugen (1865–1947). Im Haupthaus sind die noblen Gesellschaftsräume und das Atelier des Prinzen zu sehen. 1913 wurde eine Galerie für die Kunstsammlung Prinz Eugens angebaut.

Die gewaltigen Finnlandfähren »Birka Paradise« und »Viking Cinderella« ziehen gegen 15.20 Uhr hautnah am Museumsgarten vorbei.

Prins Eugens väg 6 | Straßenbahn 7: Waldemarsudde | www.waldemar sudde.se | Di–So 11–17, Do 11–20 Uhr | Eintritt 100 SEK, Kinder frei

Sjöhistoriska museet H 4

In dem klassizistischen Gebäude wird Ihnen die Geschichte der Seefahrt vermittelt. Die schönsten Stücke des Museums sind das Heck und die Kajüte der 1778 vom führenden Schiffsbauer der Zeit Fredric Henric af Chapman gebauten Lustjacht Gustav III., des Schoners »Amphion«.

Ladugårdsgärdet | Djurgårdsbrunnsvägen 24 | Bus 69: Sjöhistoriska museet | www.sjohistoriska.se | Di–So 10–17 Uhr | Eintritt frei

Skansen   G 5

Das älteste Freilichtmuseum der Welt eröffnete 1891. Für Idee und Planung war Artur Hazelius, der Gründer des Nordiska museet, verantwortlich. Über 150 Gebäude wurden aus ganz Schweden herbeigeschafft und hier auf einem Areal von mittlerweile 300 000 qm wieder aufgebaut: Zu sehen sind Bauernhöfe, Handwerker- und Arbeiterhäuser, Herrenhöfe, Tagelöhnerkaten und Werkstätten. Sogar eine Schule, eine Kirche, eine Windmühle und eine Lappenhütte stehen auf dem Gelände. Einige Höhepunkte: Unweit des Haupteingangs, über eine Rolltreppe durch den Fels zu erreichen, liegt das **Stadskvarteret** (städtisches Viertel) mit Krämerladen, Bäckerei, Apotheke, Glasbläserei, Buchbinderei, Milchladen,

Im Freilichtmuseum Skansen (▶ MERIAN TopTen, S. 144) auf Djurgården zeigen in historische Kleidung gewandte Handwerker ihre zum Teil fast schon vergessene Kunst.

Goldschmiede und vielem mehr. Im Sommer können Sie hier Handwerkern in historischer Kluft bei der Arbeit zusehen. Der **Moragård** ist ein prächtiges Beispiel der in Dalarna sehr verbreiteten Blockhausarchitektur. Die Einzelgebäude dieses für die Vasa-Zeit typischen Bauernhofes gruppieren sich um einen quadratischen Innenhof.

Im nördlichen Teil Skansens befindet sich der **Zoo** mit allerlei nordeuropäischen Tieren wie Elchen, Rentieren, Seehunden, Wölfen und Bären. Ein paar Schritte weiter liegt der Streichelzoo **Lillskansen** (Kinderskansen).

Skansen ist ein lebendiges Museum: In der innen vollständig ausgemalten **Seglora kyrka** aus Västergötland (um 1730) wird immer noch gerne geheiratet und

Eine maritime Perle

Etwas südlich von Skansen geht es über eine Holzbrücke auf die Insel Beckholmen, auf der in früheren Zeiten Pech hergestellt wurde und auf der bis heute bei den Trockendocks aus dem 19. Jh. eifrig gearbeitet wird (▶ S. 15).

Feste wie Midsommar werden im Skansen nach alter Tradition begangen. Djurgården | Djurgårdsslätten 49–51 | Straßenbahn 7: Skansen oder Fähre ab Slussen | www.skansen.se | Mai–Aug. tgl. 10–22 (die Häuser nur von 11–17 Uhr), Sept.–April bis 16 Uhr (die meisten Häuser sind dann nur am Wochenende geöffnet) | Eintritt 110 SEK, Kinder 50 SEK

Stadsmuseet ▪️ D 6

Das Stadtmuseum ist im ehemaligen Södra Stadshuset untergebracht. Hier können Sie u. a. Modelle des mittelalterlichen Stockholm und des Schlosses vor dem Brand von 1697 besichtigen. Södermalm | Ryssgården, Södermalmstorg | U-Bahn: Slussen (c 4), Bus 55: Mälartorget | www.stadsmuseum.stockholm.se | Di–So 11–17, Do 11–20 Uhr | Eintritt 100 SEK, Kinder frei

Strindbergsmuseet ▪️ C 3

Hier starb 1912 der Schriftsteller August Strindberg. Der blauen Farbe des Treppenhauses verdankt das Gebäude seinen Namen (»Blå Tornet« = Blauer Turm). Die Wohnungseinrichtung ist schlicht und modern – Strindberg hatte nie größeren Besitz anhäufen können. Norrmalm | Drottninggatan 85 | U-Bahn: Rådmansgatan (c 3) | www.strindbergsmuseet.se | Di–So 12–16 Uhr | Eintritt 60 SEK, Kinder frei

Sven Harrys Konstmuseum ▪️ C 3

Die Kunstsammlung des Bauunternehmers Sven Harry Karlsson am Vasaparken wurde 2011 eröffnet. In den Galerieräumen des mit Goldblech verkleideten Gebäudes sind u. a. Werke von Carl Fredrik Hill und August Strindberg zu sehen.

Wechselnde Ausstellungen im Tekniska museet (▶ S. 147) bringen den Besuchern die vielschichtige Welt der Technik näher. Die große Maschinenhalle ist das Herz des Museums.

Vasastan | Eastmanvägen 10 | U-Bahn: St. Eriksplan (c 3) | www.sven-harrys.se, Restaurant: www.svenharrys.com | Mi–Fr 11–19, Sa–So 11–17 Uhr | Eintritt 120 SEK, Kinder frei

Tekniska museet   H 4

Schwedens größtes technisches Museum informiert über den Bergbau und die Technik in der Forstwirtschaft, aber auch über den schwedischen Wissenschaftler und Erfinder Christopher Polhem und vieles andere mehr. Neueste Attraktion ist das 4-D-Kino **Cino4** (separater Eintritt: 70 SEK, Kinder 40 SEK). Die Modelleisenbahn von Uno Milton, im Jahr 1955 nach 3500 Arbeitsstunden und sieben Jahren fertiggestellt, wird Mo–Fr um 11 und 14 und Sa, So um 12 und 15 Uhr gezeigt.

Ladugårdsgärdet | Museivägen 7 | Bus 69: Museiparken | www.tekniska museet.se | Mo–Fr 10–17, Sa–So 11–17, Mi 10–20 Uhr | Eintritt 120 SEK, Kinder 40 SEK

Thielska galleriet   K 5

Der Mäzen Ernest Thiel ließ diese Jugendstilvilla 1904 bis 1905 errichten. Heute sind hier Werke Carl Larssons, Bruno Liljefors, Edvard Munchs und Vilhelm Hammershöjs zu sehen.

Djurgården | Sjötullsbacken 6–8 | Bus 69: Thielska galleriet | www.thielska-galleriet.se | Di–So 12–17 Uhr | Eintritt 100 SEK, Kinder frei

Tullmuseet   A 4

Die wohl interessanteste Abteilung des Zollmuseums ist die über den Schmuggel: Drogen wurden in Teddys, aber auch schon in Sofas über die Grenze gebracht. 1622 wurden die Zollhäuser am Stadtrand gebaut, um Geld für die Kriege von König Gustav II. Adolf einzutreiben.

Kungsholmen | Alströmergatan 39 | U-Bahn: Fridhemsplan (c 3) | www. tullverket.se/museum | Di, Mi und So 11–16 Uhr | Eintritt frei

Vasamuseet 9   F 5

Das meistbesuchte Museum Schwedens zeigt das Kriegsschiff »Vasa«, das bei seiner Jungfernfahrt 1628 gesunken ist. 1961 wurden der Kiel und 20 000 Wrackteile gehoben. In jahrelanger Kleinarbeit wurde das Schiff wieder zusammengesetzt. Das Museum zeigt u. a. geborgene Kleidung aus dem 17. Jh. Ein Film informiert darüber, wie das Wrack gehoben wurde: Anders Franzén, Mitglied der schwedischen Marine, hatte um 1950 begonnen, eine Liste der untersuchungswürdigen Schiffswracks zusammenzustellen. Ab 1954 konzentrierte er sich dann auf die »Vasa« und spürte sie 1956 auch auf.

Djurgården | Galärvarvet | Straßenbahn 7: Nordiska Museet | www.vasa museet.se | Sept.–Mai Do–Di 10–17, Mi 10–20, Juni–Aug. tgl. 8.30–18 Uhr | Eintritt 130 SEK, Kinder frei

Vin- & Spritmuseum   F 5

Das Museum befasst sich mit den berühmten schwedischen Spirituosen (Akvavit und Absolut Wodka). Ausgestellt wird u. a. die 800 Werke umfassende »The Absolut Art Collection« (Andy Warhol, Keith Haring, Damien Hirst und Louise Bourgeois).

Djurgården | Djurgårdsvägen 40 | Straßenbahn 7: Liljevalchs konsthall | www.spritmuseum.se | Mi–Mo 10–17, Di 10–20 Uhr | Eintritt 100 SEK, Kinder frei

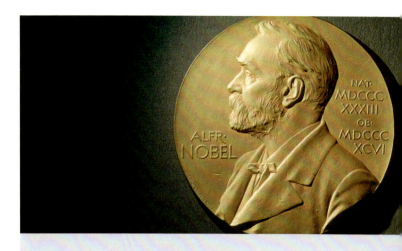

Im Fokus
Nobel und die Nobelpreise

*Nichts bringt Schweden so viel internationales Interesse ein
wie die Vergabe und die Verleihung der Nobelpreise in Medizin,
Chemie, Physik und Literatur. Im Oktober und Dezember
jeden Jahres richten sich die Augen der Welt nach Stockholm.*

Keinem anderen ihrer Söhne hat die Landeshauptstadt so viel zu verdanken wie dem 1833 in der Norrlandsgatan 9 – das Haus steht heute nicht mehr – zwischen dem Warenhaus Nordiska Kompaniet (NK) und dem Norrmalmstorg zur Welt gekommenen Alfred Nobel. Durch die Erfindung des Dynamits zwar schwerreich, aber nicht glücklich geworden, führte Nobel in Paris, San Remo und verschiedenen mitteleuropäischen Kurorten das Leben eines Getriebenen. Einer der Gründe für diese Rastlosigkeit war sicher, dass sein jüngerer Bruder Emil 1864 bei einer Explosion der Nobel-Fabrik in Heleneborg (unweit von Långholmen auf Södermalm) ums Leben gekommen war. Sein riesiges Vermögen brachte Alfred Nobel mit einem am 27. November 1895 verfassten Testament, zum Verdruss seiner Verwandtschaft, weitgehend in eine Stiftung ein, welche die jährliche Vergabe der Nobelpreise finanziert. Bei seinem Tod besaß Nobel etwa 90 Fabriken in 20 Ländern und hielt 355 Patente. Das Vermögen der Stiftung beträgt etwa 2,9 Milliarden schwedische Kronen,

◄ Der berühmteste Sohn der Stadt ist der
Erfinder und Nobelpreisstifter Alfred Nobel.

das Preisgeld rund 8 Millionen Kronen – in Zeiten der Euroschwäche
eine sehr ansehnliche Summe. Die jeweiligen Preisträger in den vier Ka-
tegorien Physik, Chemie, Medizin und Literatur werden von den schwedischen Akademien gewählt.

DER FRIEDENSNOBELPREIS

Anders als für die übrigen Preise ist für den Friedensnobelpreis ein Komitee in Norwegens Hauptstadt Oslo zuständig. Als Nobel 1895, ein Jahr
vor seinem Tod, in Paris sein Testament verfasste, war Schweden drauf
und dran, gegen die norwegischen Unabhängigkeitsbestrebungen – das
Land wurde bis 1905 vom schwedischen König, damals Oscar II.,
mitregiert – mit Waffengewalt vorzugehen. Nobel hegte Zweifel an der
Friedfertigkeit seiner eigenen Nation. Der Krieg 1813 gegen Russland, der
letzte, an dem Schweden bis heute beteiligt war, lag zu seinen Lebzeiten
noch nicht lange zurück.
Seit der Vergabe des Friedensnobelpreises an Barack Obama (2009) und
die EU (2012) wird jedoch immer mehr angezweifelt, ob das norwegische
Komitee seiner Aufgabe noch gewachsen ist und ob die Stockholmer Stiftung ihrer Aufsichtspflicht überhaupt nachkommt.

DIE VERLEIHUNG

Die Preise werden an Nobels Todestag, dem 10. Dezember, verliehen,
einstweilen noch im Konserthuset am Hötorget (Heumarkt). Wenn in
einigen Jahren das neue Nobelmuseum auf Blasieholmen (hinter dem
Nationalmuseum) fertiggestellt sein wird, soll die Preisverleihung dort in
einem großen Saal stattfinden. Bislang müssen jedoch am 10. Dezember
die Marktstände auf dem Hötorget den schwarzen Limousinen der Preisträger weichen. Diese sind mit ihrer Entourage standesgemäß im besten
Hotel der Stadt, dem Grand Hôtel, untergebracht. Beim Festakt nehmen
die Preisträger die Goldmedaille und die alljährlich neu von einem nam-
haften schwedischen Künstler gestaltete Urkunde aus der Hand Königs
Carl XVI. Gustaf entgegen. Am Ende des Festakts spielen die Stockholmer Philharmoniker die schwedische Nationalhymne »Du gamla, du
fria«. Anschließend geht es zum Galadiner in den 1562 qm großen Blauen
Saal des Stadshuset, dessen Blumenschmuck jedes Jahr von der Stadt San
Remo gestiftet wird, wo Alfred Nobel verstarb. Für die exakt 1262 Gäste

halten sich 220 Kellner bereit, Geschirr und Tischwäsche (Klässbols Linneväveri) sind extra für diesen Anlass angefertigt und im Übrigen auch in der Designabteilung des Nationalmuseums (▶ S. 142) zu bewundern. Das Porzellan (Rörstrand) wurde von Karin Björquist zum 90. Jubiläum des Nobelpreises im Jahr 1991 entworfen, die Gläser (Orrefors) und das Besteck (versilberter und vergoldeter japanischer Stahl aus Älghult) von Gunnar Cyrén. Falls Sie zu Hause ein Gläschen auf das Wohl der Nobelpreisträger leeren wollen: Ein handbemaltes Glas kostet Sie, online bestellbar, 1500 SEK.

Die Königsfamilie sitzt mit den Nobelpreisträgern an der Ehrentafel, Tischherr der Königin ist immer der Vorsitzende der Nobelstiftung. Am Fest nehmen jedes Jahr auch 200 Studenten teil, die per Los ausgewählt werden. Das Essen mit sämtlichen Gängen, bei dem alle Preisträger eine Tischrede halten, dauert vier Stunden. In seltenen Fällen fällt diese, wie die Rede der rumäniendeutschen Schriftstellerin Herta Müller im Jahr 2009, auch einmal politisch aus. Wer nicht zu den Glücklichen mit einer Einladung gehört, hat später die Möglichkeit, das Menü im Restaurant Stadshuskällaren (▶ S. 126) zu bestellen – auf die Gesellschaft der Königsfamilie, die immer geschlossen zum Nobelfest erscheint, muss er dabei allerdings verzichten.

68 NACHBARN UND ZWEI EHEFRAUEN

Die Preisträger dürfen Verwandte und Freunde zum Nobelfest einladen. Der Franzose Jean Dausset, der 1980 gemeinsam mit Baruj Benacerraf und George Davis Snell den Medizinnobelpreis für Forschungen im Bereich der Immunologie erhielt, lud einige der 500 Blutspender ein, die seine Forschungen erst möglich gemacht hatten. Der spanische Schriftsteller Camilo José Cela, der 1989 mit dem Nobelpreis ausgezeichnet wurde, brachte den Bürgermeister sowie 68 Nachbarn, Freunde und Verwandte aus seinem Geburtsort Padrón in Galizien mit. Einer der drei Physikpreisträger (Teilchenphysik) des Jahres 1979, Abdus Salam aus Maghiāna (heute Pakistan), erschien mit zwei Ehefrauen. Im Haus der Nobelstiftung am Humlegården (Sturegatan 14) ist man tagelang damit beschäftigt, die Sitzordnung für die 1262 an den 65 Tischen Gäste festzulegen.

Nach dem offiziellen Fest findet in Regie der verschiedenen Stockholmer Hochschulen, die sich abwechseln, noch eine »Nobel NightCap« genannte Party statt, zu der Journalisten nicht zugelassen sind und über die dementsprechend wenig bekannt ist.

Einblicke in Geschichte und Fortschritte der Naturwissenschaften gewähren die Leistungen der bis heute über 300 (häufig wird der Preis ge-
teilt) Preisträger in Chemie, Physik und Medizin.

DIE NOBELPREISTRÄGER

Robert Koch, der Entdecker des Tuberkuloseerregers, erhielt 1905 den
Medizinnobelpreis, im Jahr 1945 wurden Alexander Fleming, Ernst Boris
Chain und Howard Walter Florey für die Entdeckung des Penizillins ausgezeichnet. Dem Physiker Wilhelm Conrad Röntgen wurde 1901 der erste
Physiknobelpreis für seine Entdeckung der Röntgenstrahlung zugesprochen. Der bis heute jüngste Nobelpreisträger war der 25-jährige Australi-
er William Lawrence Bragg, der 1915 den Physiknobelpreis gemeinsam
mit seinem Vater erhielt. Die beiden hatten mithilfe der Röntgenstrahlen
die Struktur von Kristallen erforscht. Die Polin Marie Curie, Professorin
an der Sorbonne in Paris, war 1911 die erste Frau, die einen Nobelpreis
erhielt, und zwar für die Entdeckung der radioaktiven chemischen Elemente Radium und Polonium. Bei der Vergabe der Nobelpreise schnitten
Frauen bisher allerdings recht schlecht ab, was in den bislang von Männern dominierten Sparten Chemie, Physik und Medizin vielleicht nicht
so erstaunlich ist, aber auch in der Literatur sind es seit 1901 erst 13 Frau-
en, die bis zur Kanadierin Alice Munro 2013 mit dem Nobelpreis ausgezeichnet wurden. Die erste Frau überhaupt war 1909 die Schwedin Selma
Lagerlöf. Dann war erst einmal wieder bis zur heute weitgehend vergessenen Italienerin Grazia Deledda 1926 Pause. Wer die Liste der Preisträger
durchgeht, stellt ohnehin fest, dass auch ein Nobelpreis nicht unbedingt
bleibenden Ruhm garantiert. Auf die Italienerin folgte bereits zwei Jahre
später die Norwegerin Sigrid Undset, deren historische Romane noch
heute ihre Leser finden. Ausgezeichnet wurde sie für ihre »eindrückli-
chen Beschreibungen nordischen Lebens während des Mittelalters«.

In einigen Jahren, z. B. während der beiden Weltkriege, wurden keine
Nobelpreise vergeben. Mitunter konnten sich auch die Akademien nicht
auf einen Preisträger einigen. Heute hat man den Eindruck, dass der
Hype um die Preise mit jedem Jahr zunimmt.

Über Nobel und die Nobelpreise informiert das Nobelmuseet (▶ S. 143),
zwei der ehemaligen Sprengstofffabriken, Heleneborg in der Lorens-
bergsgatan auf Södermalm (U-Bahn: Hornstull) und die wesentlich größere am Vinterviken (Vinterv.iksvägen 60, U-Bahn: Aspudden), sind
noch zu besichtigen. Das Grab Alfred Nobels findet sich auf dem Norra
begravningsplatsen (▶ S. 88), am alten Haupteingang an der E 4, Grind 5.

STREIFZÜGE DURCH GAMLA STAN UND SÖDERMALM

Auf den Spuren von Kaufleuten und Monarchen geht es durch die engen Gässchen der Gamla Stan, in der kaum ein Gebäude jünger als 200 Jahre ist. Da die gesamte Altstadt Fußgängerzone ist, eignet sich dieser Spaziergang auch gut als Familienunternehmung mit kleineren Kindern. Vom südlich der Gamla Stan gelegenen Södermalm bieten sich wunderbare Ausblicke über die Dächer der Altstadt.

◀ Schmucke Bürgerhäuser säumen den Stortorget (▶ S. 156) in der Gamla Stan.

START Slussen, U-Bahn: Slussen
ENDE Lilla Skinnarviksgränd, U-Bahn: Mariatorget
LÄNGE 4 km

In der Gamla Stan mit ihren engen, verwinkelten Gassen schlägt das Herz der schwedischen Hauptstadt. Hier auf Stadsholmen, der Stadtinsel, »regiert« im **Königlichen Schloss** Carl XVI. Gustaf. Auf dem kleinen Helgeandsholmen gleich nördlich davon hat der schwedische Reichstag seinen Sitz, auf Riddarholmen (Ritterinsel), der Insel, die Gamla Stan westlich begrenzt, tagt u. a. der Oberste Gerichtshof. Früher wurde in Gamla Stan am Järntorget auch über die Finanzen Schwedens entschieden. Dann zog die Reichsbank ins heutige Reichstagsgebäude und schließlich an den Brunkebergstorg. Einer intelligenten Sanierungspolitik in der Altstadt der 1930er-Jahre ist es zu verdanken, dass hier heute noch Menschen wohnen und sich nicht alles in Souvenirläden und Bürolandschaften verwandelt hat: Hinterhäuser wurden abgebrochen und Gärten begrünt. Hier zu wohnen ist jedoch nur wenigen vergönnt. Zu den Glücklichen gehören die aus der dänisch-schwedischen TV-Krimiserie »Die Brücke« bekannte Schauspielerin Sofia Helin, der Krimiautor Johan Theorin, die feministische Literaturwissenschaftlerin Ebba Witt-Brattström sowie die prominente Politikerin Gudrun Schyman. Der als Jude im Exil lebende Dramatiker und Maler Peter Weiss (1916–1982) wohnte in den 1970er-Jahren im obersten Stockwerk

Wollen Sie's wagen?

Wem eine gewöhnliche Kajaktour zu geruhsam und beschaulich ist, dem steht neuerdings die Abenteuervariante Wildwasserpaddeln mit Privatinstrukteur zur Verfügung. Im Norrström, wo sich vor dem Reichstagsgebäude der Mälaren und die Ostsee in wilden Strudeln vereinigen, bietet sich Ihnen ein Gewässer von beeindruckender Sturzbachqualität. Lassen Sie diese Gelegenheit, Ihre Kräfte mit der ungebändigten Natur zu messen, nicht ungenutzt an sich vorbeirauschen!
Eine Privatstunde dauert 60–90 Min. und kostet 1800 SEK (Ausrüstung inkl.).
Ort: Von der Norrbro-Treppe hinunter auf den Helgeandsholmen zum südlichen (dem Schloss zugewandten) Parkende
Gamla Stan | www.paddlingstock holm.se

des Hauses Västerlånggatan 44 und schrieb hier die Romantrilogie »Die Ästhetik des Widerstands«.

Rund um den alten Eisenmarkt

Der Rundgang beginnt im Süden bei der Schleuse, »Slussen«, die das Süßwasser des Riddarfjärden von der Ostsee trennt. Diesen Weg kamen auch schon die Kaufleute vergangener Jahrhunderte, wenn sie nicht mit dem Wagen unterwegs waren, weil die Wege durch die Wälder Smålands zu unsicher oder nach der Schneeschmelze im Frühjahr nicht passierbar waren. Ihre

Schiffe legten an der Skeppsbron an, von Slussen aus gesehen rechts. Slussen lädt nicht zum Verweilen ein: In den 1930er-Jahren wurde hier ein Verkehrskreuz angelegt: Autos, U-Bahnen, Busse und die Pendelzüge ans Meer nach Saltsjöbaden verkehren auf unterschiedlichen Ebenen. Da es zu Zeiten des Linksverkehrs (bis 1967) gebaut wurde, geraten stockholmfremde Verkehrsteilnehmer leicht einmal ins Schwitzen. In Kürze soll mit dem auf mehrere Jahre veranschlagten Umbau dieses Verkehrsknotenpunkts begonnen werden. Wer sich vor dem Rundgang noch stärken will, dem sei die Imbissbude vor dem U-Bahn-Ausgang empfohlen: Hier gibt es gebratenen »strömming« (Ostseehering) auf Knäckebrot.

Heißer Tee in kalten Gassen

Erleben Sie in einer frostigen Winternacht bei einem Streifzug durch die Gassen der Gamla Stan eine ganz besondere Stimmung – eine eingepackte Thermoskanne mit heißem Tee sorgt für die nötige Wärme (▸ S. 15).

Sie lassen das Reiterstandbild Karl Johans, des ersten Bernadotte, links liegen und tauchen in die Gassen Gamla Stans ein: Die Järntorgsgatan führt geradewegs auf den **Järntorget** zu, den Eisenmarkt, auf dem früher das für den Export bestimmte Stangeneisen gewogen wurde. Von der Bedeutung, die dieser Platz einstmals hatte, zeugt das **Bankohus**. Das ehemalige Gebäude

der schwedischen Reichsbank im Renaissancestil wurde, wie es seiner Bedeutung zukam, vom Baumeister des Schlosses Nicodemus Tessin d. Ä. im späten 17. Jh. entworfen. Es ist durch eine Brücke mit dem Nachbargebäude, in dessen Keller sich einmal die Druckerei der Banknoten befand, verbunden. Die eine Längsseite des Platzes wird von einem Konsum eingenommen. Gegenüber ist in einem rötlichen Gebäude die älteste Konditorei Stockholms ansässig. Die 1785 gegründete **Sundbergs Konditori** zeigt im Innern eine goldverschnörkelte Einrichtung aus dem frühen 19. Jh. Vor dem Bankpalast steht eine Statue des berühmten Sängers und Seemanns Evert Taube, der oft im **Gyldene Freden** anzutreffen war. Seinem Stammlokal und den Bewohnern Gamla Stans hat er einige heute noch populäre Lieder gewidmet, »Den Gyldene Fredens Ballader«. Das seit 1722 bestehende Gasthaus mit mittelalterlichem Kellergewölbe ist das erste Gebäude an der Österlånggatan, die mit dem Kai, Skeppsbron, durch eine Reihe schmaler Gassen verbunden ist. Ihr Weg führt Sie jetzt jedoch links eine steile Gasse, Södra Benickebrinken, hinauf in das ehemalige Viertel der deutschen Kaufleute, in dessen Mitte, an der Svartmangatan, die Tyska kyrkan (deutsche Kirche) aus dem 17. Jh. emporragt. Das stattliche gelbe Gebäude linker Hand, hinter der Bibliothek, in dem sich u. a. das Storkyrkobad befindet, ist das sogenannte **Ehrenstrahlska huset**: Es liegt am **Tyska Brunnsplan** und geht auf den deutschstämmigen Porträtmaler David Klöcker (1629–1698) zurück, der später den Adelstitel Ehrenstrahl erhielt.

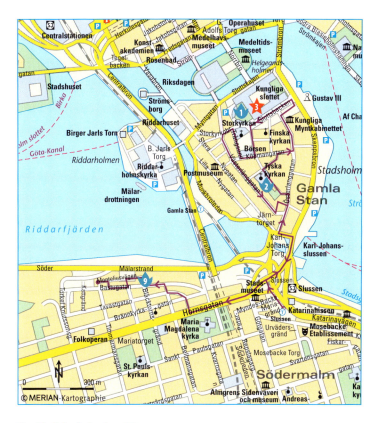

Ein Obelisk als Dankeschön

Den Brunnen, der von zwei riesigen Kastanien flankiert wird, entwarf der Architekt der Börse am Stortorget, Erik Palmstedt. Er hatte auch die geniale Idee, das Haus dahinter mit einer gebogenen Fassade zu versehen. Nachdem Sie den Chor der Tyska kyrkan passiert haben, gehen Sie nach rechts in die Kindstugatan. An deren Ende liegt der idyllischste Platz Gamla Stans, **Brända Tomten**, auf dem Bänke zum Verweilen einladen. Er wurde nach einem Stadtbrand angelegt, daher auch sein Name: Brandplatz. Ein paar Schritte weiter kommen Sie zum nächsten Platz, den Köpmantorget, den eine Bronzekopie der Skulptur des hl. Georg mit dem Drachen aus der Storkyrkan schmückt. Dahinter fällt der Platz zur Österlånggatan ab. Unser Weg führt jetzt den schmalen Bollhusgränd entlang zum **Slottsbacken**, dem großen Platz vor dem Schloss, und auf die südliche Fassade des Schlosses zu. An der Südseite des Slottsbacken steht die Finska kyrkan, die Kirche der finnischen Gemeinde. Ihre Größe und die

Schlichtheit der Ausstattung erinnern an die ländlichen Kirchen Schwedens. Das Gebäude wurde Mitte des 17. Jh. jedoch nicht als Gotteshaus errichtet, sondern um dem König auch im Winter das Ballspielen zu ermöglichen. In dem kleinen Park hinter der Kirche ist die kleinste Skulptur der schwedischen Hauptstadt zu bewundern. Sie wurde 1967 von dem Bildhauer Liss Eriksson geschaffen und heißt »Junge, der in den Mond schaut«. Mit dem **Obelisken** am oberen Ende des Platzes bedankte sich Gustav III. bei den Stockholmer Bürgern für ihren Einsatz während des schwedisch-russischen Krieges 1788 bis 1790. Hinter dem Obelisken ragt die Chorfassade der Storkyrkan auf. Links führt ein Torbogen in einen lauschigen Garten, in dem Sie im Sommer auch eine Tasse Kaffee trinken können.

Trubelige Västerlånggatan

Der Källargränd führt jetzt links am Chor vorbei auf den **Stortorget**, dieser wird von der klassizistischen Fassade der Börse dominiert, die das mittelalterliche Rathaus ersetzte. Der Stortorget ist der zentrale Marktplatz der Stadt, auf dem sich bis ins 18. Jh. das Stockholmer Leben abspielte. Die Platzmitte wird von einem Brunnenhaus aus dem späten 18. Jh. eingenommen. Im Dezember werden hier die Buden des Weihnachtsmarkts aufgebaut. Eine der Ecken des Platzes nimmt das **Grillska huset** aus dem späten 17. Jh. ein. Es ist an seinem abgerundeten Barockgiebel zu erkennen. Im Erdgeschoss befindet sich eine Konditorei, deren Balkendecke mit Sternen bemalt ist. Ein paar Häuser weiter liegt der **Stortorgskällaren**, hier können Sie un-

ter mittelalterlichen Gewölben zu Mittag essen. In eben dieses Haus ist auf der Ecke Skomakargatan eine Kanonenkugel eingemauert: Sie soll auf den dänischen König Christian II. abgefeuert worden sein. Dieser König ist in Schweden unter dem Namen Kristian Tyrann bekannt, weil er am 7. November 1520 über 80 Adelige und Bischöfe auf dem Stortorget hinrichten ließ, unter ihnen den Vater von Gustav Vasa. Das Ereignis ging als »**Stockholmer Blutbad**« in die Geschichte ein. Eine Trångsund, enger Sund, genannte Straße führt links an der Börse vorbei auf die abschüssige Straße, die zum Hauptportal der Storkyrkan führt. Am Ende von Storkyrkobrinken sieht man das Ritterhaus. Sie biegen jedoch vor der Apotheke Korpen links in die **Västerlånggatan** ein. Die am Reichstag beginnende Straße ist die belebteste Meile der Altstadt und wird von Boutiquen, Spezialgeschäften für Norwegerpullover, Gaststätten, Kneipen und Ramschläden gesäumt. Hier herrscht auch noch in den Abendstunden reges Treiben. Sollte es im Hochsommer in den schmalen Gassen zwischen den Häusern zu warm werden: Stets sind es nur wenige Schritte zur Weite des Wassers und einer erfrischenden Brise. Auf der linken Seite steht das **Jakob Sauer Haus** (Nr. 29), das auf das 14. Jh. zurückgeht: Im ersten Stock sind noch die spitzbogigen Fenster aus dieser Zeit zu sehen. Zwischen den Häusern 24 und 24 A können Sie durch ein Gewölbe einen Abstecher auf die Gåsgränd (Gänsegasse) machen, die auf den **Gåstorg** führt. Der Platz wurde im 18. Jh. als Wendeplatz für Pferdefuhrwerke angelegt. Heute ist hier die Bronzeplastik »Tungviktare« (Schwergewichtler) von Sven Lundqvist von 1967 aufgestellt, die zwei Boxkämpfer und ihre Zuschauer zeigt. Weiter auf der Västerlånggatan gelangen Sie zum **Von der Linde Haus** (Nr. 68) mit einem Barockportal aus Sandstein. Dieses wohl stattlichste Bürgerhaus der Gamla Stan wurde für Erik Larsson, den Schatzmeister Gustav II. Adolf, erbaut, der mit dem Titel »von der Linde« geadelt worden war. Kurz bevor Sie wieder den Järntorget erreichen, führt links der Mårten Trotzigs Gränd, der stellenweise nur 90 cm breit ist, auf die Prästgatan. Er ist nach dem deutschen Kaufmann Martin Traubtzich benannt. Vom Järntorget können Sie wieder zur Slussen zurückgehen oder noch die Stora und Lilla Nygatan erkunden, die parallel zur Västerlånggatan verlaufen.

Södermalm – Spektakuläre Aussicht auf Schritt und Tritt

Nach einer wohlverdienten Pause, z. B. bei Sundbergs auf dem Järntorget oder auch in einem Café an der Västerlånggatan, geht es nun weiter ins einstige Arbeiterviertel Södermalm, das dank seiner Hügellage beeindruckende Aussichtpunkte über die Stadt aufweist, aber auch gewisse Anforderungen an die Kondition der Besucher stellt.

Wenn Sie der Altstadt den Rücken zukehren, erhebt sich vor Ihnen der Katarinaberg. Rechts davon beginnt auf dem Mariaberg oberhalb der Schleuse die lebhafte **Hornsgatan**, die hier an ihrem östlichsten Ende auf zwei Niveaus verläuft: zum einen dem Hornsgatspuckel (der Hornsgatsbuckel), der der ursprünglichen Bebauung entspricht, und zum anderen der 1903 da-

Das Gasthaus Den Gyldene Freden (▶ S. 154) an der Österlånggatan, eine echte Stockholmer Institution, verwöhnt seine Gäste mit schwedischer Hausmannskost auf hohem Niveau.

zugesprengten Verbreiterung. Erklimmen Sie nun den für den Verkehr gesperrten Kopfsteinpflasterbuckel und erfreuen Sie sich rechterhand an der Bebauung aus dem 18. Jh., die zum Teil Anfang des 19. Jh. aufgestockt wurde. Dieser Straßenabschnitt weist die höchste Kunstgaleriendichte Stockholms auf, außerdem gibt es hier nette Kunsthandwerksläden. Links sehen Sie die erste Zentralkirche Stockholms, die barocke **Maria Magdalena kyrka** aus dem 17. Jh. Nach einigen Schritten geht es nun rechts in die Maria Trappgränd, eine kurze Gasse, die auf einen winzigen Platz mit einladenden Bänken unter einer Kastanie führt.

Die vom Ende der Maria Trappgränd Richtung Schleuse abfallende Gasse ist mit einer Neigung von 21 Grad die steilste Stockholms. An diesem Abschnitt der **Brännkyrkagatan** brach auch 1759 die verheerende Feuersbrunst aus, die 300 Häuser auf dem Mariaberg und auch Teile der Maria-Magdalena-Kirche zerstörte.

Nun geht es aber kurz die Brännkyrkagatan in entgegengesetzter (westlicher) Richtung weiter. Geradeaus bietet sich wieder ein Blick auf charmant versetzte Straßenniveaus, wir biegen jedoch rechts in die Bellmansgatan ab. Vor sich erblicken Sie eine Eisenbrücke, die zum **Mariahissen** (Mariafahrstuhl) aus dem Jahr 1886 führt, der früher die schnellste Verbindung ans Ufer darstellte. Umschlossen wird er von einem palastartigen Gebäude, das vom Fuße des Lifts in seiner vollen Pracht zu sehen ist, uns aber seine unscheinbare Rückseite zukehrt. Zu seinen aktivsten Zeiten beförderte der 28 m hohe Auf-

Durch steile, ruhige Gassen gelangt man in den Ivar Los Park (▶ S. 159). Mit Blick auf die Riddarholmen mit der Riddarholmskyrka lässt es sich hier herrlich entspannen.

zug 3000 Menschen pro Tag zwischen den betriebsamen Kaianlagen des südlichen Mälarstrand und dem Mariaberg Södermalms.

Folgen Sie nun auf dem erhöhten Weg links dem Schild Monteliusvägen über einen kurzen Abschnitt der Bastugatan. Gleich geht es wieder scharf rechts, vorbei am 1892 errichteten **Laurinska huset**, das nach dem Kunsthistoriker Carl Gustaf Laurin benannt ist. Wegen seiner repräsentativen, turmverzierten Fassade, die dem Wasser zugewandt ist, trägt es auch den Namen Mälarschlösschen. Lassen Sie sich nun vom Höhepunkt dieses Spaziergangs, Stockholms schönster Aussicht, hinreißen. Vor und tief unter Ihnen erstreckt sich die Weite des **Riddarfjärden**, wie dieser Teil des Mälaren heißt, gesäumt von den Inseln Gamla Stan, Riddarholmen und Kungsholmen.

Von rechts nach links sehen Sie in der Altstadt den imposanten Turm der Tyska kyrkan, dann vor dem Schloss den Turm der Storkyrkan, in der die Kronprinzessin heiratete. Auf Riddarholmen rückt die königliche Begräbniskirche Riddarholmskyrkan aus dem 13. Jh. ins Blickfeld, dann auf dem Festlandteil Norrmalm die umstrittenen fünf Hochhäuser der Hötorgscity aus den 1960er-Jahren, die Klara kyrka mit ihrem 108 m hohen Turm, die futuristische Fassade des Kongresszentrums Stockholm Waterfront von 2011 und schließlich am östlichsten Ende der Insel Kungsholmen das Wahrzeichen der Stadt, das Rathaus Stadshuset.

Weiter geht es nun den Monteliusvägen entlang bis zum **Ivar Los Park**, einer winzigen grünen Oase. Den nach dem schwedischen Arbeiterschriftstel-

Wollen Sie's wagen?

Wer seine Kletterausrüstung auch im Ausland dabei hat, sollte sich eine Partie an der schroff aufragenden Ostwand des Danvikskanals direkt bei der Danviksbrücke gönnen. Da sie durch Sprengung entstand, sei vor scharfen Kanten gewarnt. Belohnung ist ein hübscher Blick auf die Stadtlandschaft um den Hammarby sjö und die vorbeiziehenden Segelboote unterwegs von und zur Hammarbyschleuse.

Södermalm | Danviksbron | Saltsjöbanan: Henriksdal (3 Min.), 350 m zu Fuß zurück zum Kanalklippan (Kanalfelsen) | www.sverigeforaren.se/index.php/kanalklippan

ler Ivar Lo-Johannson benannte öffentliche Park ziert eine Büste des Autors. Folgen Sie nun dem Panoramaweg bis zum Pendant des Mälarschlösschens, nämlich der Mälarburg (Mälarborgen), einem prunkvollen Backsteingebäude von 1889, in dem der Maler Eugène Jansson (1862–1915) lebte und die wunderschöne Aussicht viele Male auf Leinwand bannte.

Links vorbei an der Mälarburg endet der Spaziergang in der **Lilla Skinnarviksgränd**. In diesem Viertel lebten früher in elendsten Verhältnissen die Kürschner und Gerber, die aufgrund ihres übel riechenden Berufes hierher an den Stadtrand verwiesen worden waren. Heute ist diese Söderidylle mit roten Holzhäuschen und verschachtelten Gärten eine der attraktivsten Wohngegenden Stockholms.

DAS UMLAND
ERKUNDEN

Malerisch am Mälarensee liegt Schloss
Gripsholm (▶ S. 164) bei Mariefred.

SCHLOSS DROTTNINGHOLM ⭐ 🔟

CHARAKTERISTIK: Der Wohnsitz des schwedischen Königspaars besticht durch einen wunderschönen Park und viele Sehenswürdigkeiten **ANFAHRT:** Von der U-Bahnstation Brommaplan mit den Bussen 177, 301–23 (5 Min.) oder vom Stadshuset im Sommer ab 10 Uhr jede volle Stunde mit dem Schiff (Fahrtzeit 50 Min.) **DAUER:** Halbtagesausflug **EINKEHRTIPP:** Im Sommer im Kina slott, geöffnet Mai–Sept.

Das auf der Mälareninsel Lovön in der Gemeinde Ekerö gelegene Schloss Drottningholm ist eines der bislang 15 schwedischen Kulturdenkmäler auf der UNESCO-Liste des Weltkulturerbes. Seit 1981 wohnt hier das Königspaar, Kronprinzessin Victoria zog 2010 ins Hagaschlösschen um und lebt dort mit ihrer Familie.

Um 1700 wurde das barocke Kleinod im Auftrag der Königinwitwe Hedwig Eleonora von Nicodemus Tessin d. J. fertiggestellt. 40 Jahre später veranlasste die Kronprinzessin Lovisa Ulrika (Luise Ulrike), die Schwester von Friedrich II. von Preußen, einen Umbau, bei dem das Schloss sein heutiges Aussehen erhielt. Ende des 18. Jh. ging es in Staatsbesitz über, jedoch behielt sich die königliche Familie das Nutzungsrecht vor. Besonders sehenswert sind das gigantische **Treppenhaus** mit Stuckdekorationen von Giovanni und Carlo Carove aus der Zeit um 1670 sowie elf Marmorstatuen von Nicolas Millich aus etwa derselben Zeit und das **Paradeschlafzimmer** der Königin Hedwig Eleonora. Dieses prachtvoll ausgestattete Gemach war trotz seines Namens als Gedenkraum für den verstorbenen Karl X. Gustav gedacht und daher ursprünglich ganz in Schwarz gehalten. Später wurde es blau ausgemalt. Die außerordentlich belesene Lovisa Ulrika ließ um 1760 jenen Raum einrichten, der seither und immer noch als das schönste Zimmer Schwedens bezeichnet wird, die in Perlgrau und Gold gehaltene **Bibliothek**. Unterstützt wurde sie darin von dem Architekten Jean Erik Rehn (1717–1793), der hier die Verspieltheit des Rokoko aus Respekt vor der Gelehrsamkeit zugunsten eines klassizistischen Stils abmilderte.

Hauptattraktion ist jedoch das bezaubernde kleine **Theater** nördlich des Schlosses aus dem Jahre 1766. Gustav III. schrieb selbst Theaterstücke und trat hier als Schauspieler auf. Von Mai bis September wird hier mithilfe des Drottningholmer Kammerorchesters, den ursprünglichen Kulissen und der Bühnenmaschinerie gustavianische Atmosphäre heraufbeschworen, die dem Zuschauer ein unvergessliches Erlebnis bereitet. Besonders stolz ist man in Drottningholm auf den »Theaterdonner«, der noch auf die gleiche Weise produziert wird wie Mitte des 18. Jh. und in fast jeder Vorstellung seine gegebene Rolle findet. Je nach gewünschter Gewitterstärke wird entweder das Donnerseil betätigt, das eine mit Steinen gefüllte Kiste in Bewegung setzt, oder eine Kanonenkugel hin- und hergerollt, bis die Theaterwände erzittern.

Im Westen der Parkanlage schließt sich der um das Jahr 1700 angelegte **Barockgarten** nach französischem Vorbild an das Schloss an. Fast 80 Jahre später entstand auf Wunsch Gustavs III. nördlich davon eine weitläufige englische Gartenanlage, die sich unter anderem an Marie Antoinettes »wildnatürlicher« Parkanlage um das Schlösschen Petit Trianon (Versailles) orientierte.

Als Königin Lovisa Ulrika ihren 34. Geburtstag feierte, erhielt sie als Überraschung ein chinesisches Lustschlösschen, das **Kina slott**. Es ist im Stil des französischen Rokoko errichtet, wirkt aber aufgrund der zahlreichen chinesischen und orientalischen Elemente exotisch. Das ursprüngliche Holzschlösschen brannte ab und wurde im Jahr 1769 durch das jetzige Gebäude ersetzt. Hinter einem der

Nebengebäude, in der ehemaligen Schlossküche, wurde ein nettes Sommercafé eingerichtet, in dem es vorzügliche Waffeln zum Kaffee gibt.

INFORMATIONEN

Drottningholms slott
www.kungahuset.se | Mai–Aug. tgl. 10–16.30, Sept. tgl. 12–15.30, Okt.–April Sa, So 12–15.30 Uhr | Eintritt 80 SEK, Kinder frei

Drottningholms slottsteater
www.dtm.se | Führungen Mai–Aug. tgl. 11–16.30, Sept. tgl. 13–15.30 Uhr | Eintritt 80 SEK, Kinder in Begleitung Erwachsener frei

Kina slott
www.kungahuset.se | Mai–Aug. tgl. 11–16.30, Sept. tgl. 12–15.30 Uhr | 100 SEK, Kinder frei

Wahrhaft königlich wohnt es sich in den prunkvoll ausgeschmückten Räumlichkeiten des Drottningholms slott (▶ MERIAN TopTen, S. 162), das westlich der Stadt liegt.

SCHLOSS GRIPSHOLM

CHARAKTERISTIK: Kurt Tucholsky verbrachte hier unbeschwerte Sommertage. Sie sollten es ihm nachtun, denn Mariefred wartet mit einem sehenswerten Schloss, erholsamer Natur und einer Kleinstadtidylle auf **ANFAHRT:** Stilvoll ist die Anfahrt mit dem Dampfschiff »SS Mariefred«, das Sie für 220 SEK in dreieinhalb Stunden vom Stadshuskajen nach Mariefred bringt (im Sommer außer Mo Abfahrt 10 Uhr, Rückkehr 20 Uhr | Fahrplan/Turlista unter www.imariefred.nu); mit Bahn und Bus (in Läggesta umsteigen) brauchen Sie nach Mariefred nicht einmal eine Stunde (sehr gute Verbindung) **DAUER:** Tagesausflug **EINKEHRTIPP:** Anna på torget, Kyrkogatan 11, www.annapatorget.se, Mo–Fr 9–17, Sa 10–17, So 11–17 Uhr

»Mariefred ist eine klitzekleine Stadt am Mälarsee. Es war eine stille und friedliche Natur, Baum und Wiese, Feld und Wald – niemand aber hätte von diesem Ort Notiz genommen, wenn hier nicht eines des ältesten Schlösser Schwedens wäre: das Schloss Gripsholm. Es war ein strahlend heller Tag. Das Schloss aus roten Ziegeln erbaut, stand leuchtend da, seine runden Kuppeln knallten in den blauen Himmel – dieses Bauwerk war, dick, seigneural, eine bedächtige Festung.« Lassen Sie sich mitreißen von **Kurt Tucholskys** Begeisterung für das sympathisch-dickbauchige Schloss Gripsholm, das er in seiner gleichnamigen Erzählung von 1931 so charmant beschrieb, und folgen Sie den Spuren des berühmten Satirikers durch das nahe gelegene Kleinstadtidyll Mariefred. Auf einem kleinen Holm im Mälarsee, vor dem Städtchen Mariefred gelegen, thront **Schloss Gripsholm**, das mit seinen wehrhaften Mauern und den vier kräftigen Türmen eher den Eindruck einer Burg vermittelt. Seine jetzige Gestalt erhielt das Schloss weitgehend un-

ter Gustav Vasa, eine Burg stand hier jedoch bereits im Mittelalter. Nach Gustav Vasas Tod 1560 begann eine dramatische Zeit für Gripsholm. Drei Schwedenkönige saßen hier gefangen, der letzte war Gustav IV. Adolf, der dann auch hier seine Abdankung unterzeichnen musste.

Seine Blütezeit erlebte das Schloss unter dem musischen König Gustav III., der hier zwischen 1773 und 1785 alljährlich für längere Zeit Hof hielt. Seinem Eifer ist es zu verdanken, dass die **Porträtsammlung** weit mehr ist als nur eine königliche Gemäldegalerie. Sie umfasst mehr als 4500 Werke, und jedes Jahr kommen neue Porträts hinzu. Hier hängen Bildnisse aller Personen, die in Schweden einmal Rang und Namen hatten, wie beispielsweise Carl von Linné, Carl Michael Bellman sowie Greta Garbo.

Besonders sehenswert ist auch das hübsche kleine **Privattheater** Gustav III. aus dem Jahr 1781. Es liegt im südlichsten Turm, ist mit seinem halbrunden Zuschauerraum auf geniale Weise an die architektonischen Gegebenheiten angepasst und verfügt sogar über eine königliche Loge.

Nach einem Rundgang durch den Schlosspark mit seinen jahrhundertealten Bäumen ist ein Spaziergang durch das wunderhübsche und etwas verschlafene **Mariefred** zu empfehlen. Inmitten der freundlichen Holzhausidylle erhebt sich die Kirche aus dem 17. Jh. Ursprünglich war hier das Kloster »Pacis Mariae« angesiedelt, das Mariefred seinen Namen gab und von dem einzig ein paar Mauerreste in der Wand der Kirche übrig geblieben sind. Nur wenige Schritte entfernt steht das Rathaus aus dem Jahr 1748 von Carl Johan Cronstedt.

Ein Ausflug nach Mariefred kann nur an einer Stelle ihren angemessenen Abschluss finden: am Grabe Kurt Tucholskys. 1935 wurde er nach mehrjährigem Exil hier beigesetzt (der Friedhof liegt etwa 20 Minuten von der Anlegestelle entfernt).

INFORMATION

Gripsholms slott

Mariefred | www.kungahuset.se | Mitte Mai–Mitte Sept. tgl. 10–16 Uhr | Eintritt 80 SEK, Kinder frei

Für Wanderlustige bietet sich ein Abstecher ins 400 m westlich des Schlosses gelegene, idyllische Naturschutzgebiet **Gripsholms Hjorthage** an. In dem 50 ha umfassenden Gehege, das bis ans Wasser reicht, grasen 100 Damhirsche unter jahrhundertealten Eichen und Linden. Der Königliche Hirschgarten steht allen Besuchern offen, sofern nicht gerade Jagdsaison ist.

www.sodermanland@lansstyrelsen.se

In Gripsholms slott (▶ S. 164), das eher einer wehrhaften Burg als einem noblen Schloss ähnelt, erinnern die ausgestellten Rüstungen an weniger friedliche Zeiten.

STOCKHOLM
ERFASSEN

In der Stockholmer U-Bahn (▶ S. 183) sind viele Bahnhöfe mit Kunstwerken dekoriert.

AUF EINEN BLICK

Hier erfahren Sie alles, was Sie über die schwedische Hauptstadt wissen müssen – kompakte Informationen über Land und Leute, von Bevölkerung und Sprache über Geografie und Politik bis Religion und Wirtschaft.

BEVÖLKERUNG

In Stockholm leben etwa 880 000 Menschen. Mit den angrenzenden 25 Gemeinden (von Nynäshamn im Süden bis Norrtälje im Norden, von Södertälje im Westen bis Värmdö im Osten), die zusammen Stockholms Län (Regierungsbezirk) bilden, sind es rund 2 127 000 Einwohner. In ganz Schweden belief sich die Bevölkerung im Juni 2013 auf 9 596 436. In der Stockholmer Innenstadt leben etwa 10 % Ausländer, wovon die größte Gruppe die Finnen und Iraker bilden.

FLÄCHE

Stockholm 188 qkm, Stockholms Län 6490 qkm, was etwa 327 Einwohnern pro qkm entspricht.

LAGE

Stockholm liegt an der Ostküste Schwedens, am Abfluss von Mälarsee in die Ostsee. Slussen, die Schleuse in der Stadtmitte, scheidet das Süßwasser des Mälaren von dem leicht salzigen Wasser der Ostsee. In Stockholm trinkt man das gereinigte Wasser des Mälaren. Die Wasserqualität ist so gut, dass

◄ Ein traditioneller Wirtschaftszweig in den Schären (▶ S. 169) ist die Fischerei.

es möglich ist, mitten in der Stadt Lachse zu fischen. Die Stadt liegt an der Grenze zu den etwa 20 000 Inseln umfassenden Stockholmer Schären. Das geografische Zentrum Stockholms liegt mitten im Riddarfjärden (59°21' N und 18°4' E). Das Klima ist gemäßigt, die Jahresdurchschnittstemperatur beträgt 6,6 °C, am wärmsten ist es mit durchschnittlich 17,8 °C im Juli, am kältesten im Februar (–3,1 °C). Die relative Nähe zum Polarkreis hat zur Folge, dass es im Juni fast rund um die Uhr hell ist, dafür hat man im Dezember nur knapp sechs Stunden Tageslicht.

POLITIK

Seit Herbst 2010 regiert eine konservative Koalitionsregierung. Zum ersten Mal zog bei der Wahl im September 2010 auch die ausländerfeindliche Partei Sverigedemokraterna in den Reichstag ein. Der Ministerpräsident heißt Fredrik Reinfeldt und wohnt im Sagerska Palast (Strömgatan 18) gegenüber vom Reichstag. Auch auf Kommunalniveau haben in Stockholm die Konservativen das Sagen.

RELIGION

82 % der Bevölkerung sind evangelisch-lutherisch. Die zweitgrößte Gruppe sind Muslime; daneben Freikirchen.

VERWALTUNG

Stockholm ist in 14 Bezirke eingeteilt: Bromma, Enskede-Årsta-Vantör, Farsta, Hägersten-Liljeholmen, Hässelby-Vällingby, Kungsholmen, Norrmalm, Rinkeby-Kista, Skarpnäck, Skärhol-

men, Spånga-Tensta, Södermalm, Älvsjö und Östermalm. Die Stadtteile besitzen eine gewisse Unabhängigkeit, d. h., es kann z. B. für Schulen in Norrmalm andere Vorgaben geben als für Schulen in Södermalm.

WIRTSCHAFT

Industrie und Verwaltung konzentrieren sich immer weiter auf Stockholm, Göteborg und Malmö, was in Stockholm zu immer größerer Wohnungsknappheit führt. Mietwohnungen sind kaum zu bekommen, Eigentumswohnungen zu einem Durchschnittspreis von mind. 1 Mio. SEK pro Zimmer. Größter privater Arbeitgeber der Stadt ist Ericsson, Hersteller von Ausrüstungen für die Telekomindustrie. Der Traum vom schwedischen Silicon Valley in Kista ist seit der Krise der Telekommunikationsbranche jedoch ausgeträumt. Der Kista Science Tower, der von der Autobahn nach Arlanda aus zu sehen ist, steht weitgehend leer. Auch die beiden großen schwedischen Verlage Bonnier und Norstedts sind in Stockholm beheimatet: Bonnier expandiert in den letzten Jahren stark nach Deutschland, u. a. als Eigentümer von Piper und Ullstein. Die Arbeitslosigkeit liegt bei ca. 8,5 %.

AMTSSPRACHE: Schwedisch
EINWOHNER: 881 235
BEVÖLKERUNG: 10 % Ausländer, v. a. Finnen, Iraker und Serben
FLÄCHE: 188 qkm
INTERNET: www.stockholm.se
RELIGION: 82 % evangelisch-lutherisch, 2 % katholisch, 3 % muslimisch
VERWALTUNG: 14 Stadtteile
WÄHRUNG: Schwedische Krone SEK

GESCHICHTE

Von der Christianisierung Schwedens durch einen Benediktiner-mönch im 9. Jh. über den Untergang der Vasa 1628 und die Verlegung der ersten Telefonleitung 1877 bis zum Großprojekt Citybanan spannt sich der Bogen der Stockholmer Stadtgeschichte.

Um 830 Erzbischof Ansgar, der Apostel des Nordens, besucht Birka

Erzbischof Ansgar des Erzbistums Hamburg-Bremen, ein Benediktiner-mönch, der wegen seiner Verdienste um die Christianisierung Schleswigs, Dänemarks und Schwedens auch »Apostel des Nordens« genannt wird, besucht um 830 Birka im Mälaren. Im Jahr 936 stirbt der letzte Missionar in Schweden, und Birka wird etwa 50 Jahre später aufgegeben. Die Christianisierung Schwedens wird erst gegen 1120 abgeschlossen. Über Ansgars Leben berichtet die von seinem Nachfolger Erzbischof Rimbert verfasste »Vita Ansgarii«. Hier wird ein König Björn in Birka erwähnt. Es handelt sich um

das einzige schriftliche Dokument über Schweden im 9. Jh. Seit 1834 steht oberhalb des ehemaligen Birka das Ansgarkreuz. In der 1930 errichteten Ansgarkapelle zeigen Bronzeplastiken des Bildhauers Carl Eldh Ansgar und die ersten Christen Schwedens.

1187 Anlage eines Verteidigungsturms auf dem Stadsholmen

Sigtuna wird von den Esten 1187 in Schutt und Asche gelegt. Zur Sicherung dieses Handelsplatzes wird auf Stadsholmen (Gamla Stan), auf dem schon seit alters her die für Sigtuna bestimmten Waren auf kleinere Boote umgeschlagen werden, ein Verteidigungsturm gebaut.

Um 800

Um 830

Um 1000

Der Handelsplatz Sigtuna entsteht und löst Birka ab

Auf der im Mälaren gelegenen Insel Björkö entsteht der Handelsplatz Birka

Erzbischof Ansgar, der Apostel des Nordens, besucht Birka

1252 Erste schriftliche Erwähnung Stockholms

Birger Jarl (Birger Magnusson) nennt 1252 in einem Schutzbrief für die Zisterzienserinnen des Klosters Fogdö (bei Strängnäs) am Mälaren Stockholm erstmals beim Namen. Der Schutzbrief, der heute im Riksarkivet auf Kungsholmen verwahrt wird, ist mit seinem Siegel und dem seines Sohnes, König Valdemar, versehen. Am Norrström existiert zu diesem Zeitpunkt bereits eine Burganlage, aus der später das Schloss Tre Kronor (und das heutige Kungliga slottet) hervorgeht und um die herum die neue Stadt entsteht.

1520 Christian II. von Dänemark-Norwegen besiegt Sten Sture d. J.

Der dänische Monarch Christian II. lässt sich 1520 in Stockholm auch zum schwedischen König krönen. Nach den Krönungsfeierlichkeiten werden 82 Gäste gefangen genommen und auf dem Stortorget geköpft, u. a. der Vater von Gustav Vasa und die Bischöfe Mattias und Vincent. Christian II. geht in die schwedische Geschichtsschreibung

als »Christian Tyrann« ein, die Morde als »Stockholmer Blutbad«. Hintergrund des Gemetzels ist eine Auseinandersetzung des einflussreichen Adeligen Sten Sture d. J. mit Erzbischof Gustav Trolle. Trolle wird 1517 inhaftiert, seine Burg Stäket (auf der Stäksön bei Upplands-Bro) 1518 niedergebrannt. Diesen Frevel legt man den 82 Adligen als Ketzerei aus. Die Hingerichteten werden auf dem Friedhof der Katarina kyrka beigesetzt. Das entstandene Machtvakuum nutzt Gustav Vasa drei Jahre später, um an die Herrschaft zu gelangen.

1628 Untergang der Vasa

Vier Jahre vor Ende des Dreißigjährigen Krieges, am 10. August 1628, kentert das Regalschiff »Vasa« auf seiner Jungfernfahrt. Das Schiff ist mit etwa 700 Skulpturen und Schnitzarbeiten geschmückt und mit 64 Kanonen auf zwei Decks bestückt. Als es 333 Jahre später, am 24. April 1961, geborgen wird, findet man auf dem Wrack 25 Skelette. Von den 145 Mann Besatzung sollen 30 bis 50 umgekommen sein (die

Erste schriftliche
Erwähnung Stockholms

Die Stadt erhält eine
Ratsverfassung nach
Vorbild der Hansestädte

Gustav Vasa
wird König von
Schweden und
befreit Stockholm

1252

1281

1336

1523

Magnus Eriksson
wird in der
Storkyrkan
gekrönt

Angaben schwanken). 300 Soldaten sollten erst in Älvsnabben (bei Muskö im Süden von Stockholm) an Bord gehen und kamen mit dem Schrecken davon. Nach der Havarie wird nach dem Verantwortlichen gesucht. Als es zum Prozess kommt, ist der Schiffskonstrukteur, der Holländer Henrik Hybertsson, bereits verstorben. Seinem Bruder und Kompagnon Arendt de Groot und dem Kapitän Söffring Hansson lässt sich nichts nachweisen. Erschwerend kommt hinzu, dass Gustav II. Adolf die Bauzeichnungen des Schiffes abgesegnet hat. Heute ist die Vasa in einem zum Museum umgebauten Trockendock auf der Insel Djurgården ausgestellt. Nach Bergung des Schiffes erkrankt Cheftaucher und Bergungsleiter Per Edvin Fälting an Impetigo, nachdem er von der 333 Jahre alten Butter gekostet hat.

1771 Krönung von Gustav III.

In das Jahr 1771 fällt die Thronbesteigung Gustav III., des Musenkönigs. Er gründete 1773 die Oper, 1787 das Kungliga Svenska Dramatiska Teatern (Dramaten) sowie 1786 die Svenska Akademi, deren Wahlspruch »Snille och smak« (in etwa: Genie und Geschmack) lautet. Der König schrieb selbst Theaterstücke und trat als Schauspieler auf. Unter seiner Regierungszeit erlebte das Drottningholm Schlosstheater eine Blüte. Bis heute ist es unverändert, was dem Barockschloss am Mäleren u. a. seinen Weltkulturerbestatus eingebracht hat. Die Italienbegeisterung des Königs hat in einigen Ortsnamen am Brunnsviken ihren Niederschlag gefunden. Dort gibt es (wie in der Umgebung von Rom) auf der Ostseite ein Albano und ein Frescati. Sein größtes Bauprojekt war ein Schloss im Hagaparken, ein schwedisches Versailles, das nie zum Abschluss kam, weil auf den König 1792 in der Oper ein Attentat verübt wurde, an dessen Folgen er 13 Tage später starb. Der Mord inspirierte Guiseppe Verdi zu seiner Oper »Der Maskenball« von 1859. Das Kostüm, das der König an diesem Abend trug, wird in der Livrustkammaren im Schloss ausgestellt.

Untergang der Vasa

1628

1771 Krönung von Gustav III.

1877 Verlegung der ersten Telefonleitung in der Stadt

Vom Sergels torg bis zur Drottninggatan 84 wird 1877 die erste Telefonleitung Stockholms verlegt. Sie verbindet das Geschäft des Juweliers Cedergren mit seiner Wohnung. 1880 wird die Stockholm Bell AB mit Vermittlung in der Gamla Stan und 121 Teilnehmern gebildet. Bereits 1885 gibt es in Stockholm fast 5000 Telefone. Der Telefonhersteller L. M. Ericsson, 1876 gegründet, wird zu einem der wichtigsten Arbeitgeber der Stadt. Die erste große Fabrik befindet sich in der Tulegatan in Vasastan, später zieht Ericsson an den Stadtrand um, an den Telefonplan im Süden im Stadtteil Midsommarkransen und nach Kista im Norden (Zentrale). Seit 2012 befindet sich Ericsson im Besitz von Sony. Das von Ericsson 1956 bis 1982 in über zwei Millionen Exemplaren hergestellte Ericofon, auch Kobratelefon oder Kobra genannt, bei dem die Wählscheibe in den Hörer integriert ist, wird im Museum of Modern Art in New York und im Stockholmer Nationalmuseum ausgestellt.

1891 Skansen wird gegründet

Das Freilichtmuseum Skansen, größte Touristenattraktion Stockholms, wird 1891 auf Djurgården von dem Stockholmer Artur Hazelius (1833–1901) gegründet. Um 1870 befand sich die alte bäuerliche Gesellschaft Schwedens in Auflösung. Es schien wichtig, sie der Nachwelt zu bewahren. Die Industrialisierung ist in Schweden eine relativ späte Erscheinung. Vorher waren Eisen, Kanonen und andere Waren in Hüttenorten (brukssamhällen) wie Vira Bruk (nördlich von Stockholm) hergestellt worden. Einen Abgesang auf diese vorindustrielle Welt stellt der Roman »Gösta Berlings Saga« (1891) von Selma Lagerlöf dar.

1932 Wahlsieg der Sozialdemokraten

Der Sozialdemokrat Per Albin Hansson löst eine konservative Regierung ab, die unter anderem über eine Parteispende in Höhe von 50 000 Kronen des in Konkurs gegangenen Zündholzkönigs Ivar Kreuger gestolpert ist. In den folgenden Jahrzehnten wird in Schwe-

1810

Der französische Marschall Jean Baptiste Bernadotte wird zum schwedischen König ernannt

1901 Erste Nobelpreisverleihung

1912 Olympische Sommerspiele

1923

Einweihung des Stadshuset

den ein Sozialstaat geschaffen, das sogenannte Folkhemmet (Volksheim). Hansson gebraucht diesen Begriff zum ersten Mal in einer Rede 1928: »Das gute Heim kennt keine Privilegierten und Benachteiligten, keine bevorzugten Kinder und keine Stiefkinder. Dort sieht niemand auf den anderen herunter. Dort versucht niemand sich Vorteile auf Kosten eines anderen zu verschaffen. Der Starke unterdrückt den Schwachen nicht und plündert ihn auch nicht aus. Im guten Heim herrscht Gleichheit, Rücksichtnahme, Zusammenarbeit und Hilfsbereitschaft. Angewandt auf das große Volks- und Mitbürgerheim würde das ein Niederreißen aller sozialen und ökonomischen Schranken bedeuten, die die Mitbürger jetzt in Privilegierte und Benachteiligte aufteilen, in Herrschende und Abhängige, in Plünderer und Ausgeplünderte.«

1938 Saltsjöbadsavtalet

Im Vorort Saltsjöbaden wird 1938 das Saltsjöbadsavtalet unterzeichnet, ein Abkommen, in dem der Gewerk-schaftsdachverband und der Arbeitgeberverband eine Zusammenarbeit vereinbaren. Jahrzehntelange Konflikte und Streiks nehmen damit ein Ende. Der Vertrag bildet die Grundlage des »schwedischen Modells«.

1951 Beginn der städtebaulichen Neugestaltung von Nedre Norrmalm

Federführend bei der städtebaulichen Neugestaltung von Nedre Norrmalm ist Hjalmar Mehr (1910–1979), der Stadtkämmerer (finansborgarråd). Bis 1981 verschwinden etwa 50 % der historischen Bauten. Mehr rechtfertigt sich später: »Was war in Nedre Norrmalm schon romantisch? In Vasastan? In Kungsholmen? Die Immobilien in Nedre Norrmalm waren doch verrottet. Sie waren in der Zeit der schlimmsten Immobilienspekulation als Mietskasernen errichtet worden. Ich bin fast der Einzige von denen, die diese Frage diskutieren, der die ganze Zeit dort gewohnt hat. Meine Mutter zog jedes zweite Jahr um. Es waren große, unmoderne Wohnungen mit Trockenklosetts und Ratten auf dem Hof. Die Sanie-

1967 Umstellung von Links- auf Rechtsverkehr

Die Deutsche Silvia Sommerlath heiratet Carl XVI. Gustaf und wird Königin von Schweden

1976

1975 Überfall auf die BRD-Botschaft

rung war also überfällig. Romantisch ist das nur für Leute, die gut wohnen. Dann können die armen Leute in ihren verrotteten Wohnungen wohnen bleiben. Die Immobilien, die es dort gab, hatten auch keinen ästhetisch-architektonischen oder kulturhistorischen Wert.« Die Nachwelt hat Mehr die Zerstörung der Stockholmer City jedoch nicht verziehen.

1975 Überfall auf die BRD-Botschaft

Am 24. April 1975 wird die Botschaft der Bundesrepublik Deutschland vom »Kommando Holger Meins« besetzt. Der Militärattaché Andreas von Mirbach und der Handelsattaché Heinz Hillegaart werden ermordet. Nachdem die sechs Terroristen (Karl-Heinz Dellwo, Siegfried Hausner, Hanna Krabbe, Bernhard Rössner, Lutz Taufer und Ulrich Wessel) versehentlich eine Handgranate gezündet haben, wird die Botschaft von der Polizei gestürmt. Ulrich Wessel erliegt seinen schweren Verletzungen. Die fünf Überlebenden werden umgehend nach Deutschland ausgeflogen, weil Ministerpräsident Olof Palme nicht riskieren will, erneut von deutschen Terroristen erpresst zu werden. Hausner, der schwere Verbrennungen erlitten hat, überlebt den Transport nur um wenige Tage. Die anderen vier werden zu zweimal lebenslänglich verurteilt und Mitte der 1990er-Jahre begnadigt. 1977 wird der Arbeitgeberpräsident Hanns Martin Schleyer von einem »Kommando Siegfried Hausner« entführt.

2013 Gigantisches Tunnelprojekt fordet Todesopfer

Beim Bau der Citybanan, des S-Bahntunnels unter Södermalm, dem Riddarfjärden und der City, geplante Fertigstellung 2017, sterben bis 2013 fünf ausländische Mitarbeiter. Viele der mit dem Tunnelprojekt Beschäftigten sind nur für sechs Monate in Schweden, um keine Steuern zahlen zu müssen. Dies hat mangelnde Schwedischkenntnisse zur Folge, die zu gefährlichen Verständigungsschwierigkeiten führen können. Die Zahl der Toten beträgt das Doppelte der sonst auf schwedischen Baustellen üblichen Quote.

1986

Ermordung Olof Palmes

Kronprinzessin Victorias Tochter Estelle wird geboren

2012

1995

Schweden tritt der EU bei

2003

Ermordung der schwedischen Außenministerin Anna Lindh im Warenhaus NK

KULINARISCHES LEXIKON

A

abborre – Barsch
anka – Ente
ansjovis – Anchovis

B

bakad potatis – gebackene Kartoffel
   (meist mit Krabben gefüllt)
barnrätt – Kinderteller
blåbär – Blaubeere
bröd – Brot
bönor – Bohnen

D

dagens rätt – Tagesgericht
djupfryst – tiefgekühlt
dryck – Getränk

E

efterrätt – Nachspeise
en(bär) – Wacholder(-beere)

F

filmjölk – Dickmilch
fisk – Fisch
fläsk – Schweinefleisch
folköl – »Volksbier« (2,8 % Alkohol)
frukost – Frühstück
frukt – Obst
färsk – frisch
förrätt – Vorspeise

G

gaffel – Gabel
glass (von glace) – Speiseeis
godis – Süßigkeiten
gravad lax – gebeizter Lachs
grillad/grillat – gegrillt
gryta – Eintopf

grädde – Sahne
grönsaker – Gemüse
gädda – Hecht
gös – Zander

H

hallon – Himbeere
hemlagad/hemlagat – hausgemacht

I

inlagd/inlagt – eingelegt (in Essig)
is – Eis (für Getränke)

J

Janssons frestelse – Kartoffelgratin mit
   Anchovis
jordgubb – Erdbeere
julbord – klassisches Weihnachtsbüfett

K

kaka – Kuchen
kalkon – Truthahn
kalv – Kalb
kanel – Zimt
kanelbullar – Zimtschnecken (Gebäck)
kantarell – Pfifferling
kniv – Messer
kokt skinka – Kochschinken
korv – Wurst
kräftor – Krebse
kyckling – Hühnchen
körsbär – Kirsche
köttbullar – Fleischklößchen
köttfärs – Hackfleisch

L

lax – Lachs
laxöring – Meeresforelle
lingonsylt – Preiselbeerkompott

lussekatter – Safrankringel (Gebäck zum Fest der hl. Lucia am 13. Dez.)
lättöl – »Leichtbier« (1,8 % Alkohol)
löjrom – roter Kaviar von der Maräne
lök – Zwiebel

M

makrill – Makrele
marulk – Seeteufel
mazarin – Gebäck mit Marzipan
middag – Abendessen
mjölk – Milch
musslor – Muscheln

N

nyponsoppa – Hagebuttensuppe
nöt – Nuss
nötkött – Rindfleisch

O

ost – Käse
ostkaka – warmer Quarkauflauf

P

pannbiff – Frikadelle
pannkaka – Pfannkuchen
pepparkakor – Pfefferkuchen
piggvar – Steinbutt
pytt i panna – gebratene Fleischwürfel mit Zwiebeln und Kartoffeln
päron – Birne

R

raggmunk – Kartoffelpuffer
renstek – Rentierbraten
räkor – Krabben
rödbeta – Rote Bete
rökt – geräuchert

S

salt – Salz
semla – Fastengebäck aus Hefeteig
senap – Senf

sill – Hering
sjötunga – Seezunge
skaldjur – Meeresfrüchte
sked – Löffel
skinka – Schinken
smultron – Walderdbeere
smör – Butter
smörgås – belegtes Brot
smörgåsbord – Büfett
socker – Zucker
soppa – Suppe
sprit – Spirituosen
spätta – Scholle
starköl – Bier mit ca. 4,5 % Alkohol
stekt – gebraten
strömming – Ostseehering, Strömling
sur – sauer
svamp – Pilz
sylt – Eingemachtes

T

tallrik – Teller
torsk – Dorsch
tårta – Torte

V

vatten – Wasser
vete – Weizen
vin – Wein
vispgrädde – Schlagsahne
vitlök – Knoblauch
våfflor – Waffeln

W

Wienerbröd – Blätterteiggebäck mit Pudding oder Fruchtfüllung

Å/Ä/Ö

ål – Aal
ägg – Ei
älgstek – Elchbraten
ärtsoppa – Erbsensuppe
öl – Bier

SERVICE

Anreise und Ankunft
MIT DEM FLUGZEUG

In die schwedische Hauptstadt fliegen verschiedene Fluggesellschaften entweder direkt oder via Kopenhagen. Die meisten Maschinen landen auf dem Flughafen Arlanda, 41 km nördlich von Stockholm, auf halbem Weg zwischen Stockholm und Uppsala (Auskunft Tel. 0 87 97 60 00, tgl. 6–24 Uhr).
TUIfly (www.tuifly.com) und Germanwings (www.germanwings.com), Air Berlin (www.airberlin.com) sowie Norwegian (www.norwegian.com) fliegen nach Arlanda, Ryan Air nach Skavsta bei Nyköping. Auf dem Vorortflughafen Bromma (10 km westlich) werden nur Inlandsflüge abgefertigt.
Der Flughafenbus (www.flygbussarna. se; 99 SEK) verkehrt alle 10 Min. von Arlanda zum Busbahnhof Cityterminalen beim Hauptbahnhof. Ein Taxi kostet etwa 500 SEK. Die Fahrtdauer (für Bus und Taxi) beträgt ca. 40 Min. Die Schnellbahn Arlanda Express (www.arlandaexpress.com; 260 SEK) schafft die Strecke sogar in 20 Min. Seit 2013 hält auch die S-Bahn (Pendeltåg) auf Arlanda. Von allen über 18 ist für 75 SEK ein Zusatzticket (»passageavgift«) zu lösen.
Vom südlichen Flughafen Skavsta zum Cityterminalen beträgt die Fahrtzeit 70–80 Min., eine Rückfahrkarte kostet 249 SEK, ein Taxi ab 1200 SEK.
Auf www.atmosfair.de und www.myclimate.org kann jeder Reisende durch eine Spende für Klimaschutzprojekte für die CO_2-Emission seines Fluges aufkommen.

MIT DEM ZUG

Direkte Züge gibt es schon lange nicht mehr. Ein Liege- und Schlafwagenzug verkehrt von Berlin nach Malmö, ein weiterer von Kopenhagen nach Stockholm (www.sj.se oder www.samtrafiken.se, hier der »resrobot«, sämtliche Busverbindungen!). Die Fahrkartenschalter auf dem Hauptbahnhof haben knappe Öffnungszeiten. Inlandsschalter: Mo–Fr 7.30–19.45, Sa 8.30–18 und So 9.30–19 Uhr. Auslandsschalter: Mo–Fr 10–18 Uhr. Personengebundene Tickets können (online) drei Monate im Voraus erworben werden.
Es lohnt sich, Fahrkarten telefonisch vorzubestellen: Die schwedische Eisenbahn (SJ) hat einen gebührenfreien Anschluss (Tel. 07 71/75 75 75). Hier brauchen Sie auch selten zu warten. Nach erfolgter Buchung, die Sie problemlos auch auf Englisch vornehmen können, erhalten Sie eine Buchungsnummer. Mit dieser Nummer können Sie die Fahrkarten an einem Automaten am Bahnhof ausdrucken. Bei Schlafwagenkarten ins Ausland streikt das System allerdings. Vorbestellte Karten brauchen Sie vor allem dann, wenn Sie mit Bus und Bahn nach Stockholm anreisen: Für solche Fahrten gibt es ein sogenanntes »Tågplus-Biljett« mit Rabatt auf die Busfahrt. Die Eisenbahn ist das ideale Verkehrsmittel in Schweden. Allerdings bewegen sich die Züge in einem eher gemächlichen Tempo. Wesentlich preiswerter als in Deutschland sind die Speisewagen. Die Hochgeschwindigkeitszüge Snabbtåg

(Schnellzug) mit der Höchstgeschwindigkeit von maximal 210 km/h sind nicht jedermanns Sache: Man wird leicht seekrank.

MIT DEM AUTO

Der schnellste Weg, nach Stockholm führt über die Vogelfluglinie über Dänemark mit einer kurzen Fährüberfahrt zwischen Puttgarden–Rødby und dann über die Öresundbrücke. Wer aus Süddeutschland, der Schweiz oder Österreich kommt, benutzt auch gerne eine der Fähren (Kiel–Göteborg oder Travemünde–Trelleborg), um nachtschlafenderweise einen Teil des weiten Weges hinter sich zu bringen. Die Promillegrenze in Schweden liegt bei 0 Promille. Auch bei Tag ist das Fahren mit Abblendlicht vorgeschrieben.

MIT DEM BUS

Alle Busse kommen auf dem zentralen Busbahnhof »Cityterminalen« neben dem Hauptbahnhof an. Von Deutschland aus verkehrt Continentbus regelmäßig u. a. zwischen Berlin und Hamburg und Stockholm. Eine Busreise ist nur wenig billiger als die Bahn und dauert viel länger. Linien innerhalb von Schweden unterhält das Unternehmen Swebus (Tel. 02 00/21 82 18) ab Cityterminalen.
www.swebus.se

Auskunft
IN DEUTSCHLAND, ÖSTERREICH UND DER SCHWEIZ
Visit Sweden
www.visitsweden.com
– in Deutschland: Tel. 0 69/22 22 34 96
– in Österreich: Tel. 01 92/8 67 02
– in der Schweiz: Tel. 0 44/5 80 62 94

IN STOCKHOLM
Stockholm Tourist Information Office ◢D4
Norrmalm | Vasagatan 14 (gegenüber Hauptbahnhof) | U-Bahn: T-Centralen (c 3) | Tel. 8 50 82 85 08 | www.visit stockholm.com | Mai–Mitte Sept. Mo–Fr 9–19, Sa 9–16, So 10–16, Mitte Sept.–April Mo–Fr 9–18, Sa 9–16, So 10–16 Uhr

Buchtipps
Maj Sjöwall/Per Wahlöö: Der Mann auf dem Balkon (Rowohlt TB, 2005) In der Serie über Kommissar Martin Beck, die schon vor langer Zeit den Ruhm schwedischer Kriminalromane begründete, liegen die Leichen in Parks, u. a. im Vanadislunden (Vasastan) und im Tantolunden (Södermalm).

Jonas Hassan Khemiri: Das Kamel ohne Höcker (Serie Piper 2007) Über das Leben eines jungen Mannes in der Stockholmer Vorstadt, teilweise im Vorstadtslang verfasst. Der Autor ist Stammgast im ehrwürdigen Café Valand (Vasastan).

Astrid Lindgren: Märchen (Oetinger Verlag, 1989) Für alle, die die Kinderbücher von Astrid Lindgren gelesen und geliebt haben oder dies nachholen wollen.

Selma Lagerlöf: Die wunderbare Reise des Nils Holgersson (Reclam) Dieses ursprünglich als Schulbuch geschriebene Werk darf auf keiner Schwedenreise fehlen. Der in einen Däumling verwandelte Nils besucht auf seiner Reise mit den Wildgänsen u. a. den Skansen.

Diplomatische Vertretungen

Deutsche Botschaft 🚩 G 4

Östermalm | Skarpögatan 9 | Bus 69:
Ambassaderna | Tel. 6 70 15 00 | www.
stockholm.diplo.de

Österreichische Botschaft 🚩 E 3

Östermalm | Kommendörsgatan 35 |
U-Bahn: Karlaplan (d 3) | Tel. 6 65 17 70 |
www.aussenministerium.at/stockholm

Schweizerische Botschaft 🚩 D 2

Östermalm | Valhallavägen 64 |
U-Bahn: Tekniska högskolan (d 3) |
Tel. 6 76 79 00 | www.eda.admin.ch/
stockholm

Feiertage

In Schweden gibt es folgende gesetzliche Feiertage:

1. Januar Neujahr
6. Januar Dreikönigstag
Karfreitag
Ostermontag
1. Mai Tag der Arbeit
Himmelfahrt
6. Juni Nationalfeiertag
Mittsommarafton (Freitag nach dem 21. Juni)
Mittsommardagen (der darauffolgende Samstag)
1. November Allerheiligen
25./26. Dezember 1. und 2. Weihnachtsfeiertag
31. Dezember Silvester

Geld

1 SEK	0,12 €/0,15 SFr
1 €	8,32 SEK
1 SFr	6,73 SEK

Die schwedische Währung ist die Schwedische Krone (SEK). Eine Krone sind 100 Öre. Scheine gibt es zu 20, 100, 500 und 1000 SEK.

Die meisten Banken sind an Wochentagen 9.30–15 Uhr geöffnet, donnerstags bis 18 Uhr. Geld wechseln können Sie in Wechselstuben am Sveavägen, in der Kungsgatan, am Hauptbahnhof im Warenhaus NK und PUB-Warenhaus. Bargeld am Automaten mit einer Maestro/EC-Karte (bis 4000 SEK täglich).

Kriminalität

Handtaschenraub ist nicht selten, Autoaufbrüche sind an der Tagesordnung. Also: keine Wertsachen im Auto liegen lassen!

Prostitution ist in Schweden verboten, wer für Sex bezahlt, macht sich strafbar.

Links und Apps

LINKS

www.visitstockholm.com
Umfassendes Stockholmportal mit Hotels und Wettervorhersagen. Der offizielle Stadtführer mit Ausgehtipps und Restaurantempfehlungen auf Deutsch und Englisch (ausführlicher).

www.kungahuset.se
Die offizielle Homepage des Königshauses. Hier ist u. a. zu erfahren, was der König die nächsten Wochen für Pläne hat.

www.si.se
Das Svenska Institutet veröffentlicht in verschiedenen Sprachen Informationsmaterial z. B. über Alfred Nobel, Selma Lagerlöf, August Strindberg und Astrid Lindgren.

www.smhi.se
Das staatliche meteorologische-hydrologische Institut. Wetterprognosen für fünf Tage für jeden Ort in Schweden.

APPS

»Deutsche Spuren«-App

App des Goethe-Instituts, jetzt auch für Stockholm und Umgebung: Infos zu Architektur, Geschichte, Personen.
Für iPhone | kostenlos

STHLM Traveling (SL) App

Mit der App von Stockholms Lokaltrafik (SL) können Sie die schnellste Verbindung von einem Punkt zum anderen mit öffentlichen Verkehrsmitteln in Erfahrung bringen und wann die nächste U-Bahn (bzw. Bus) fährt.
Für iPhone und Android | kostenlos

Medizinische Versorgung

KRANKENVERSICHERUNG

Die Vorlage einer Europäischen Krankenversicherungskarte (EHIC) ist ausreichend. Als zusätzlicher Versicherungsschutz empfiehlt sich der Abschluss einer Auslandskrankenversicherung, da diese Krankenrücktransporte mitversichert.

KRANKENHAUS

Karolinska Universitetssjukhuset
⚑ B 2

Solna | Karolinska vägen | Bus 59: Karolinska sjukhuset | Tel. 51 77 00 00

APOTHEKEN

Apotheken sind meist von Mo–Fr und Sa vormittags geöffnet.

C.-W.-Scheele-Apotheke ⚑ D 4

Norrmalm | Klarabergsgatan 64 | U-Bahn: T-Centralen (c 3) | Tel. 21 89 34 | 24 Std. tgl. geöffnet

Nebenkosten

1 Tasse Kaffee	3,50 €
1 großes Bier	8,70 €
1 Cola	2,90 €
1 Brot (ca. 500 g)	3,40 €
1 Schachtel Zigaretten	5,00 €
1 Liter Benzin	1,70 €
Fahrt mit öffentl. Verkehrsmitteln (Einzelfahrt)	4,10 €
Mietwagen/Tag inkl. km	ca. 70,00 €

Notruf

Euronotruf Tel. 112
(Polizei, Feuerwehr, Rettungsdienst)

Post

Sämtliche Postämter wurden geschlossen. Briefmarken werden fast nur noch an Tankstellen und in ICA-Supermärkten verkauft. Die Briefkästen sind gelb. Für Sendungen innerhalb der Region Stockholm (Postleitzahlen, die mit einer 1 beginnen) gibt es vereinzelt auch hellblaue Briefkästen. Ein Brief oder eine Ansichtskarte ins Ausland (D, A, CH) kostet 12 SEK.

Reisedokumente

Deutsche, Österreicher und Schweizer können mit einem gültigen Reisepass oder Personalausweis (Identitätskarte) einreisen. Kinder benötigen ein eigenes Reisedokument.

Reiseknigge

Danken In Schweden wird wie im übrigen Skandinavien mehr gedankt als weiter südlich in Europa: Nach dem Essen ist das »Tack för maten« (Danke für das Essen) obligatorisch. Nach einer Einladung ruft man an oder schickt eine Karte und sagt: »Tack för senast« (Danke für letztens).

Mitbringsel Ein guter Tropfen Wein ist bei einer Einladung normalerweise ein überaus willkommenes Geschenk.

Schuhe Beim Betreten einer Wohnung ziehen alle grundsätzlich die Schuhe aus – bei mehreren Monaten Schneematsch im Jahr eine verständliche Sitte. **Trinkgeld** In vielen preiswerteren Restaurants ist Selbstbedienung üblich, ansonsten sind bis zu 10 % des Rechnungsbetrags als Trinkgeld angebracht.

Reisezeit

Im Juni ist es relativ trocken, und die Tage sind am längsten. Die meisten Niederschläge fallen im August und Dezember, die regenärmsten Monate sind der Februar, März, April und Mai.

Stadtrundfahrten

Im Sommer starten Stadtrundfahrten am Gustav Adolfs torg, Abfahrt vor der Oper (Dauer 50 Min.). Lohnender ist es jedoch, die Stadt vom Wasser aus zu betrachten. Die Tour »Unter den Brücken von Stockholm« (»Under Stockholms Broar«) dauert zwei Stunden und führt zweimal durch die Schleuse (»Slussen«) zwischen Mälarsee und Saltsjön. Die Bootsrundfahrten beginnen am Strömkaj vor dem Grand Hôtel, am Nybroplan vor Dramaten und am Stadshuskaj.

City-Sightseeing/Stockholm

Sightseeing | Tel. 58 71 40 30 | www.stromma.se

Touren in die Schären

– Waxholmsbolag | Tel. 6 79 58 30 | www.waxholmsbolaget.se ⚑ E4
– Strömma Kanalbolag | Tel. 58 71 40 00 | www.stromma.se ⚑ E4

Stockholm card

Für Leute, die vier Museen an einem Tag verkraften und bei denen der Tag vielleicht auch mehr als 24 Stunden hat, lohnt sich der Kauf der Stockholmskortet: Sie kostet für 24 Stunden 495 SEK, für 48 Stunden 650 SEK und für 72 Stunden 795 SEK. Sie berechtigt zum Besuch aller großen (und teuren) Museen, z. B. Skansen und Vasamuseet, und zur kostenlosen Benutzung des öffentlichen Nahverkehrs. Ermäßigt, für Kinder von 7–17 Jahren, kostet die Karte 225/265/295 SEK, ist aber nur in Verbindung mit einer Erwachsenenkarte gültig. Zu beachten ist, dass Kinder in den meisten Museen (außer Skansen und Junibacken) ohnehin freien Eintritt haben.

www.visitstockholm.com

Klima (Mittelwerte)

	Januar	Februar	März	April	Mai	Juni	Juli	August	September	Oktober	November	Dezember
Tagestemperatur	–1	–1	2	8	15	20	22	20	15	9	5	2
Nachttemperatur	–5	–6	–4	1	6	10	14	13	9	5	1	–2
Sonnenstunden	1	2	5	7	9	10	9	7	6	3	1	1
Regentage pro Monat	10	7	6	7	7	8	9	10	9	9	10	11

Telefon

Bei Nummern mit der Vorwahl 0 20 handelt es sich um gebührenfreie Anschlüsse. Telefonkarten mit 30, 60 und 120 Einheiten können Sie u. a. beim Pressbyrå, bei Ica, Statoil und in Geschäften mit dem Schild »Köp Telia Telefonkort här!« im Fenster kaufen. Kartentelefone akzeptieren auch folgende Kreditkarten: American Express, Diners Club, Mastercard, VISA. Das Telefonbuch (»telefonkatalog«) im Internet: www.eniro.se, www.hitta.se

VORWAHLEN

D, A, CH ▶ **Schweden** 00 46
Schweden ▶ **D** 00 49
Schweden ▶ **A** 00 43
Schweden ▶ **CH** 00 41
Stockholm hat die Vorwahl 8 (innerhalb Schwedens 08).

Tiere

Hunde und Katzen benötigen zur Einreise einen EU-Heimtierausweis (stellt der Tierarzt aus) mit Nachweis einer Tollwutimpfung. Das Tier muss durch einen Mikrochip identifizierbar sein.

Verkehr

AUTO

Parkplätze in Stockholm sind rar und recht teuer. Parken in den Außenbezirken kostet 12 SEK in der Stunde oder 120 SEK pro Tag. Sollten Sie abgeschleppt worden sein: aufgestellt wird in Ropsten (Tel. 7 85 60 00), U-Bahn: Ropsten (d 3).
An einem Vormittag die Woche ist auf allen Straßen Halteverbot, denn dann wird gefegt (»städdag«). Es wird abgeschleppt! Vor Zebrastreifen muss ein Abstand von 12 m eingehalten werden.

Fahrrad

CITY BIKES

Zwischen 1. April und 31. Oktober ist man in Stockholm mit einem City Bike am schnellsten unterwegs. Eine Saisonkarte kostet via Internet 250 SEK, sonst 300 SEK, eine Dreitageskarte 165 SEK (bei allen SL-Verkaufsstellen oder in der Touristeninformation). Dafür kann man an einer der unzähligen Fahrradstationen, z. B. am Odenplan oder Östermalmstorg, ein Fahrrad entleihen (ab 18 Jahre) und bis zu drei Stunden herumfahren, dann muss man es an einer Entleihstation abgeben und aufs nächste Rad umsteigen. Fahrräder können von 6–22 Uhr entliehen werden (Rückgabe rund um die Uhr).
www.citybikes.se

Öffentliche Verkehrsmittel

U-BAHN

Die Stockholmer U-Bahn, die Tunnelbana, besteht aus drei Linien, die sich am Hauptbahnhof (T-Centralen) kreuzen und auf dem Weg in die Vororte verzweigen. Jede Linie hat ihre eigene Farbe: Grün, Rot oder Blau. Die Zugfolge ist tagsüber dicht, an Wochenenden verkehrt die U-Bahn die ganze Nacht. An Werktagen müssen Sie auf Nachtbusse ausweichen. Die Tunnelbana ist mit 108 km Schwedens längste Sehenswürdigkeit. An der Ausschmückung der Stationen waren namhafte Künstler beteiligt. Als besonders geglückt gilt die Station Kungsträdgården.

BUS

Das Busnetz ist sehr dicht. Die Busse im Innenstadtbereich haben ein- oder zweistellige Nummern, die in die Vororte dreistellige. An Wochentagen verkehren morgens und nachmittags Pendlerbusse aus umliegenden Orten, mit denen man schneller unterwegs ist als mit dem Pendelzug, z. B. Bus 516 von Viby im Norden zum Sergels torg.

STRASSENBAHN

In der Innenstadt verkehrt die Linie 7 zwischen Sergels torg und Waldemarsudde (Djurgården). In den Vororten gibt es zwei Linien: im Osten zwischen Ropsten und Gåshaga und im Westen zwischen Alvik und Nockeby (dort kann man dann in den Bus zum Drottningholm slott umsteigen). Die Fahrt zwischen Sickla Udde und Alvik eignet sich ideal für Sightseeing: Es geht u. a. durch die moderne Hammarby Sjöstad, durch das idyllische Gröndal und über zwei Brücken über den Mälaren. Umliegende Städte wie Nynäshamn und Södertälje erreichen Sie mit dem Pendeltåg (Pendelzug) oder mit der Roslags- oder Saltsjöbana.

FAHRKARTEN

Am billigsten ist man mit einer aufladbaren Access-Karte unterwegs, die vor Fahrtantritt in einem der U-Bahnhöfe oder bei einem Pressbyrå erworben werden muss. Eine Einzelfahrt kostet im Stadtgebiet 25 SEK (Kinder von 7–19 Jahren und Rentner 15 SEK). Eine Einzelfahrkarte, die vorher erworben werden muss, kostet 36 bzw. 20 SEK.
Für ein 24-Stunden-Ticket (1-dygnskort) für Stockholm und Umgebung sind 115/75 SEK zu zahlen, für 72 Stunden (3-dygnskort) 230/140 SEK, eine Wochenkarte (7-dagarsbiljett) kostet 300/180 SEK. Infos unter www.sl.se
Mit Tageskarten darf man auch die Djurgårdsfärjan benutzen.

Am Wochenende (ab Freitagmittag) fahren zwei Kinder unter 12 Jahren in Begleitung eines Erwachsenen gratis.

TAXI

Je nach Tageszeit gelten sehr unterschiedliche Taxameterpreise. Ein echtes Taxi ist am gelben (statt weißen) Nummernschild zu erkennen. Der Preis muss auf dem Seitenfenster angeschlagen sein. Da es keine Taxipreisbindung gibt, wird empfohlen, sich an die vier großen Taxiunternehmen zu halten.
Taxi Stockholm: Tel. 15 00 00
Taxi Kurir: Tel. 30 00 00
Taxi 020: Tel. 0 20/20 20 20
Top Cab: 33 33 33

Zeitschriften

»What's On Stockholm«, englisch- und schwedischsprachig, erscheint monatlich.

Zoll

Reisende aus Deutschland und Österreich dürfen Waren abgabenfrei mit nach Hause nehmen, wenn diese für den privaten Gebrauch bestimmt sind. Bestimmte Richtmengen sollten jedoch nicht überschritten werden (z. B. 800 Zigaretten, 90 l Wein, 10 kg Kaffee). Weitere Auskünfte unter www.zoll.de und www.bmf.gv.at/zoll
Reisende aus der Schweiz dürfen Waren im Wert von 300 SFr abgabenfrei mit nach Hause nehmen, wenn diese für den privaten Gebrauch bestimmt sind. Tabakwaren und Alkohol fallen nicht unter diese Wertgrenze und bleiben in bestimmten Mengen abgabenfrei (z. B. 200 Zigaretten, 2 l Wein). Weitere Auskünfte unter www.zoll.ch

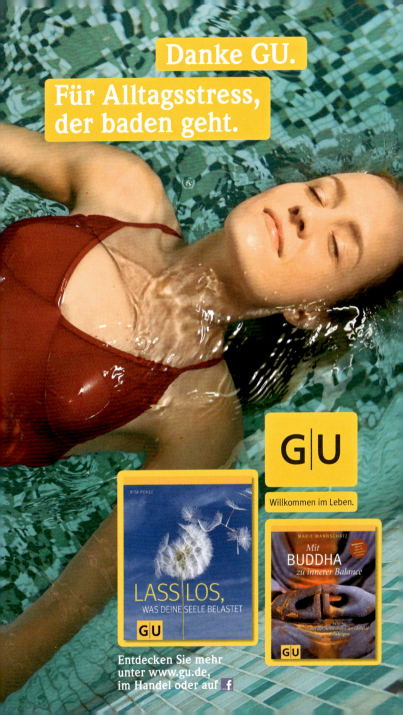

ORTS- UND SACHREGISTER

Wird ein Begriff mehrfach aufgeführt,
verweist die **fett** gedruckte Zahl auf die Hauptnennung.
Abkürzungen: Hotel [H] · Restaurant [R]

Liebe Leserinnen und Leser,

vielen Dank, dass Sie sich für einen Titel aus unserer Reihe MERIAN *momente* entschieden haben. Wir wünschen Ihnen eine gute Reise. Wenn Sie uns nun von Ihren Lieblingstipps, besonderen Momenten und Entdeckungen berichten möchten, freuen wir uns. Oder haben Sie Wünsche, Anregungen und Korrekturen? Zögern Sie nicht, uns zu schreiben!

Alle Angaben in diesem Reiseführer sind gewissenhaft geprüft. Preise, Öffnungszeiten usw. können sich aber schnell ändern. Für eventuelle Fehler übernimmt der Verlag keine Haftung.

© 2014 TRAVEL HOUSE MEDIA GmbH, München
MERIAN ist eine eingetragene Marke der GANSKE VERLAGSGRUPPE.

TRAVEL HOUSE MEDIA
Postfach 86 03 66
81630 München
merian-momente@travel-house-media.de
www.merian.de

Alle Rechte vorbehalten. Nachdruck, auch auszugsweise, sowie die Verbreitung durch Film, Funk, Fernsehen und Internet, durch fotomechanische Wiedergabe, Tonträger und Datenverarbeitungssysteme jeglicher Art nur mit schriftlicher Genehmigung des Verlages.

BEI INTERESSE AN MASSGESCHNEIDERTEN MERIAN-PRODUKTEN:
Tel. 0 89/4 50 00 99 12
veronica.reisenegger@travel-house-media.de

BEI INTERESSE AN ANZEIGEN:
KV Kommunalverlag GmbH & Co KG
Tel. 0 89/9 28 09 60
info@kommunal-verlag.de

1. Auflage

VERLAGSLEITUNG
Dr. Malva Kemnitz
REDAKTION
Simone Lucke, Anne Köhler
LEKTORAT
Irene Unterricker
BILDREDAKTION
Lisa Grau
SCHLUSSREDAKTION
Ulla Thomsen
HERSTELLUNG
Bettina Häfele, Katrin Uplegger
SATZ/TECHNISCHE PRODUKTION
h3a GmbH, München
REIHENGESTALTUNG
Independent Medien Design, Horst Moser, München (Innenteil), La Voilà, Marion Blomeyer & Alexandra Rusitschka, München und Leipzig (Coverkonzept)
KARTEN
Gecko-Publishing GmbH für MERIAN-Kartographie
DRUCK UND BINDUNG
Firmengruppe APPL, aprinta Druck, Wemding

Ein Unternehmen der
GANSKE VERLAGSGRUPPE

BILDNACHWEIS
Titelbild (Blick auf Gamla Stan), Mauritius Images: Alamy
Action Press 46 | Alamy: D. Noble Photography 152 | Äppelfabriken 33 | BestImage: Stella Pictures/A. Eriksson 86 | Bildagentur Huber 160, Gräfenhain 2, M. Rellini 58 | Bildagentur-online: C. Ehlers 84 | Bilderberg: G. Knoll 11, 12, 26, 67, 77, 115, 116, 119 | Corbis: T. Spiegel 148, 173 | Dana Press: Scanpix/A. Wiklund 50 | Dorling Kindersley, J. Tye 11, 136, 143, 145 | Dpa Picture-Alliance: B. Pedersen 68 | Fotolia: Chungking 53 | T. Gerber 120 | Getty Images: Lonely Planet/A. Blomqvist 128, M. Setboun 79 | GlowImages 174 | Hotel Rival 25 | Imago: Imagebroker 34, 56, 99, Kamerapress 175, Kraft 134, Pemax 72, 175 | Interfoto 171, Mary Evans Picture Library 171 | Jahreszeiten Verlag: GPG 14, 81 | S. Jellheden 93 | Laif: T. Gerber 168, Hemis/F. Guiziou 122, Kontinent/M. Karlberg 16, 110, J. Modrow 11, 163, 165, J. Rabouan 22, M. Sasse 29, 38, 166, M. Schulz 158, D. Schwelle 54, 102, A. Teichmann 10, 107 | Liljevalchs Konsthall: D. Magnusson 140 | J. Lipka 157 | Look-Foto 94 | Mauritius Images: Alamy 90, A. Ekholm 192, photolibrary 139, SuperStock 3 | NordicPhotos 42 | Presse 19 | Prisma: F. Fell 20 | privat 56, 57 | M. Sasse 41, 63 | Shutterstock: S. Eliasson 13, N. Korshunova 13 | Tekniska museet: A. Gerdén 146 | Ullstein Bild: Süddeutsche Zeitung Photo/Scherl 192 | Vario Images: Imagebroker 15, TipsImages/D. Sundberg 6 | Visum: S. Borgius 172, A. Kohls 4 | H. Wagner 133 | Wikipedia 170, 174

GESTERN & HEUTE

Die historische Aufnahme aus der Zeit um 1900 und auch die aktuelle Fotografie zeigen einen Panoramablick Stockholms mit dem Riddarfjärden und der Insel **Riddarholmen** (▶ S. 64) im Vordergrund. Damals wie heute prägt die gotische **Riddarholmskyrka** (▶ S. 64) mit ihrem markanten Turm die Stadtsilhouette. Einen moderneren – wenn auch umstrittenen – städtebaulichen Akzent setzen seit den 1960er-Jahren die fünf Hochhäuser der **Hötorgscity** (▶ S. 159) links im Hintergrund.